KB253324

쓴물을 단물로 바꾼

교장 田博子 권사의 정금같은 이야기

전박자 지음

교장 **田博子** 권사의

정금같은 이야기

늘 최선을 다하는 아름다운 여성

인간의 삶은 한 곳에 안주하기보다는 '역동적'이어야 합니다. 목표를 향하여 부단히 노력하며 전진해야 한다고 생각합니다. 이런 점에서 바쁜 공직 생활 중에도 자신이 걸어온 길을 정리하여 쓴물을 단물로 바꾼「교장 田博子권사의 정금같은 이야기」란 책을 통하여 자신이 받은 은혜를 나누어주신 저자에게 축하의 말씀을 드립니다.

저는 1984년 12월 31일 11시 20분에 성안교회(부산진구 가야 3동 200-1) 담임목사로 부임을 했습니다. 그 때 저자는 성안교회 집사로 봉사하고 계셨습니다. 그 이후 지금까지 17년 간 함께 교회를 섬겨오면서 저자를 통해 받은 사랑과 교훈은 셀 수 없을 정도입니다.

저자는 젊은 시절에는 하나님을 섬기지 않았습니다. 결혼하여 다복한 가정생활과 교직생활을 하던 중 남편이 질병에 시달리게 되자 이를 계기로 하나님을 찾게 되었습니다. 그러던 중 사랑하던 남편이 세상을 떠나고, 고사리 손을 움켜진 어린 자녀 4명을 등에 업고 앞세우며 서면에서 가야 산동네에 있는 전세 집까지 울면서 이사를 해야 했습니다. 그래도 저자는 낙심치 않고 그 아이들을 위해 밤마다 하나님께 부르짖었습니다. 아침에는 어머니의 사랑으로 달래며 가슴에 품고, 저녁에는 아버지를 대신하여 매를 들면서 자녀들 양육에 최선을 다하는 모습은 목사인 저의 마음을 더욱 감동시켰습니다.

인간적으로 낙심할 수밖에 없는 상황에서도 절망하지 않은 것은 저자가 의지했던 하나님 때문이었습니다. 저자는 낮에는 학교에서 선생님으로, 저녁에는 가정에서 어머니로, 밤에는 하나님을 부르짖으며 기도하는 성도로서 삶에 최선을 다하였습니다. 모든 사람이 보기에 초인과 같은 억척스러운 삶을 사는 것처럼 보였지만 남 모르는 어려움과 아픔이 있었습니다. 경제적인 어려움도 있었지만, 무엇보다 철없는 어린 자녀들과 사춘기에 접어든 자녀들의 반항과 방황이 더욱 저자를 괴롭게 했습니다. 세월이 지나 이들이 성장하여 모두 대학을 졸업하고 결혼하여 가정을 이루어 살아갈 수 있는 것은 '기도의 힘' 때문이었습니다. 지금도 자녀들의 가정을 위해 기도하시는 권사님의 모습은 어거스틴의 어머니 모니카를 생각나게 합니다.

이런 어려움 속에서도 자신이 몸담고 있는 학교 선생님의 일에도 열심과 최선을 다하였습니다. 자신이 가진 달란트(미술과 중등검정, 특수반,스카우트운영 등)로 수많은 선생님들과의 경쟁에서도 뒤지지 않고 젊은 나이에 교감으로 승진하였습니다. 그 이후 몇몇 학교에서 교감으로 그 직무를 다하시다가, 1997년 3월 1일 가남 초등학교 교장으로, 1999년 9월 1일부터 현재까지 가야 초등학교 교장으로 봉사하고 계십니다.

또한, 이렇게 분주한 가운데서도 그 어떤 성도의 신앙 생활보다 모범적으로 교회를 섬겨 오셨습니다. 모든 면에 충성하므로 성도들의 본이 되시어 성안교회 성도들은 '나도 전 권사님처럼 하나님을 섬겼으면 좋겠다'는 생각을 가지도록 하고 있습니다. 주님을 사랑하는 권사님의 신앙생활은 성안교회 온 성도들의 귀감이 되고 있습니다. 모든 것을 거의 다 갖추고 계신 권사님이지만 우쭐대지 않고 언제나 섬기는 자로서 수고하시는 모습은 온 교우들로부터 존경을 받고도 남음이 있습니다.

또한, 교회에 큰 일들이 있을 때마다 목사보다 먼저 더 열심히, 더 넘치게 앞장서서 헌신하는 권사님의 모습은 목사에게 언제나 힘이 되었습니다. 1998년 10월 교회건축을 앞두고 여러 가지 난관에 부딪혀 괴로워하는 저에게 "목사님 힘내세요" 하시면서 예배처소 마련부터 교회건축이 끝날 때까지 큰 힘이 되어 주신 권사님의 은혜는 지금도 잊을 수가 없습니다.

언제나 긍정적인 생각과 말, 그리고 행동으로 성도들에게 희망을 주며, 선한 일에 앞장서서 일하시는 권사님의 모습은 참으로 귀합니다. 교회라는 공동체의 유익을 위해서는 언제나 자신의 사사로운 괴로움과 손해를 감수하셨습니다. 목사와 성도들에게 용기를 주는 격려자로 살아가시며, 가정생활이나 자녀문제, 교회생활이나 신앙문제를 모두 기도로 풀어 나가시는 권사님을 뵈올 때 저는 늘 행복합니다.

저자는 교육자로서 마지막 봉사 자리인 교장의 일을 성실히 감당하면서 "꿈이 없는 백성은 더 이상 하나님의 은총을 받지 못한다"는 말씀을 믿고 교장 이후에 할 일을 성실히 준비하고 계십니다. 이 땅에서 눈을 감는 마지막 순간까지 하나님이 자신을 통해 하시고자 하는 일을 위해 성실히 준비해 나가시는 교장 선생님의 고귀한 삶의 정수가 녹아있는 이 책을 통해 많은 도전과 감동을 발견하시기 바랍니다.

2001. 7. 13

부산 가야 성안교회

담임목사 윤 장 운

제 이야기를 솔직하게 들려 드립니다.

"인생은 드라마와 같다"라는 말이 있는데, 이 말이 저의 삶에도 예외는 아닌가 봅니다. 인생은 즐거움과 기쁨이 주는 행복의 씨실과 슬픔과 고난이 주는 고통의 날실이 함께 있습니다.

저의 인생은 갖가지 파란만장한 삶에서 체험한 깨달음의 가치와 지혜를 혼자 간직하기에는 아까운 인생이었기에 강렬하고 진한 감동으로 제 이야기를 솔직하게 들려드리고 싶었습니다.

이 세상에 태어나서 여러 가지를 경험하는 가운데 행복했던 시간보다는 고통스러웠던 시간이 많았음을 느낍니다. 그때마다 낙심하고 좌절하고 슬퍼하며 원망하는 삶을 살 뻔하였지만 다행스럽게도 하나님을 만나고 주 예수 그리스도를 만났습니다. 그래서 어둠 속에서는 빛을, 좌절의 순간에서는 희망과 용기를 발견할 수 있었습니다. 그리고 고통 속에서는 즐거움을 슬픔 속에서는 기쁨을 맛보며 걸어왔습니다.

이 놀라운 삶을 들려드리고 싶은 강한 충동을 오래 전부터 느껴왔지만 시간도 없었고 글도 짧아서 엄두를 내지 못하였습니다. 하지만 하나님은 이것도 기도하게 하시고 응답해 주셔서 녹슨 인생창고의 이야기 보따리를 풀어 보이게 해주셨습니다.

아무나 오셔서 주워 들을 만한 이야기가 있다면 가져가십시오. 바겐세일이 아닙니다. 하나 하나가 가치로운 보화로 당신의 것이 되어지기를 선물합니다. 당신에게 가서 더욱 소중한 보화가 되어 당신의 인생에 빛이 되기를 간구합니다.

　이 책이 나오기까지 용기와 지원을 아끼지 않으신 김재헌 목사님께 진심으로 감사드립니다. 그리고 부족한 글을 교정하고 다듬어 준 본교 교사 이순옥 선생님께도 감사의 마음을 전하고 싶습니다.

2001년 8월 가야초등학교 교장실에서

차 례

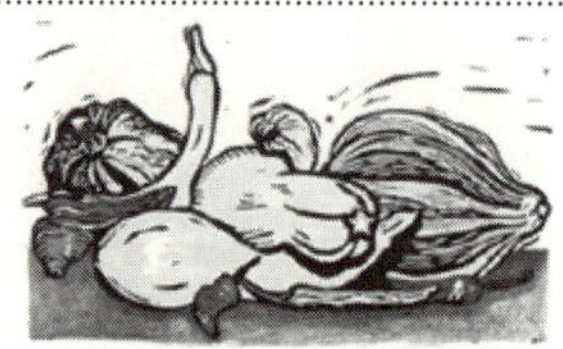

차 례

1

언제나 그리운 시절들

그 작은 이야기

과수원 집 딸

- 아름다운 여자의 피부처럼 생긴 복숭아를 우리는 흠뻑 먹고 자랐다.-

나의 어릴 적 기억은 과수원과 함께 한다. 흔히 말하는 과수원 집 딸이었던 것이다. 물론 학교는 도회지인 부산에서 다녔지만 아버지가 부산에서 그리 멀지 않은 진영에서 단감 과수원을 경영하셨기 때문이다.

나의 유년 시절은 참으로 화려하였다. 나는 일본 고베에서 태어났다. 아버지가 일본으로 건너가셨을 때 그곳에서 내가 출생하였기 때문이다. 그런 연유인지 내게는 일본이 그렇게 낯설게 느껴지지 않는다. 해방이 되자 우리 가족은 한국으로 돌아와 부산에서 거주하였다. 그 뒤로 부산은 나의 제 2고향이 되었다. 그러니 내 인생의 모든 그림과 추억이 부산과 부산 근교를 중심으로 채색되어 있는 것은 당연한 일이다.

진영에서 단감 과수원을 하시던 관계로 토요일이면 부모님이 계시는 진영을 찾았다. 그런 날이면 오빠 교복의 쌍백선은 유독 빤짝였고 나의 교복에 배지도 덩달아 찬란하였다. 우리 학교 배지는 클로버 아래에 달린 릴리앙의 색깔에 따라 학년을 알 수 있는 것인데 우리 형제들이 대창초등학교로 동생을 찾아가면 동생들은 우리들로 하여 우쭐대기도 할 만큼 자랑스러운 배지였다.

우리 집에는 일꾼들이 많았다. 덕분에 나는 어려서부터 많은 사람의 관심과 사랑을 한 몸에 받으며 자랐다. 원래 인텔리이신 아버지와 테니스선수였던 어머니는 진영에서도 아주 재미있게 잘 사셨다. 그 때 우리 과수원의 주 작물은 단감이었는데 해마다 감 품평회를 도내에서 열어 경진대회를 하였다. 그때마다 출전하여 우리 과수원의 단감은 좋은 호평을 받았다. 그런 때는 삽과 곡괭이 수십 자루가 부상으로 주어지곤 하였다. 부모님께서는 부지런하셔서 일본에서 과수농작에 관한 책을 보시고 연구를 해서 농사를 지으셨다. 그랬기에 농작물 품평회에 제출한 단감은 항상 우리 집의 것이 1등을 하여 삽이랑 농기구를 상품으로 받아오셨다.

한동안 외할아버지께서 잠시 우리 집에 사시기도 하셨는데 외할아버지께서는 승마와 태권도도 잘 하셨다. 그래서 동네 청년들을 모아놓고 태권도를 무료로 가르치기도 하셨다. 그 덕에 많은 청년들이 우리 과수원을 안방처럼 드나들었다. 그러니 요사이 아이들 하는 말로 공주병(?)이 들지 않을 수 없었던 것이다.

과수원의 여름은 너무나 풍성하였다. 초여름엔 복숭아가 주종을 이루었는데 스밋도라 하여 아름다운 여자의 피부처럼 생긴 복숭아를 우리는 흠뻑 먹고 자랐다. 그래서 그런지 나보고 모두가 피부가 아름답다고 칭찬을 해 줄 때면 부끄럽기도 하지만 그때 늘상 먹어왔던 복숭아 덕분인가 하고 생각해 본다.

우리 아버지는 원래 울산시 온산면 원산리가 고향이셨는데 고등학교를 졸업할 무렵 무작정 일본으로 가셨다. 사나이로 태어나 멋지게 성공하고픈 열망으로 도일하였노라고 하셨다. 원래 할아버지는 마을의 촌장으로서 덕망이 있으셨고, 한편으론 훈장 일을 보시면서 동네 아이들에게 천자문을 가르치셨다고 한다. 또 약을 다룰 줄 아셔서 사랑방에는 이름 모를 약재들이 봉지에 담겨 천장에 주렁주렁 달려 있었다.

그런 엄격한 한학자 밑에서 자라셨지만 아버지는 그 당시 문명이 앞선 일본으로 가서 성공하고 싶어 어른들의 만류를 뿌리치고 일본으로 건너간 것이었다. 하지만 고학하는 사람들이 예의 그렇듯이 아버지는 고생을 많이 하셨다.

"그때, 안 해본 것이 없었지. 엿장수에 목욕탕 청소까지 낮과 밤을 가리지 않고 일을 했었지. 하지만 그렇게 해 겨우 돈을 모았지…. 그때만 생각하면 지금도 어깨가 아퍼."

그 당시 우리 집은 지프차를 몰고 다닐 정도로 여유가 있었다. 어린 우리들을 앉혀놓고 훈시할 때면 언제나 하시는 말씀 중의 하나는 공부에 전념하라는 것이었다.

아버지는 그렇게 어렵게 일하면서 공부를 하셨고, 해방이 되어 나올 때 쯤에는 어느 정도 재산을 만드실 수 있었다. 그래서 부산 보수동에서 이층집을 사시고 우리 오빠와 나를 그 때 당시 들어가기 힘들다는 사범부속초등학교에 넣으셨다. 그 후 오빠는 경남중학, 나는 부산여중을 거쳐 부산여고에 다녔다. 부모님은 내가 중학교에 다니던 시절 과수사업을 하시기 위하여 부산 근교인 진영으로 이사를 하신 것이다.

어린 시절 잊을 수 없는 즐거움 중 하나가 과수원 길을 걷는 것이었다. 내 키보다 열 배나 더 큰 아름드리 감나무 밭을 지나다 보면 군데군데 떨어져 있는 감꽃과 갓 맺은 열매들이 그렇게 이쁘고 신기할 수가 없었다. 복숭아 철에 봉지봉지 매달려 있는 복숭아는 말 그대로 일꾼들의 땀 덩이였다. 하지만 여름이 한참일 때 그 복숭아들은 아름다운 여인의 얼굴같이 탐스러워진다. 복숭아에 벌레가 많이 생기는 것도 그때쯤이었다. 복숭아를 먹다보면 벌레가 나오는데 그럴 때면 어른들은, "복숭아를 먹을 때 벌레랑 같이 먹으면 앞으로 미인이 돼"라며 놀리곤 하셨다.

나는 '미인이 되기 위해 벌레를 한 번 먹어 봐?' 하는 생각을 해보기도 했지만 한 번도 실행해본 적은 없었다.

"박자야, 네 피부는 복숭아 벌레를 많이 먹어서 그런 것 같아"라고 친구들은 지금도 뽀얀 내 피부를 보면서 놀리기를 좋아한다.

그뿐인가? 우리 과수원엔 얼마나 감나무가 많았던지 우리 집 뒷간에 앉아 볼일을 보고 있으면 그때에도 바람결에 감이 떨어지는 소리를 듣곤 하였다. 그래서 지금도 가을이 되어 감을 보면 유년시절 감나무 밭에 살았던 기억이 새록새록 되살아난다.

과수원은 사춘기 시절 내 정서의 고향이었다. 과수원에 날아드는 꿩들은 자연의 운치를 더해 주었고, 아래쪽으로 보이는 마을들은 한 폭의 아름다운 그림들이었다. 저녁 무렵 시골마을의 굴뚝에선 모락모락 연기들이 저녁을 알리고 석양과 더불어 찾아오는 저녁은 아름답기 그지없는 이야기를 내게 선사하곤 했다.

여름철이면 유성기를 틀어 놓고 온 가족이 모여 춤을 추며 노래를 불렀다. 그런 우리 집을 두고 사람들은 한없이 부러워했다. 어머니와 곧잘 불렀던 '로렐라이 언덕'은 지금도 저녁이면 은은히 내 귀에 들리는 듯하다.

진영! 단감마을 그 과수원 길은 이처럼 내 추억 속에 정지해 있는 아름다운 시간들이다.

내가 고등학교 시절까지 과수사업을 하시던 부모님은 사라호 태풍으로 인해 어려움을 겪으셨다. 그때 오빠는 연세대학 1학년이고 나는 부산여고 3학년 시절이었다. 가정의 어려움 때문에 나는 서울대학을 포기하고 부산 교대로 갈 수밖에 없었다.

나의 초등학교 때 가장 친한 친구는 박향옥이었다. 향옥이 아버지는 변호사였고 언니 향순이와 동생 용수와도 친밀하게 지냈다. 어느 날 향옥이 언니와 향옥이, 나 셋은 함께 공부하고 같은 방에서 자면서 연탄개스를 마셔 육년 개근을 못 받았던 기억이 있다 우리 어머니는 향옥이네에게도 단감이며 복숭아를 선물로 보내기도 했다.

우리는 함께 부산여중을 다닐 때에도 친숙하게 지냈다. 그런데 향옥이가 좋아했던 남자 친구 부친이 대신동 원불교에 높은 분이어서 향옥이는 남자 친구가 다니는 원불교에 다니자고 하였다. 그곳은 절도 아니고 교회도 아닌데 원은 처음도 없고 끝도 없다고 하였고 인간을 마음을 상징한다고 들은 기억이 난다. 마루바닥에 엎드려 북을 치면서 "귀의불! 귀의승!"하면 따라서 "귀의불! 귀의승!"했다. 나는 이것이 어쩐지 경건한 것 같아 열심히 한동안 다녔다. 그리고 나는 '선익'이라는 법명도 받았다. 원불교의 본거지는 전라도 원광대학이라고 그때 들었는데 지금은 어떤지 모르겠다.

부산여중 때 나는 지적인 두뇌보다 우측 두뇌가 더 발달되었는지 웅변대회나 글짓기대회에서 꽤나 상을 받았고 미술에 관계되는 상은 수없이 많이 받았다. 사꾸라 물감을 1주일에 거의 한 통씩 사서 썼던 때도 있었다. 고등학교 때에는 유화가 매우 비쌌었는데 유화도구를 구입해서 얼마 쓰지 않고 남을 준 기억도 난다. 오죽했으면 그림은 돈이 많이 든다고 다른 것을 해 보라고 할머나께서 권하셨을까?

육성회 부회장 어머니

"아빠! 아빠! 나 그림 그리게 유화물감 사주세요."

"유화 물감?"

"아이 참, 기름으로 된 물감 있잖아요. 그걸로 그림 그리고 싶어요."

"글쎄! 그게 얼만데?"

"아주 비싸요. 아무튼 빨리 사 주세요. 네?"

"그래 그래 알았다. 우리 공주, 아빠가 나중에 시내에 나가면 사다 줄게. 그때까지 기다려."

나의 하루는 이처럼 아버지한테 어리광 부리는 것으로 시작되어 어리광으로 끝났다.

나의 유년 시절은 지금 생각해보면 온통 파스텔 빛이다.

정말 세상 부러울 것이 없었고, 원하는 것은 무엇이든지 얻을 수 있는 그런 가정에서 자랐다. 물론 아버지께서 일본에서 하신 많은 고생때문에 행복한 유년시절을 가지게 된 것이지만 말이다.

아버지는 일본에서 어머니를 만나셨다. 비록 아버지 당신의 체구는 자그마하시지만 어머니는 키도 아주 크고 인텔리였다. 외할아버지는 태권도를 청년들에게 가르쳤던 무술 사범이셨다. 그런데 외도를 하셔서 외할머니가 무남독녀를 데리고 혼자 사셨던 것이다. 얼마나 귀하게 키웠는지 테니스 선수로 키우셨던 것이다.

아버지가 어머니를 만난 것은 외할머니가 운영하시는 목욕탕에서였다고 한다. 그때 아버지는 목욕탕 안에서 아르바이트를 하고 있는 처지였다. 처음에는 살기도 바빠서 여자를 쳐다보지도 않았던 아버지 였지만 이쁘기만 한 어머니를 보니 그만 연정이 난 것이다. 하지만 아르바이트생 처지에 주인집의 귀한 딸을 넘볼 수는 없는 처지였다. 그러니 그저 열심히 일하는 것 외에는 소일거리가 없었던 아버지는 열심히 열심히 일을 하셨다고 한다. 그러니 자연히 주인의 눈에 들수밖에 없었다. 세월이 얼마 지나 외할머님께서는 동향인 아버지를 어머니의 결혼 배필로 고집하셔서 두 분은 연애를 하게 되었고 결국 결혼을 하게 되었다. 그래서 그 곳 일본에서 오빠와 내가 태어난 것이다.

어려서부터 집안의 귀여움을 독차지한 것은 불문가지였

다. 그러다가 해방이 되면서 한국으로 왔고, 우리 가족은 고
향이 있는 울산으로 가지 않고 부산에 정착하여 살았다. 잠
시 후 과수원을 진영에서 경영하게 되자 나는 과수원집 부자
딸로서 마음껏 호강하며 살게 되었던 것이다. 그 시절엔 다
들 먹고 살기 힘들었고 보릿고개만 되면 피죽을 먹는 시절이
었다. 하지만 우리 집은 삼 시 세 끼가 다 쌀밥이었고 고깃
국이었다.

　나는 철이 들면서 그림을 좋아해 그림을 자주 그렸다. 하
루는 아버지께 떼를 써서 유화물감을 사 달라고 했다. 그런
데 그 물감 값이 사꾸라 수백 통을 살 수 있는 돈이었다는
것을 아버지께 들었다. 하지만 아버지는 두 말하지 않고 사
랑하는 딸을 위해 그 유화물감과 도구를 사 주셨다. 그 당시
우리집에는 지프차와 마메타쿠시 라는 두 대의 차가 있었고
운전기사인 서 씨 아저씨도 계셨다. 그러니 자연 나는 고생
이라곤 모르고 자랐던 것이 당연하였다.

　우리 집 옆에는 햇님 달님 연극단을 이끄는 단체가 있었는
데 어머니께서는 국악을 배우고 싶어 하셨다. 우리 어머니가
가장 잘 부르시던 노래는 로렐라이였다. 나는 과수원에 가서
어머니 옆에 함께 누워서 불렀던 기억이 새록새록 난다. 유
성기라고 하는 축음기가 과수원에 있었는데 온 가족이 춤도
추고 노래도 따라 불렀다. 지금도 기억하는 노래가 페르샤
왕자이다. 아버지께서는 남의 보증을 서서 과수원을 갖게 된
되셨다고 한다. 우리는 초등학생이라 가정사정은 잘 몰랐지

만 그때를 즈음하여 부모님은 시골로 가셨고 내 동생들은 시
골에서 부모님과 함께 자랐다.

　어머니는 성격적으로 활달하셔서 진영 대창초등학교 육성
회 부회장을 하셨다 가끔씩 선생님들을 우리 과수원에 모시
고 식사대접을 하시고 가실 때에는 단감을 한 접 씩 보따리
에 싸서 주셨다.

　하나님께서는 인생의 영화와 부귀가 무엇인지 일찍 맛보
게 하시고는 또 일찍 거두어 가버리셨다. 하나님의 경륜은
사람으로서는 알 수 없었다. 나에게 너무나도 크나 큰 시련
을 주시려고 많은 것들을 미리 주지 않으셨나 생각하니 그것
도 감사할 따름이다.

내 작은 인생 역사

- 칭찬 한마디가 아이들의 일생을 바꾼다. -

키도 크시고 미인이신 우리 어머니께서는 외할아버지를 닮으셨다고 한다. 외할아버지 역시 키가 훤칠하시고 몸매가 곧고 미남이셨고 승마와 태권도를 하셨다고 했다. 무슨 일을 하셨는지는 잘 알지 못해도 윤택하게 사셨던 것만은 사실인 것 같다. 우리가 어릴 때 부모님의 사진첩을 뒤적거리다 보면 일본 교복을 입고 테니스 채를 들고 있는 어머니를 쉽게 발견할 수 있었다. 주로 친구들과 찍은 것 같은 어머니의 고등 학생 시절 사진은 보는 우리로 하여금 항상 가슴 뿌듯한 그 무엇을 느끼게 해주었다. 지금은 계시지 않지만 눈만 감으면 그 모습이 보이는 것 같다.

이쁜 어머니는 나의 자랑이었고 친구들에게도 어머니를

내 세우고 싶었던 긍지가 있었다. 어머니는 과수사업을 하기 위해 진영으로 떠나실 즈음 자녀 교육은 아무래도 시골에서는 곤란하다며 외할머니에게 우리를 부탁하셨다. 그래서 오빠랑 나랑은 부산 보수동에 있는 이층 집을 사서 부속 초등학교를 다니게 해주셨다.

아버지께서는 일본에서 벤츠를 몰기까지는 꽤 고생을 하신 모양이셨지만, 이국 땅에서 우리 어머니처럼 교양 있으신 분을 아내로 맞이할 수 있는 행운은 아마도 정직하고 성실하며 할머니의 고향과 동향이라는 것이 많이 작용한 듯하다. 처음에는 그렇게도 어머니가 완강히 결혼을 반대하였지만 골인하게 된 것도 외할머니의 힘이 컸다고 했다. 말이 그렇지 국내도 아니고 이국 땅 일본에서 동향인을 만난다 는 게 우연은 아닌 것 같았다.

우리 남매는 4세와 6세 때 고국을 찾았고 아버지의 동생인 삼촌은 일본에서 공과대학을 다녔지만 졸업장이 없어서 부산에서 동아대학이 처음 생길 때 동아대학을 졸업하고 본교 교수가 되셨다. 그리고 후일 원자공학과 학장까지 지내시게 되었다. 지금은 퇴직을 하시고 소일하시지만 제자들을 많이 배출하신 분으로 많은 존경을 받으신다.

오빠는 부속초등학교에 쉽게 합격이 된 것 같았는데 나는 보결로 들어갔다. 삼촌은 부산에서 최초의 무선회사도 경영하셨는데, 그 당시 고가이던 앰프를 학교에 설치해 주셨다. 그 덕에 내가 입학을 하게 된 것 같다. 당시 입학시험은 참

재미있었다. 처음에는 동화책을 펼쳐 놓고 다시 덮은 후에 무슨 그림들이 있었느냐는 기억력 테스트 같았다. 그 다음은 기능 테스트로서는 창문에 가서 열쇠를 갖고 잠그고 다시 열고 하는 활동이었다. 그리고 세 번째 다른 한 가지가 더 있었는데 기억이 나지 않는다. 마지막은 다른 교실로 가서 치과 의사 선생님의 구강검사를 받는 것이었다. 검사 후 입안에 사탕을 넣어주었는데 그 경쾌함이 기뻤다.

당시 나는 부속초등 9기생으로 학교를 졸업하게 되었다. 동기 중에는 우리 나라 굴지의 자녀들이 많이 다녔다 이병철 씨 딸 이명희와 럭키그룹 구인회 씨 딸 구순자를 비롯해 고등법원 박영무 법관과 기타 부산 굴지의 사장 자녀들이 도맡아 놓고 입학하는 학교로 지금도 건재하고 있다.

내가 다닌 초등학교엔 교실에 모래사장도 있었다. 그리고 해마다 교복을 선정하기 위해 학부모님들이 많이 모여 의논도 하였다. 당시 나의 1학년 담임 이경렬 선생님께서는 1학년 때 연극을 하고 난 나를 잘하고 이쁘다고 뽀뽀도 해주셨다. 그때 뽀뽀해주던 담임의 상큼한 입술이 아직도 내 뺨에 그 체취와 사랑이 남아 있는 것만 같다. 부산 광복교회는 내가 선생님을 따라 최초로 다녔던 교회였다. 6학년 때는 집 가까이에 있는 보수교회에 나갔는데 성탄절 날 새벽송을 돌던 기억은 뇌리에 평생 잊혀지지 않는 추억이었다.

6학년 때 강한진 선생님께는 매를 많이 맞았던 기억이 있다. 하지만 수학시간 대답을 아주 조리있게 잘 했다고 칭찬들은 기억도 잊지 못한다. 기억을 더듬어 보면 후에 내가 수학을 좋아하게 된 동기도 강 선생님 때문이 아니었나 싶다. 많이도 맞고 공부한 덕분에 우리 반 학생들이 거의 모두가 경남중학교와 부산여중에 합격하였다. 얼마나 기쁘든지.

학교에 다닐 때 점심은 할머니의 수고로 공수되어졌다. 할머니는 점심을 놋 밥그릇에 솜으로 된 주머니를 싸서 가져오셨던 것이다. 할머니는 우리 남매에게 따뜻한 점심 먹이기를 고집하셨다. 한번은 본 교실에 자리가 없어서 다른 곳에서 공부를 했는데 교실을 찾다 아이들을 못 찾으신 할머니께서는 우리를 찾아 교실 밖에서 크게 이름을 불렀다. 그래서 공부 시간에 밖으로 뛰어 나가서 밥을 받아들어온 기억도 난다. 그런 할머니의 사랑은 내가 교육대학에 시험 칠 때까지도 이어졌다. 세상에 그런 지극한 정성이 어디 있단 말인가? 수험장에도 도시락을 싸들고 따라 오셔서 손주 녀석을 사랑스럽게 보살펴 주셨던 것이다.

이제는 고인이 되어 하늘나라로 가신 할머니, 그 할머니께서 구원을 받고 돌아가셨기에 내 마음에 여한이 없다. 언젠가 나와 만나게 될 테니까 말이다. 우리 외할머니 산소는 부산의 가장 끝이라고 할 수 있는 청룡동 공원묘지에 있는데 남편의 묘지에서 700m 정도 떨어진 곳에 함께 계신다. 두 무덤의 비석에는 "성도 강복순"과 "성도 신구현"이라는 글귀가 새겨져 있다. 그분이 하나님의 자녀로서 구원을 받고 돌아가셨다는 증거가 되는 것같아 나를 안심하게 한다.

나에게는 천국이 있다는 확신이 있다. 그곳은 이 세상보다 좋은 곳이다. 성경은 황금보석으로 단장되고 열두 진주문이 있고 눈물이나 애통이 없고 남편이 신부를 위해 단장된 것 같은 곳이라고 했다.

"또 내가 새 하늘과 새 땅을 보니 처음 하늘과 처음 땅이 없어졌고 바다도 다시 있지 않더라 또 내가 보매 거룩한 성 새 예루살렘이 하나님께로부터 하늘에서 내려오니 그 예비한 것이 신부가 남편을 위하여 단장한 것 같더라" (계 21:1-2).

말로 표현 못할 그곳에 대한 신념과 긍지가 있는 이상 나에게는 결코 죽음에 대한 두려움이 없다. 언제 죽어도 불안이 없다. 다만 내 사명이 덜 부끄러울 때 데려 갔으면 하는 바람이 있다.

초등학교 저학년 때까지는 남일 초등학교 뒤편 이층집에 살았다. 응접실이 꽤나 넓었고 이층에도 화장실이 있었다. 당시에는 이층에 화장실이 딸린 집은 거의 없었고 우리 집에는 자가용이 두 대나 있었다.

나의 지나온 추억을 더듬으면서 아직도 잊지 못할 기억중 한 가지는 부산여중 시절 때의 기억이다. 내가 좋아하는 미술을 지도하던 김덕수 선생님께서 나에게 초량인 선생님 집에 가서 미술도감 책을 가지고 오라고 심부름을 시키셨던 일이다.

부산여중은 동대신동에 있고 초량까지는 버스로는 열 구역은 더 되었을 것이다. 나는 선생님에게 차비 달라는 소리를 못했다. 결국 걸어갈 수밖에 없었던 고지식이 추억이 되어진다. 동대신동에서 초량으로 가는 지름길을 알고 있었기 때문은 다행히 빠르게 갈 수 있었지만 그 날 난 영선고개로 해서 부지런히 뛰었다. 버스 타고 오는 시간과 대충 맞추기 위해서였다. 책을 받고 다시 왕복 8km는 됨직한 거리를 부지런히 뛰어서 선생님의 심부름을 완수해 드린 일이 있다. 얼마나 바쁜 하루였는지 모른다. 하지만 일을 마친 뒤에는 왠지 모를 뿌듯함이 있었다.

지금 생각해도 우리가 어린이에게 예사로 시키는 일 중에 혹시 그런 우를 범하는 일이 없는지 반성해 봄직하다. 나는 끝내 선생님께 차비가 없어서 뛰어서 다녀왔다는 말은 하지를 못했다. 어리석은 것인지, 순진했는지 아마도 나의 천성이 남에게 무안하게 하는 말은 지금도 못하는 것을 보면 할머니 밑에서 주는 대로만 받으며 살아 왔었기 때문이라는 생각이 든다. 남을 생각하는 배려 역시 부족한 것이 지금도 의도적이 아니고는 자연성은 결여되었다. 착하고 예의 바르게만은 살아왔지만 조금도 남에게 민폐가 되는 일도 거의 해본 일이 없는 것이 외할머니의 교육 영향 탓이 아닌가 한다.

부산여고는 경남고등학교와 매우 친숙히 지내 왔다. 그래서 시화전을 열게 되면 단골 손님이 부산여고생이 아니면 경남고등학생들이었다. 그러다보니 자연히 미술반에 누구, 문학반에 누구 하면 잘 알고 있었다. 그때 나는 조목화 선생님 화실에 잘 다녔다. 화실에서 같이 그림을 그리는 친구들은 나와는 막역한 사이들이었다. 그 친구들은 대부분 부산에서 미술과 교수들이 되어 있다. 나는 서울 대학 미대를 목표를 하며 부지런히 그림공부를 화실에서 하였다. 그런데 60년 불어닥친 그 사라호 태풍으로 인해서 나의 인생은 방향전환을 한 것이다. 이 일로 나는 교육대학에 가게 되는 결정적인 이유가 되었다.

나는 교육대학을 가게 된 것이 항상 자존심이 상하여 중등 검증고시 미술과를 치러 합격을 하였다.

초등학교 때 나의 가장 친한 친구인 향옥이는 고려대학교 수학과를 졸업하고 지금은 미국에 있다. 한번은 미국으로 출국하기 전에 우리 집에 와서 추운 겨울에 떨면서 하룻밤을 자고 간 적이 있다. 남편과 아이들은 다른 방에 자게 하고 우리는 추운 거실에서 함께 보내었다. 따뜻하게 대접하지 못하고 보낸 것을 생각하면 가끔씩 가슴이 아프다. 그 때는 그렇게 어려웠었다. 그 후로 간접으로 연락은 받아보지만 영영 오랜 세월 만나지 못하고 그리움으로 나의 마음에 자리하고 있다.

사생대회가 열리게 되면 나는 사전 답사를 나갔다. 장소 근방에서 며칠이고 화판을 들고 그림을 그려서 익혀 두었던 것이다.

그러던 어느 날 비가 왔다.

"후두둑 후두둑."

조금씩 내리던 비는 어느 새 소나기로 변하고 폭우로 변했다. 그러면 화판이 자연우산 역할을 해 주었다.

"얘, 오늘 우리 비도 오고 하는데 그림 그만 그리고 아이스크림 사 먹으러 갈까?"

누군가가 그렇게 부추기면 우리는 내일 대회가 있는 것도 까맣게 잊어버리고 깔깔거리며 비를 맞고 다녔다.

그때 그림을 그리면서 나에게 누나라고 따라 다니던 남학생이 있었다. 이름이 유영주였는데 서울에서 지금은 교수를 하고 있다. 하지만 총리실에 한때 근무한 일이 있었다. 그래서 부산에서 수안 초등학교 교감시절에 만났다. 그는 남부교육청에 감사를 나왔다가 국장을 통해 나를 만나게 되자 얼마나 반가워했는지 모른다. 그렇지 않아도 'TV는 사랑을 싣고'를 통해서 뵙고 싶었다고 하였다. 모두가 꿈 많던 시절의 이야기이다. 영주도 이제는 자녀들이 모두 장성하고 위치도 안정이 되었지만, 그때의 단순하고 티 없던 시절이 참으로 그리울 때가 있다. 그래서 추억이 아름답다고 하는지 모르겠다.

나는 지금도 잊지 못할 교생 선생님이 내 마음에 함께 하고 있다. 부속 초등학교 시절에는 사범학교에서 실습을 우리 학교로 나왔다.

그 선생님은 내가 4학년 때 남자 교생 선생님이셨다. 정황만 기억하지 이름도 기억 못하는 교생 선생님은 나에게 그림을 잘 그린다고 칭찬을 하셨다. 그리곤 내 그림을 칠판에 붙여 놓으셨다 우리 반에는 그때 그림을 잘 그리는 아이가 또 하나 있었다. 이름은 이경자였는데 미술시간에 칭찬을 독차지했었다. 그런데 경자의 그림과 내 그림을 동일선상에 놓고 오히려 내 그림을 더 칭찬해 준 것이다. 이것이 내가 그림을 좋아하게 되는 결정적인 요인이 된 것이다. 교장이 된 나는 지금도 선생님들에게 의도적인 칭찬이라도 매일 학생들이 칭찬을 받고 가도록 힘써 달라고 부탁을 한다. 이것도 그때 얻은 귀중한 칭찬과 사랑 때문이다. 칭찬 한 마디가 아이들의 일생을 바꾸기도 하는 위력이 있기 때문이다.

부산교육대학 시절

- 함께 늙어가는 내 친우들은 나의 위로임과
동시에 나의 아픔을 돌아보게 하는 거울이다. -

"밀지 마세요!"

"어머! 어딜 만져요?"

"내가 어딜 만졌다고 그래요. 그것은 제 우산이라 말입니다."

대신동에서 학교가 있는 연산동까지 가면서 매일처럼 벌어지는 전차 안 풍경이다.

당시 부산에는 대중교통 수단으로 전차가 있었다. 전차는 앞뒤가 없다. 대신동에서 서면까지는 전차를 이용하였고 서면에서는 주로 버스를 타고 교대까지 가게 되었는데 그 당시는 부산대학교 부설 교육대학이었다.지금의 부경대학교도 그때는 부산대학교 부설 수산대학이었다. 지금의 부경대학교 총장 역시 그때 함께 연합하여 시화전 활동해 왔던 강남주 총장이다.

나는 그처럼 짐짝처럼 밀리는 버스 속에서 눈물을 흘리며 다녔다. 나와 함께 그림을 그리던 친구들이 서울대학, 이화여대 등에 가는데 나는 짐짝 같은 버스 속에서 쩨쩨한 교대생들과 함께 공부한다고 생각하니 자존심까지 상하였고, 자조 섞인 말을 하며 학교를 다녔다.

그러나 나의 이러한 마음은 지금은 잘못임을 깨달았다. 교대 졸업생들끼리 결혼해서 승진도 잘 하고 부부가 함께 방학을 갖고 여행도 곧잘 하고 봉급도 두 사람이 보너스가 나올 때면 꽤나 되는 것으로 안다. 그래서 공무원들이 차를 구입하게 될 때에도 부부 교사가 가장 으뜸으로 자가용을 구입한다. 승진자나 장학사들도 거의 부부 교사가 대부분이다.

어찌되었건 우리는 그렇게 생각을 하였다. 여자 교대생들은 대부분 부산여고와 경남여고로 나뉘었고 거의 반반이었다 그외는 마산여고나 진주여고에서 유학 온 학생이 간혹 있었다. 특히 남자들은 마산고나 진주고와 같이 시외에서 온 졸업생이고 부산 출신은 얼마 안되었다. 시골에서 학업이 우수한데 가정 형편상 교대에 온 학생들이 대부분이라서 쩨쩨해 보이기까지 하였다. 그러나 그들 대부분이 머리가 우수하고 착실하며 성실 그자체인 학생들이었다. 그리고 고지식한 면이 있는 반면 정도를 걷기를 좋아하는 원칙파들이었다. 지금도 그때만 생각하면 피식 웃음이 난다.

교대 1기는 사범대로 입학해서 교육대로 졸업하였다. 선배들은 수학과, 체육과, 미술과, 음악과, 가정과들이 주로였다. 나 역시 심화과정은 미술과를 선택하였다.

그곳에서도 나는 최고가 아니었다. 더 잘 그리고 다양한 재주를 가진 학생들이 많이 있었다. 1, 2학년 모두 반 실장을 하였다. 2학년 때는 학생회 부회장에도 출마하여 경남여고 출신에게 아슬아슬하게 떨어졌다. 경남여고 출신이 조금 많기도 하였지만 함께 나온 친구는 우리들보다 나이가 많은 언니라고 불리는 동기였다.

그 당시 교육대학 근처는 밭이었다. 밭길을 따라 마음 맞는 친구들끼리 수업이 없으면 걸었다. 딸기밭이며 연잎이 즐비한 길을 걸으며 노래를 부르기도 하고 무슨 얘기들이 그리도 많았는지 그런 대로 재미있게 지냈다. 지금도 그때의 친구들이 모임을 갖고 모인다.

'영 모임'이라는 이름은 처음도 끝도 없이 영원토록 모이자는 취지에서 붙여진 것이다. 그리고 마음 역시 영처럼 비우자는 의미도 있다. 영 모임 친구는 지금은 서울에서 갑부가 된 최국영이를 제외하고는 내가 가장 게으르게 모이는 사람이다. 그 외에는 다 잘 모이고 지금도 서로를 아끼고 가까운 사이이면서도 예절을 지키며 존중하는 그런 멋진 친구들이다. 나에게는 이러한 친구들이 큰 힘이다. 홍미영, 최재분, 최난주, 최정화 ,정영자, 주설향, 이들은 내가 승진해서 발령 받을 때에도 가장 먼저 뛰어와서 축하해주는, 계산이

섞이지 않는 그런 친구들이다. 내가 어려울 때에 친구들의 도움을 물적, 심적으로 많이 받았다. 언젠가는 갚을 거라고 생각하고 있다.

부산여고 다닐 때에는 잠시 부산 초량교회에 다닌 적이 있다. 그곳 주일학교 전도사님이 나보고 주일학교 반사를 하라고 하였다. 대학생이 될 때는 기도도 할 줄 모르는 나를 청년회 부회장을 하라고 하여 매우 난처할 때가 있었다. 성가대는 찬송가만 따라 배우면 그런 대로 봉사가 되었지만 기도는 아무나 유창하게 되는 것이 아니었기 때문이다.

교대 다닐 때 나는 부산 C.C.C. 최초의 멤버였다. 역시 부대생이나 수대생이 대부분이고, 교대생은 나 혼자였다. 매우 진지한 모임이었고 나에게 신심은 있었지만 지금 생각해 보면 성령 충만의 체험은 없었던 것 같았다. 많이 배우고 많은 도움도 받았지만 졸업하자 1년 만에 결혼을 함으로 해서 나는 교회와 결별한 것이다. 제사를 일 년에 열세 번씩 모시는 가문에 신 씨 가문의 장손에게 시집온 나는 교회를 안 나가는 게 좋을 것 같았고, 하나님과 상관없는 시간을 보냈다. 하지만 하나님은 결코 나를 잊지 않고 그 붙잡은 손을 놓지 않으셨다. 물론 내 판단으로 그렇게 결정하였는데 그때 C.C.C 간사님은 매우 안타까워하는 표정을 지으셨다. 지금도 잊을 수가 없다.

교대 다닐 때 친구의 소개로 약 1년쯤 아르바이트로 가정교사를 해 본 일이 있었다. 그 가정은 초량에서 사업을 해서 넉넉했지만 엄마는 친모가 아니었다. 그 아이의 이름은 연주였다. 연주가 워낙 공부를 못해서 가정 교사라도 대어 성적을 향상시키겠다는 생각이었지만 연주는 애정이 매우 결핍되어 있었다. 나는 그때 색채심리를 조금 연구하고 있었는데 연주는 분홍색과 갈색을 주로 좋아했다. 분홍색은 열등의식을 갈색은 정신적 배고픔을 색채심리에서는 말하고(아사리 아쓰씨)있다. 나는 이런 연주에게 사랑을 주도록 힘쓰면서 공부도 시키고 용기와 희망적인 마음을 갖도록 했다. 애쓴 보람이 있어 성적도 많이 향상되었다.

내가 아르바이트를 할 때가 교생실습 기간이었고 교대생 전원이 부속 초등학교에 후반기 실습지였다. 전반기는 내성초등과 명륜초등 두 학교로 나뉘어 실습을 갔었다. 나는 내성초등 4학년을 맡게 되었는데 우리 반의 교생은 동래 교육청에서 초등과장을 지낸 바 있는 오갑도와 지금 사업가로 성공을 한 황갑용이와 같이 실습을 했다. 우리 담임은 허작 선생님이셨는데 세 사람 모두가 표현은 안해도 남에게 조금이라도 지지 않겠다는 욕심이 대단한 교생들이었다. 내가 이 시기를 잊지 못하는 것은 아르바이트를 하면서 매사에 최선을 다하였기 때문이다. 특히 실습장을 깨알같이 열심히 정성을 다하여 관찰록을 썼다. 결국 그것이 실습 담당선생님의 눈에 띄어 관찰 실습장을 전시용으로 돌려보게 되는 칭찬의 대상이 되었다.

"야! 우리 이렇게 재미없게 인생을 보낼 게 아니라 무언가 의미있는 인생을 만들어 보자. 응?”

“의미있는 인생이 뭔데?”

“지금 이대로 살다가 가치 없이 죽을 게 아니라 우리도 이 세상에 왔다가 간 표는 하고 가야 할 것 아냐.”

“야! 어떻게 하는 게 가치있게 살다가는 건데, 니가 한번 말해 봐라.”

“야 그걸 알면 내가 이러고 살겠냐, 그러니까 한번 의견을 내어보란 말이야.”

우리는 매일처럼 모이면 이런 말들을 하며 소일을 했다. 친구 때문에 행복하고 친구 때문에 슬퍼하던 시절이었다.

세상 살아오면서 그래도 내게 힘이 되었던 것은 친구들이었다는 것을 문득 문득 깨닫는다. 절친한 친구들은 나이를 먹어가는 지금도 나에게 힘이 된다. 절친한 친구들의 대부분은 부산교육대학에서 만난 영모임 멤버이다. 특히 최국영은 결혼 후 몇 년 간은 부산에 살다가 서울로 갔다. 처음에는 그곳에서 함께 부부 교사로 살았다. 그러다가 사업을 해서 크게 성공했다. 그 외에는 대부분 부산에서 살고 있기에 자주 만나게 된다. 그러다 보니 자주 만나게 되고 점점 모임이 구체화되면서 클럽이 되어버렸다.

모임이 거듭되면서 이름을 정하자는 의견이 나왔다.

“우리 이렇게 의미 없이 모일 게 아니라 이름을 정하는 게 어때? 그래서 우리 우정도 쌓고 또 기회가 되면 좋은 일도 하고 말이야.”

"그래 그게 좋겠어. 그럼 우리 모임을 정례화 하는 의미에서 이름을 정하는 게 좋겠어. 누구 좋은 의견 없어?"

서로들 돌아보면 머리를 맞대고 이름을 정하기 시작했다. 그때 내가 말했다.

"영 모임 어때? 영이란 말 그대로 아무것도 없잖아. 시작도 없고 끝도 없으니 영원히 모이자는 뜻이지 뭐."

결국 그 자리에서 나의 제안으로 '영모임'이 탄생한 것이다. '영'이란 또한 '원'을 의미하기도 한다. 그러니 서로 우정을 변치 말고 영원히 사랑하자는 소박한 바람이 담긴 이름이 되는 것이다. 지금 생각해보면 영에서 시작한 우리 모임은 너무 많은 것을 창출해 내었다. 서로 사심 없는 마음으로 자기를 비우면서 학창시절의 우정을 키워나갔다. 소박하지만 때론 강하게 서로를 이끌어주면서 인생의 황혼을 향해 나아가고 있다. 이제는 교직에 머물러 있는 친구는 나 외에 한 명뿐이다. 은행인으로, 사업가로, 그리고 상업과 정치인의 가정으로 자리매김하고 있다.

친구 중에 가장 먼저 결혼한 친구는 국영이었다. 지금은 서울로 갔지만 친구 중에 가장 먼저 테이프를 끊었다. 그 다음에 결혼한 사람이 바로 나였다. 당시 우리는 특별한 규칙은 없었지만 남편될 사람이 정해지면 친구들에게 소개하는 시간이 있었다. 상견례 하는 자리에서 친구들은 서로 짓궂게 점수를 매기면서 친구의 남편될 사람을 놀렸다. 하지만 몇 번만 더 만나면 서로 친구가 되어 어울려 다녔고, 그러다가

서로 친구가 되곤 하였다. 새로운 친구가 또 결혼한답시고 남편될 사람을 데리고 오면 그렇게 또 친구가 되고 집들이를 하게 되면 자연스럽게 남편들끼리도 서로 친구가 되어갔다.

그래서 연말이면 부산 근교의 호텔 방을 두 개 빌렸다. 한 방엔 여자들이, 한 방에 남자들이 숙박하기로 하고 밤이 늦도록 서로 어울려 게임을 즐겼다. '도너스 게임'과 '물먹은 종이를 얼굴에 붙여 떨어뜨리기 게임'은 당시 우리가 새벽까지 깔깔대며 놀던 놀이였다. 이 세상 어디에 내어놓아도 부러울 것 하나 없는 완벽한 나날이었다.

그러한 친구들로 인하여 나는 행복할 수가 있었고 또 감사할 수가 있었다. 지금도 친구들과 그들의 남편들을 만나게 되면 지난 날 행복했던 남편과의 시간들이 주마등같이 스쳐 지나간다. 함께 늙어 가는 내 친우들은 나의 위로임과 동시에 나의 아픔을 돌아보게 하는 거울이 되고 있다.

운명적 만남은 비켜가지 않는다

- 푸른 오월, 교사로서 첫발을 내딛는 순간
내 젊은 날의 아름다운 로맨스도 시작되었다. -

"차렷!"
"열중 쉬엇!"
"교장 선생님께 대하여 경례!"
구령이 마치자 잠시 교장선생님의 훈시가 있었다.
"오늘 여러분들은 수업을 잠시 뒤로 하고 시청각 관람을 할 예정입니다. 에, 시청각 관람은 수업의 연장으로서 단순히 놀러간다고 생각하지 마시고 영화를 통하여 무엇인가 배운다는 생각으로 갔다 오시기 바랍니다."
오월 하늘은 그렇게 푸를 수가 없었고 스물한 살 처녀 선생님의 가슴은 아이들만큼이나 부풀어 있었다.
지금 생각해도 그것은 짜릿하고 극적인 짧은 만남이었다. 1963년 3월 1일자로 긴 교육대학교의 수업과 교생실습을 마치고 처음으로 발령을 받은 곳이 부산 성동초등학교였다. 그때만 해도 동천은 맑았고 고기가 뛰어 놀았으며 오월이 채 오기도 전에 악동들은 그곳에서 멱을 감았다. 몇 해 전 5·16이 일어나고 박정희 씨가 대통령이 된 뒤에 그런 대로 사회는 안정을 찾아가고 있던 때였다.

오월 어느 날, 그 날도 하늘은 맑고 푸르러서 처녀 선생님의 마음은 아이들 마냥 즐거워 있었다. 학교에서는 전교생이 부산 좌천동에 위치한 삼성극장에 가려고 그렇게 학교 운동장에서 교장선생님의 훈시를 듣고 있었던 것이다. 아이들은 보러 가게 될 영화가 '타잔'이라는 말을 듣고 저마다 환호성을 질렀다.

그 일로 해서 나는 그 날 무척이나 바빴다. 단체관람이긴 하지만 아이들이 부담할 약간의 돈이 있고, 그 돈을 받아 계산해서 가야 했기 때문이었다. 지폐는 지폐대로 잔돈은 잔돈대로 모아서 학생들을 인솔해서 강둑 길을 따라 걸었다. 한참을 걸어 좌천동 철길을 건너 범일동 방향으로 이르자 아이들로 인해 길은 시장바닥처럼 되었다. 나는 예의 긴장하여 아이들을 줄 세우고 그곳 지배인에게 검사를 받으며 극장 안으로 들어갔다.

최근에 '친구'라는 곽경택 감독의 영화가 전국적으로 알려지면서 그들이 갔던 극중의 영화관이 나오는데 바로 그 극장이 삼성극장이다. 우리는 그 영화의 네 친구들이 극장에 가기 위해 내달렸던 그 골목과 철길을 건너 극장에 다다른

것이다. 그곳에서 근무하던 그 극장 지배인이 내 일생의 운
명을 바꾸어버린 남편이 될 줄은 그 아침까지도 몰랐으니….

그 날 그토록 나를 유심히 보던 그 사람의 시선은 모른 채
소녀처럼 생긴 선생님, 학생들의 언니처럼 보이는 선생님은
3학년 2반 학생들을 처음으로 극장에 데리고 가느라고 정신
이 없었던 것이다. 나는 구령과 함께 야무지게 인솔하여 극
장 안으로 들어섰고, 가지고 온 돈을 지폐와 동전으로 나누
어 종이에 싼 채 그에게 내밀었다. 10% 할인해 주는 값으로
가난한 아이들은 무료로 입장시키고 그렇게 짧은 순간 그와
의 만남은 이루어졌던 것이다.

노사연 씨가 부른 노래처럼 사랑은 그렇게 운명처럼 다가
왔다. 우연이 아닌 필연처럼 내 사랑은 그렇게 극장의 사무
실에 있었던 것이다. 남편은 극장 일을 돌보느라고 결혼 적
령기를 넘겨가고 있었고 집에서 결혼을 서두르고 있었던 때
였다. 그래서 시골에 계시는 모친께서는 결혼을 강요하고 계
셨고 여러 군데 선을 보고 있던 중이었다.

그러던 중에 소개를 받아 놓은 사람이 교사였는데 그때 한
군데 마음이 가는 쪽이 있었던 여인이 좌성초등학교의 교사
였다고 한다. 부모님의 성화가 귀찮아 사진이나 한 장 보낼
요량으로 사진을 건네 받았는데, 그만 그 사진을 분실하고
말았다는 것이다. 혼자 애태우던 찰나에 초등학교 교사를 보
자 혼자서는 꽤 유심히 나를 보게 되었던 것이다.

그때까지만 해도 나야 애송이 교사에다가 이제 갓 발령받

아 세상물정 모르고 마냥 혼자 즐겁기만 한 처녀에 불과했
다. 그러니 결혼이란 생각조차 해본 바가 없었고 간혹 선배
들과 주임선생님, 그리고 교감선생님이 중매를 놓겠다고 너
스레를 뜰 때마다 나는 전혀 관심 밖이었다.

"전 선생, 우리 친척 중에 잘 생기고 집안 좋은 청년이 있
는데 한 번 만나볼래?"
라고 해도 그저 나는 웃기만 하였다.

단지 꿈이 있다면 공부를 더 해보아야겠다고 생각하고 있
을 뿐이었다. 그때 내 나이 스물한 살, 말 그대로 꽃 띠 처녀
였었다. 하지만 나를 유심히 쳐다보고 있던 극장 지배인의
나이는 스물 아홉이었고 올해는 넘기지 않아야 한다는 재촉
에 시달리는 노총각이었던 것이다.

한 번은 은사이시며 국문학자이신 교육대학 박지홍 교수
께서 나를 부르셨다. 평소에 나를 무척 아껴주시고 계셨기에
항상 어버이처럼 믿으며 따랐다. 어느 날인가 부르시더니 조
심스럽게 말을 꺼내셨다.

"전 선생, 부산고등학교 때 제자가 한 사람 있는데 아주
착실해. 어때 공부하고 싶으면 유학을 함께 보내줄 테니 결
혼해. 응?"

하지만 아직도 마냥 놀고만 싶은 스물한 살 처녀는 그 말
이 귀에 들어오지도 않았다.

"네, 생각해 볼게요" 하고는 그것이 끝이었다.

하지만 이처럼 나의 연인은 다른 곳에서 나를 기다리고 있

었던 것이다. 사건은 그것으로 그치지 않고 육촌 오빠를 통하여 연장되어지고 있었다. 육촌 오빠는 소방관이었다. 소방시설 점검관계로 삼성극장에 임검을 나가면서 그곳 지배인과는 친하게 지냈다. 집안 좋고 가문 좋고 인간 됨됨이에다가, 잘생긴 외모까지 언젠가는 자기 친동생을 짝으로 주어야겠다고 생각하고 있었다고 한다.

어느 날, 임검 차 나온 육촌 오빠에게 지배인이 물어보았다고 한다.

"권 소방관님, 혹시 성동초등학교에 아시는 선생님 없으세요?"

"아니, 갑자기 웬 선생님입니까?"

그때는 초등학교라고 하지 않았고 국민학교라고 부르던 시기였었다.

"아니 제가 지난번에 선생님을 한 분 보아 두었는데 영 잊혀지지가 않아서 그 선생님을 한 번 찾아볼까 해서요."

"아, 제 여동생이 그곳에서 선생님으로 근무하고 있지요."

"그래요? 그러면 한번 소개해 주십시오. 수소문해서 그 여 선생님을 제가 한 번 찾아보게요."

당시 육촌 오빠는 내가 성동초등학교에 초임 발령난 것을 알고 계셨기에 흔쾌히 그러마고 약속을 하신 것이었다. 막 수업을 마치고 교무실로 들어오는데 급사 아이가 나에게 전화가 왔다고 전했다.

그래서 오빠에게 전화를 걸었다. 수화기를 들자마자 오빠가 말했다.

"박자니? 오빠다. 내 친구 중에 삼성극장 지배인이 있는데 말이야. 내일 좋은 영화가 들어온다고 아는 여동생 있으면 공짜로 구경시켜 줄 테니 보러오라고 하거든. 그러니 친한 친구 데리고 극장으로 와라. 아마 '애수'라는 미국 영화가 들어온다고 하지...."

나는 무료로 영화를 보게 해준다는 말에 너무 기뻐 친구 김진리 선생님을 데리고 삼성극장으로 갔다. 그 당시 부속초등학교는 현재 화랑초등학교 자리에 있었다. 그곳은 대신동이었는데 내가 다닌 부산여중과 부산여고가 모두 그 쪽에 있었다. 그러니 서면이나, 동래 쪽 지리는 썩 잘 알지 못하고 살았다. 나는 시내 쪽 남포동이나 광복동쪽에만 영화관이 있는 줄 알았지, 그쪽엔 영화관이 있을 것이라곤 생각도 못했었다. 있다고 해도 이름도 없는 삼성극장은 이류극장정도로 알고 있을 처지였다. 그런데 우연히도 단체 관람하는 관계로 갔다가 이곳에 극장이 있는 줄을 알게 되었던 것이다. 요사이는 이곳 좌천동이 뜨고 있다. 최근에 개봉된 '친구'라는 영화 때문이다. 그래서 지금은 '친구의 거리'로 부르고 있으니 세월도 참 많이 변했다.

퇴근 무렵이 되어 친구와 함께 오월의 바람을 쐬며 걸어서 좌천동으로 갔다. 마침 저녁 시간이었다. 영화 관람까지는 시간도 있었다. 그리하여 그 극장 옆에 있는 '취보루'라는 중국집으로 안내되어 들어갔다. 이층 방으로 들어갔더니 육촌오빠와 그 지배인이 함께 있었다.

"자 인사해. 오빠 친구야."

"안녕하세요 전 전박자라고 합니다. 여긴 제 친구인 김진리 선생님이구요."

"하! 안녕하세요. 저는 미스터 신이라고 합니다. 만나서 반갑습니다. 앞으로 잘 부탁합니다."

"자, 우선 시장할 테니 뭐 먹을 것부터 시키지. 여보슈, 여기 와서 주문 받아요."

그 오빠 친구라고 하는 분은 자장면 곱빼기를 주문하였고 우리는 각자 입맛에 맞추어 요리를 시켰다. 함께 인사를 나눈 뒤였긴 하지만, 숙녀 앞에서 곱빼기를 시키는 것이 부끄럽지도 않나? 조금은 의아스럽게 그를 흘겨보았다. 하지만 아저씨 같아 보이는 사람을 그냥 오빠 친구라고 하니 별 생각 없이 식사를 마쳤다.

식사 후 우리는 영화를 관람하고 재잘거리며 돌아왔다. 그리고 그 지배인은 다음에도 자주 오라는 부탁을 곁들이며 너스레를 떨었다. 하지만 그 날 이후 극장 일은 잊어버리고 평범한 일상에서 근무에만 열중하고 있었다.

유월이 지나고 칠월, 그리고 여름방학이 가까워 오던 어느 날이었다. 날씨는 날이 갈수록 무더워져서 하루하루가 짜증 속에 겨우겨우 지나가던 고단한 날들이었다. 그런데 육촌 오빠가 또 다시 전화를 걸어왔다.

"박자니? 오빠야. 요사이 날씨가 무척 덥지? 어때 오늘

퇴근 후에 선생님들 다 데려오면 영화 보여줄 테니까, 다 모시고 와 그 친구가 한턱 쓴데.”

뜬금 없이 선생님들과 영화 관람을 오라고? 그런데 나중에 안 일이었지만 그 지배인은 이미 나를 점찍고 있었던 것이다. 나를 소개받고 싶다고 말했던 그 여선생이 바로 동생인 나라는 것을 알고 더 적극적으로 오빠에게 졸랐던 것이었다. 마음에 찍어둔 사람이 동일인물임을 알고는 얼마나 쾌재를 불렀을까? 그때를 생각해보면 지금도 웃음이 난다. 그래서 계속 오빠에게 나를 정식으로 소개받고 싶다고 조르고 있었던 것이다.

하지만 극장지배인 친구의 부탁이 있었지만 그래도 그동안 망설였던 것은 아직 내가 어리고 우리 할머니에게 (우리 집에는 외할머니가 우리를 교육시키고 있었던 터라)말씀 드리기가 매우 힘들다고 생각했기 때문이었던 것이다. 하지만 워낙 조르니 두달 여를 넘겨 다시 영화 보여 준다고 연락을 한 것이다. 공짜영화 보여 준다는 말에 동 학년 선생님들 모두를 데리고 영화 관람을 하러 갔다. 영문도 모르고 동료 교사들은 단체로 공짜영화를 보게 된 것이다. 그 날 상영된 영화는 ‘누구를 위해서 종은 울리나’였다. 그러니 동학년 선생님들은 모두 나에게 퍽이나 고맙게 생각할 수밖에…. 후후 지금 생각하면 내 젊은 날의 아름다웠던 로맨스였다.

그리고 시간이 지나 여름방학이 지나고 가을이 왔다. 그 해 10월 3일 개천절을 맞아 공휴일 날 우리 동 학년 모두가 금정산성에 등산을 하며 야외소풍을 가게 되었다. 그때 우리 학교 안원수 주임선생님 딸의 손을 잡고 산을 오르고 있었다. 그런데 내 앞에 잘생긴 어떤 남자가 선글라스를 끼고 서 있었다. 나는 순간적으로 멋이 있다고 생각하고 있는데 동시에 그 남자가 안경을 벗고 정중히 인사하였다.

"안녕하세요. 전 선생님...."

"아! 누구시죠? 그러고 보니 지배인님이시네!"

바로 삼성극장 지배인인 육촌 오빠의 친구분이 그곳에서 나에게 인사를 하였던 것이었다. 일은 여기서부터 시작되었다.

그 사람은 극장을 맡고 있었기에 전혀 시간을 낼 수 없는 입장이었는데, 각 극장 지배인들만의 모임이 마침 산성에서 있게 되어 잠시 시간을 내어 들렀던 것이다. 그런데 공교롭게도 이곳에서 나를 만나게 되었으니 인연이라고 생각되었던 것이다. 그러다 마침 그 지배인의 동료중 한 분이 나와 애기하는 남편을 스냅으로 사진을 찍는 것을 보았다. 아직 처녀였던 나는 괜히 새침 떼는 양으로 불쾌해 하며 사진을 돌려달라고 하였다. 하지만 쉽게 사진을 줄 것 같지 않아 은근히 걱정이 되었다. 사진문제로 고민하고 있는 나에게 함께 동 학년이고 동기인 이경자 선생은 이런 제안을 하였다.

"전 선생님 뭘 그런 걸 가지고 걱정해. 근처 사진관에 다니면서 삼성극장 지배인이 맡긴 사진이 있느냐고 물어보고 사진 구경하는 체 하면서 필름을 잘라 오면 되잖아요."

나는 그의 묘한 발상에 동의를 하고 그 날 산성에서 내려 왔다. 내려오는 길로 이 선생과 함께 근처의 사진관을 다 돌아보았지만 그런 분이 맡긴 사진은 없다고 하여서 결국 허탕만 치고 돌아오고 말았다.

그러자 얼마 후 극장에서 전화가 왔다.

"안녕하세요, 전 선생님. 저 지난번 사진을 함부로 찍어서 화나셨죠? 제가 사진을 돌려 드릴 테니 나오세요. 차도 한 잔 하시고요."

사진을 돌려주겠다는 말에 얼른 그를 만나러 나갔다. 하지만 나가면서도 마음 속으로는 은근히 걱정이 되었다.

'틀림없이 이분이 나에게 관심을 갖고 있는 거 같애. 만약 편지라도 써서 만나자고 하면 난 어떻게 하지?'

이런 생각을 하며 근처 약속한 다방으로 들어갔다. 그곳에서 말쑥한 차림으로 앉아있던 그는 일어나서 나를 정중히 맞아 주었다. 그리고 자리에 앉자 사과를 하면서 필름과 사진을 내어놓았다.

"전 선생님, 여기 필름과 사진입니다. 다른 뜻은 없었으니까, 오해하지 마십시오. 그리고 이건…"

봉투는 의외로 두툼하였다. 나는 그 자리에서 확인하고자 봉투를 펼쳐 보았다. 필름과 사진과 함께 들어 있는 편지지 뭉치였다. 나를 더욱 놀라게 한 것은 대 여섯 장은 되어 보임직한 편지지들은 모두 하얀 백지였다는 것이다. 백지만을 여러 장 접어 편지로 나에게 건넨 것이다.

백지편지

"전 선생님, 사실 저는 지난 오월 달 아이들과 함께 단체 관람 왔을 때부터 전 선생님을 눈여겨 보았습니다. 그런데 마침 제 친구가 성동초등학교에 아는 여동생이 선생님으로 있다고 하길래 그 선생님을 만나볼 요량으로 선생님을 만나자고 했습니다. 그런데 바로 내가 만나고자 했던 선생님이 제 친구의 여동생 아닙니까? 저는 얼마나 반가웠는지 모릅니다. 그래서 친구 녀석에게 졸랐지요. 한 번만 더 만나게 해 달라고. 하지만 전 선생님이 너무 어리고 외할머니가 엄하셔서 힘들 거라고 하길래 내심 서운했습니다. 그러다가 산성에서 다시 뵙게 된 것입니다. 저는 이것이 하늘이 준 기회라고 생각해서 용기를 내어 편지지를 집어들었습니다. 하지만 제 가슴에 있는 이 마음을 말로 표현할 수가 없어 백지로 표현하는 것이 가장 적절하다고 생각해 이렇게 가져왔습니다. 부디 거절하지 마시고 저에게 전 선생님을 만날 수 있는 기회를 주십시오, 만약 몇 번 만나 데이트 해보고 아니다 싶으면 저에게 말씀하십시오. 사나이답게 깨끗이 물러나겠습니다."

나는 그의 말을 들으면서 백지 편지에만 눈을 고정시켜 놓고 있었다. 그의 말과 편지가 클로즈업 되면서 가슴이 뛰기 시작했다. 그것이 나를 사로잡는 결정적인 계기가 되었던 것이다.

그 후 그와의 만남은 몇 번 계속되었다. 주로 무료 단체관람 핑계로 그는 우리를 불러내었고 적당히 공짜관람을 즐기면서 그와의 줄다리기를 하고 있었다. 어느 날인가 그 날도 단체 관람을 허락받았다. 로비에서 만난 그는 이야기를 하고 싶다며 이층으로 안내했다. 그리고 사장실 문을 열고 들어가기를 종용하였다. 문을 닫더니 나에게 말하였다.

"전 선생님, 진심으로 사랑합니다. 저와 결혼 해주십시오!"

자기는 나와 결혼을 하고 싶다고 단도직입적으로 프로포즈를 하였다. 나는 그의 눈을 들여다보았다. 그 말은 진심이었다. 하지만 나의 대답은 "이러지 마세요, 저는 아직 결혼할 나이가 아니에요."였다. 그를 거절 하였던 것이다. 물론 나는 싫은 편은 아니었다. 하지만 어린 내 생각에도 이런 곳에 근무하는 사람은 나와 맞추기가 어려울 것이라고 생각이

들었다. 쉬는 날도 다르고 극장에서 일한다면 어딘지 모르게 불량하게 생각되는 이미지 때문에 나는 거절을 하고 나온 것 같다.

하지만 그런 거절에도 불구하고 그는 끈질기게 구애를 하였다. 육촌 오빠편으로 계속 나에게 전화가 와서 만나자고 했다. 육촌 오빠는 극장을 장차 경영하게 될 사람이며 사람됨됨이가 예절바르고 가문이 훌륭하다고 입에 침이 마르도록 칭찬하였고, 할머니에게는 별도로 정식적인 청혼을 하여 압박을 가해오자 서서히 나의 마음도 무너지기 시작했다. 그때마다 그가 건네 주었던 백지편지, 그 무언의 편지가 내 마음을 흔들고 있었던 것이다.

그렇게 우리의 만남은 극장에서 시작되어서 극장으로 이어졌다. 극장을 찾을 때마다 어두운 극장 안으로 부채며 간식이며 모든 배려를 아끼지 않는 그가 싫지 않았던 것이다.

그 후 오빠의 간청도 있고 해서 할머니가 남편될 사람을 만났는데 극장에 있는 사람과는 결혼시킬 수 없다고 거절하자 그만 실망이 되기도 하였다.

"할머니가 그렇게 무서울 줄은 몰랐어요."

하지만 그의 말은 할머니가 무섭다고 했지만 포기하겠다는 말이 아니었다. 그가 그렇게 결혼을 서두르는 데는 이유가 있었다. 만난 지 1년이 채 되지 않았는데, 아직 데이트도 변변히 해보지도 않았는데, 결혼해야겠다고 재촉을 하는 것은 그가 나보다 여덟 살이나 위였기 때문이었다.

하지만 그 때 우리 학교에선 그런 사정도 모르고 우리 교감선생님을 통해 우리 나라 굴지의 갑부의 아들과 결혼 요청이 들어 와 있었다. 그럼에도 불구하고 그 중매를 단호히 거절하였던 것은 그의 사랑에 내 마음이 흔들리는 중이었기 때문이다. 아직 키스 한번 해본 일이 없었다. 하지만 따뜻하고 자상한 그의 태도가 나의 마음을 움직이기에 충분하였다. 포근하고 자상한 배려가 늘상 따랐기에 스물 두 살의 애송이 교사의 마음이 넘어간 것이다. 그 후 서른 살의 회사원과의 결혼 허락과 날짜를 받을 수 있게 하기까지에는 육촌 오빠가 할머니를 설득하여 큰 힘이 되었기 때문이다.

결국 나는 완전히 그에게 굴복하고 그의 아내가 되었다. 그때가 1964년 초봄이었다. 돌이켜보면 결혼할 당시 그 때 우리 집은 너무나 어려운 처지였다. 부산여고 3학년 때인 1960년 사라호 태풍이 남부지방을 휩쓸었고, 그 때문에 가정형편이 어려워져 서울대학 진학을 포기하고 말았다. 결국 학비가 들지 않는 교대를 가 겨우 졸업을 한 처지였다. 그렇게 해서 서울에서 연세대학 화공과를 다니는 오빠의 등록금을 내가 맡도록 되어 있었다. 그러니 나의 경제적인 상황은 말이 아니었다. 하지만 남편은 나의 그런 사정을 알고 그 모든 것을 다 자신이 부담하겠노라고 하였다. 그리고 결혼에 드는 모든 것도 남편의 배려로 준비할 수 있었다. 나는 시집오면서 남편에게 예단도 제대로 못 해드렸다. 또 나의 봉급은 오빠의 등록금으로 대체되었다. 하지만 그럼에도 불구하고 남편은 한결같이 나를 퍽이나 아껴주었다. 그리고 아침이면 학교까지 항상 데이트하듯이 나를 데려다 주고 회사로 출근하는 자상한 남편이었다.

또 내가 학교에서 환경 정리가 있을 때는 찾아와 도와주었다. 우리 반 아이들의 책걸상이 부러지면 고쳐주는 등 나에 대한 배려가 남달랐다. 또 학급에 페인트칠 할 일이 있으면 회사 직원들을 보내어 해결해 주었다.

지금도 돌이켜 보면 이렇게 자상한 남편을 보내어 주신 하나님께 감사한다. 길지 않은 세월, 짧은 만남 속에서도 영원히 잊혀지지 않는 나의 남편은 동료 선생님들에게도 인기가 대단하였다. 나와 함께 근무하게 되는 학교의 선생님들은 항상 영화관람이 공짜였기 때문이다. 그래서 나를 알고 있는 선생님들은 나의 남편을 모르는 사람이 없었다. 그만큼 나는 학교에서 잉꼬부부로 소문나 있었다.

평소 남편은 모든 첫 과일이 날 때마다 푸짐하게 사와서 먹게 한다. 그때도 아이들이 먼저 먹을 양이면 나를 먼저 먹게 하고는 아이들이 먹게 하고 그런 다음에야 자신이 먹었다. 그야말로 변함 없는 나의 애인이었던 것이다. 설거지도 그랬다. 남편은 설거지를 해본 적이 없이 커왔던 분이었다. 하지만 설거지는 말할 것도 없고 쓰레기차의 종소리가 울리면 어김없이 쓰레기를 버리러 앞장 서 나갔다. 온 동네 여자들이 남편을 향해 쑤군거려도 아랑곳하지 않고 나가서 여자들 틈바구니에 끼어 쓰레기차를 향해 쓰레기를 올려주던 남편이었다.

외식을 하기보다는 항상 도시락을 싸들고 나가 살림을 아끼는 데 도움을 주기 원했고, 행여 보너스라도 생기면 데리고 나가 나에게만큼은 외식을 아낌없이 시켜주던 남편. 생일날이면 손수 장을 봐가지고 와서 나를 위해 요리를 하셨고, 한 집에 사는 건넌방의 아이들을 내 아이만큼이나 좋아해서 안아주고 얼러주던 자상한 아저씨였다.

가끔 옷이나 구두를 맞추러 시내에 나가면 "여기 우리 어부인이십니다. 예쁘고 아름답게 잘 좀 꾸며주십시오"라고 너스레를 아낌없이 떨던 그런 남편이었다. 하지만 그러한 남편이 나를 버리고 먼저 하늘로 가버렸다. 그것도 사남매만 남겨 놓고 말이다. 나를 사랑한다고, 영원히 나를 지켜주겠노라고 약속했던 사람이 무정하게도 나를 버리고 가버린 것이다.

하지만 나에 대한 사랑이 너무나도 확실하고 컸었기에 아직까지 나의 마음을 사로잡는 남자를 만나지 못했다. 오직 한 남자 예수님 빼고는 말이다.

임산부 수험생

― 비길 바 없는 감개무량으로 눈물이 그칠 줄 모르게 흘러 내렸다 ―

우리 집에는 깜둥이라는 별명을 가진 아기가 있다. 1남 3녀 중 유달리 검고 반짝이는 피부와 눈매를 가진 아이이다. 이 아이는 다른 세 아이들에 비해 특색있게 웃기기도 잘한다. 그래서 이웃사람들이며 손님들은 놀리듯이 말한다.

"이 아이는 이 집 아이가 아닌 것 같아요."

"그 아이는 뱃속에서부터 공부를 너무 많이 해서 희어질 여유가 없어서 그래요."

언니와 오빠들은 월남에서 도시락 먹고 온 아이라고 놀려주면 곧잘 까만 피부의 근육을 활발히 움직이며 좋아라고 언니들을 쫓아 다닌다.

이 이야기는 지금으로부터 꼭 30년 전인 1971년의 이야기이다. 그 해 3월이었다. 당시 나는 부산 중구 대청동에 있는 남일초등학교로 발령을 받아 갓 1년을 넘겨 근무하는 중이었다. 이 학교가 지금은 광일초등학교로 바뀌었다. 직원 조례 때였는데 교장선생님의 말은 건성으로 들으면서 교육 잡지를 뒤적이고 있었다. 그런데 그곳에 중등교사 임용검정에 관한 내용과 이에 합격한 선생님들의 합격담이 실려있었다. 그리고 검정에 필요한 책이며 참고서들이 소개되어 있었다.

"그래 바로 이거야, 이게 내가 하고 싶었던 일이야. 나도 한번 도전해 보아야지"

언제부터인가 정체되어 가는 나 자신을 보면서, '내가 여기에만 안주해서는 안 되는데 그래도 여고 시절엔 꿈이 컸었는데 중도에 포기한다는 것은 말이 안 돼'라고 생각하는 중이었기 때문에 그 날의 일은 30년이 지난 지금도 분명히 기억하고 있다.

"만약 미술교사 자격 시험이라면 나도 자신이 있어. 그러니 한번 도전을 해보아야지."

그런 마음을 먹고 집으로 돌아왔다. 하지만 현실로 돌아오면 그것이 철부지 같은 생각인지 깨닫게 된다. 시어머니를 모셔야 하는 며느리로서, 남편을 아침마다 출근시켜야 하는 아내로서, 그리고 아이들을 키워야 하는 어머니로, 그리고 학교에서 근무하는 직장인으로서 검정에 도전한다는 것은 거의 불가능에 가까웠다.

"그래, 고민만 할 게 아니고 식구들에게 한 번 털어 놓아

보자."

　그래서 생각해낸 것이 가족회의였다.

　"어머니 그리고 여보, 저는 중등교사 검정시험에 한 번 도전해 보려고 해요. 그런데 아시다시피 저는 지금부터 수험생이 되려 합니다. 식구들이 도와 주시지 않으면 경비며 시간이 턱없이 모자랍니다. 그러니 당분간만 이해를 해주시면 제가 한 번 도전을 해서 더 좋은 며느리, 더 좋은 아내로 그리고 더 좋은 어머니가 되겠습니다."

　진심 어린 나의 말에 가족들은 의외로 선선히 허락을 하였다. 남편은 시험에 필요한 책을 구해 다 주겠다고 하였고, 시어머니도 아이들을 돌보아 줄 테니 그러라고 하셨다. 애들은 애들대로 영문도 모르고 저희들 방에서 엄마가 같이 공부한다고 좋아하였다.

　'이렇게 다들 도와 주는데 떨어지면 창피해서 어쩌지?'

　나는 마음 속으로 기뻐하면서도 은근히 걱정이 되었다. 나는 그 다음 날부터 구입할 책을 구하기 위하여 백방으로 돌아 다녔다. 헌 책방은 물론이고 서점을 돌면서 책을 찾았다. 그 당시 동양·서양 미술사, 국사 및 인명사전 등은 모두 만 단위가 넘는 액수였다. 나의 생활에서는 턱없는 지출이었지만 가족들의 배려로 거뜬히 구입을 했다.

　나는 공부할 수 있는 날자의 시간 수를 측정하며 쪼개기로 했다. 3월부터 8월까지 몇 개월 정도 밖에 남지 않았다. 한 달 간의 정리기간을 둔다면 거의 5개월, 그 당시 집에서 남일초등학교까지 차를 두 번씩 갈아타야 했고, 한 시간이 훨씬 넘는 통학거리였다. 비좁은 차 속에서의 공부는 엄두조차낼 수 없었다. 그래서 짐짝처럼 밀리는 차 속에서도 이리저리 밀려가면서 나는 어제 했던 공부들을 머리 속에 정리하였다. 수업시간과 수업시간의 사이 쉬는 10분 동안에도 책을펼쳐 들었고, 어쩌다 교통 당번이나 주번이 되어도 나의 주머니에 짧은 단어를 모아둔 수첩을 잠시 펼쳐 들고 속으로외우면서 당번 활동엔 충실할 수 있도록 짤막하고 작은 시간들에도 놓치지 않고 시간을 벌었다.

남일초등학교에 발령 받은 근무연한은 1년이었고, 남들은가고 싶어하는 소위 특A학교였지만 나에겐 아까운 시간을낭비하기가 애타고 가슴을 조이어 오는 시간이 많았다. 마침내신 시기였으므로 급기야 이동해야겠다고 작정하고 지금은고인이 되신 최창욱 교장선생님을 찾아갔다.

"교장선생님, 1년의 짧은 기간이었지만 무던히도 저를 아껴주셔서 감사합니다. 제가 가정형편 때문에 집 가까운 곳으로 옮겨야 겠으니 도와주십시오."

많은 것을 배려해 주시고 가르쳐주신 교장선생님, 교육경험 중 잊을 수 없는 남일초등학교의 시절을 뒤로 하고 나는옮길 것을 부탁드린 것이었다.

당시는 모든 교과면에 새 교육과정으로의 전환시기였다. 당연히 새로운 학습 활동으로 바뀌어 가는 전환시기였었고, 이 학교에는 부산 시내에서 우수 학습 기술을 가진 교사들이 많아 거의 매일의 연구 수업에서 나는 많은 기술을 배웠다. 또 그 당시는 오전반 오후반이 있었다. 3학년 1반, 2반이 번갈아 가며 교실을 쓰게 되었다. 같은 교실의 오후는 지금은 정년 퇴임을 하신 노재진 교장선생님이셨다. 그 당시는 연구주임이셨다. 그래서 매일 수업 참관을 하느라고 본의 아니게 다른 교사들 간에 오해를 받기까지 했다.

그러한 욕심은 당시 교육부 주관 수업연구 발표회를 갖게 했다. 나는 미술과 수업발표를 하여 호평을 받았다. 짧은 기간이지만 정열을 쏟은 곳이 남일초등학교였다. 남들은 호랑이같이 무서운 최창욱 교장선생님이라지만 나에겐 언제나 친절하고 자상한 교장선생님이셨다. 이렇게까지 잊을 수 없는 시기를 보낸 나에게 있어 남일초등학교와 최 교장선생님을 떼놓고서는 이야기할래야 할 수 없는 분이었다. 하지만 전보내신을 부탁하는 나를 걱정하며 학교장께서는 매우 놀라신 표정을 지으시며 자초지종을 물으셨다.

"다름이 아니라 제가 중등교사 검정을 준비하고 있는데 학교랑 집이 너무 멀어서 공부에 전념하기가 힘이 듭니다. 저를 사랑해 주셨는데 한 번만 은혜를 더 베풀어 주십시오."

나의 이야기를 다 들으신 최창욱 교장께서 말씀하셨다.

"전 선생, 좀 더 빨리 나와 만날 기회가 있었다면 더 많은 것을 가르쳐 주었을 텐데…"라며 안타까운 표정을 지으셨다.

자기 발전을 위한 노력을 위해 자택에서 가까운 곳으로

간다는데 어찌 말리겠느냐며 연한도 되지 않은 나를 최선의 배려로 집에서 10분이면 도착할 수 있는 학교로 옮겨 주셨다. 그 당시 마침 학교 로테이션제를 실시하여 학구 변동이 있어 이곳이 가야초등학교가 되어 결국 A에서 A학교로 오게 된 셈이었다. 가야초등학교는 체육과 연구 학교로 지정되어 있었고 특활지도도 여간 까다롭지 않았다.

나에게는 특활 배당이 무용반 주무가 안겨졌다. 나는 무척이나 당황했다. 무용반 지도는 꼭 하라면 할 수 있기는 하지만 어린이도 나도 팔딱팔딱 뛰어야하는 여간 피곤하고 신경이 쓰이는 일이 아니었다. 그러한 몇 배의 피로로서는 공부하는데 감당하기 어려움이 많을 것 같았다. 그러니 학교 당국에 시험준비의 태도를 밝히고 도움을 요청할 수밖에 없었다. 나는 이때처럼 고통스러웠던 때가 없었다. 혹시 이렇게 학교나 동료들에게 이야기하고 난 뒤에 낙방이라도 한다면 부끄러워 어떻게 얼굴을 들 수 있을까 하는 생각이 든 것이었다. 하지만 어차피 저질러진 일이기에 당시 학교장이신 박양호 교장선생님께 말씀을 드리고 특별한 배려로서 상화부를 지도하게 되었다. 시간을 번 셈이었다.

그래서 나는 최선을 다하였다. 나의 간곡한 부탁에 대해 보답을 해야 했기 때문이다. 게다가 담임도 2학년을 맡겨주셨다. 나는 모든 것이 고맙기만 하여 학교 생활에 전보다 더 노력하고 촌음도 아껴 나 자신이 하고자 하는 시간대로 외우고 또 익혔다. 나는 원래 기억력이 둔재라 몇 번이나 왼 것

을 되풀이해야 하고, 그 다음날은 전 날 외워 둔 것을 확인
해야만이 안심이 되었다.

　이렇게 미술사(동양 서양 한국)와 공예, 색채, 디자인 도
법, 개론 등 내가 마련한 시간표로 어김없이 공부를 하였다.
그 대신 가정에 돌아가 애들이 취침할 시간까지는 일체 공부
를 하지 않았다. 조금이나마 애들과 놀아주고 대화를 하기
위해서이다. 매일 새벽 3시에는 꼭 일어나 나의 시간을 마련
했다. 행여 불빛이 주무시는 가족들 얼굴에 샐까보아 스탠드
불을 켜고 책을 쌓아 올려 빛의 차단에 세심한 주의를 기울
였다. 날이 밝을 때까지 외우고 또 익혔다. 지금은 고등학교
에 재직하고 계신 어느 선생님 한 분은 검정을 8회째 치러서
합격했다고 들었다. 그리고 마지막 몇 달간은 절에 가서 공
부했다고 하였다. 그러나 나에게는 모든 여건이 몇 회로 치
러서는 안되었다. 그래서 몇 년의 공부를 몇 달간에 마스터
하기 위해서는 잠자는 짧은 시간에도, 꿈속에서도 익힌 공부
를 되풀이했던 것이다.

　그렇게 시간이 흘러갔다. 그러던 어느 날 그 당시 경남 고
등학교 교장선생님이셨던 김봉진 선생님을 만났다. 나의 가
장 문제점은 도법이었다. 김 교장께서는 공부하는 요령과 도
법에 관한 여러 가지와 어려운 사항들을 편지로 또는 전화로
질문할 때마다 친절히도 가르쳐 주셨다. 그래서 내가 합격할
수 있는 좌표를 여러 가지로 알려주셨다. 정말 잊을 수 없는
고마움에 나는 언제나 진심으로 감사를 드리고 있다. 이렇게

앉으나 서나 책과 씨름하는 동안 나에게는 또 하나의 진통이 따르고 있었다.

'아무래도 임신이 된 것 같아. 몸이 전과 같지 않아. 정말 임신이면 어떻게 하지…'

그런데 정말로 내 속엔 애기가 자라고 있었던 것이다. 그로 인해 입덧이 심해지고 피곤과 괴로움이 나를 괴롭혔다. 이 괴로움은 시간을 쪼개어 노력하는 것보다 몇 배나 더 큰 고통을 나에게 안겨주었다. 병원 입구까지 몇 번이나 갔었다. 하지만 어린 생명을 버릴 수는 없는 일이었다. 이미 시작한 일 한 번 해보리라 마음을 먹으니 그래도 다시 한번 자신감이 일었다.

이런 어려움을 견디면서 나 자신을 탈피하기 위해 이를 악물었다. 현실을 극복하며 자기와의 싸움을 계속해 나갔다. 이러한 어려움을 극복할 수 있었던 이유중의 하나는 지금까지 너무나 좁은 지식의 범위에서 아는 체 해왔었던 자신에 대한 진정한 발견 때문이었다. 공부를 하면서 내가 얼마나 무지한가 하는 것을 깨달았던 것이다. 또한 몰랐던 지식을 광부가 광석을 채취하듯이 지식을 습득해 나가는 기쁨이 컸기 때문에 중도에서 포기할 수는 없었다. 나는 지식 노다지를 캐나가고 있는 중이었던 것이다. 지금까지의 자신이 부끄러워만 갔다. 익은 벼가 고개를 숙인다고 했듯이 그리고 점점 자신의 부족하고 나약한 지식에 대한 열등감으로 스스로 몸둘 바 모르게 이것을 탈피해야겠다는 생각들로 나를 머무르게 하지 않았다.

이러한 시기에 나에게 절호의 기회가 왔다. 여름 방학이었다. 하루도 빠짐없이 도시락을 싸서 나는 교실로 출근했었다. 텅 빈 교실 빈 책걸상만이 나의 시야에 놓여 있던 시멘트 바닥, 살벌하기 만한 열댓 평의 이 방은 나에겐 조용하게 머리 속으로 이끌게 하는 유일한 인도처였다. 그래서 토요일과 일요일도 없이 아침 8시부터 해가 져서 글씨가 보이지 않을 때까지 이 방에서 잘 외어지지 않은 나의 석재를 갈아보고 닦아보고 하여 반들거리는 반석이 되도록 문질러 보는 것이다. 나의 조그만 도시락을 먹는 여름의 오후 시간에도 어김없이 졸음은 찾아왔지만, 나는 이 시간을 쫓기 위해 가장 골치 아프지만 사고력을 찾게 하는 도법을 익혔다. 그리고 가끔씩은 교실의 거울을 갔다 두고 나의 자화상을 데생하였다. 실기 기능시험이 포함되어 있었기 때문에 필기 고사에 대비한 빠짐 없는 준비가 필요했기 때문이다. 하지만 방학은 너무나도 빨리 지나버렸다. 가끔 애들이 나의 교실에 와서 놀아 주었지만 저들 맘대로 놀게 두었다. (애들아! 미안하다. 다음에는 꼭 열심히 놀아 주리라.) 무슨 일이 있어도 한 번 만에 합격해야지 두 번 치를 수는 없다고 다짐하며…

시험 일자는 어김없이 다가오고 있었다. 나는 예상될 문제들을 뽑아 테스트하며 정리하여 나갔다. 1차 고시는 대구 계명대학교에서 있었다. 나는 그때 임신과 과로로 인하여 극도로 쇠약해져 있었으므로, 간호사 경험이 있었던 동생이 언니를 위해 대구에 같이 가겠다고 나서 주었다. 여관방에서 한 팔엔 링거병을 꽂고 다른 한 손은 공책을 쥐고 누워서 죽어라고 책을 팠던 그때를 생각하면 지금도 피식 웃음이 터져 나온다.

그때 웃지 못할 난센스가 여관방에서 있었다. 우리가 숙소를 정한 여관은 꽤 넓은 편이었는데 아마 이곳의 투숙객의 대부분이 시험을 치르기 위해 각 지방에서 모여든 손님이었었던 것 같았다. 시험치는 날 아침 이런 사실을 몰랐던 여관 주인은 공교롭게도 미역국을 끓여주었다. 모두들 미역국만큼은 먹지 않고 상을 물렸지만 나는 간호사 동생이 무엇이든지 먹어두는 게 좋다하여 먹음직하게 끓인 미역국을 반신반의하면서 훌쩍 먹어 두었던 기억이 새롭다.

아침 일찍 시험장으로 몰린 수험생들은 꽤나 많았다. 모두 자신감에 차 있어 보였다. 부산에서 모인 낯익은 사람들도 간혹 보였다. 나는 담담한 심정으로 수험장으로 들어갔다.

'이제야 몇 달간의 고역의 산물을 테스트 해보나 보다. 힘닫는 데까지 열심히 일해 보리라.'

이런 생각으로 시험장으로 들어섰다. 문제지 1장에 답지로 백지 10장, 앞뒤 20장이 나왔다. 나는 백지 10장의 답을 쓰기 위해 답 쓸 곳을 알맞게 나누어 요리를 하여 차분히 써 내려 갔다. 아이들 말처럼 운이 따라 주어서인지 대부분 공부한 것에서 나왔지만 요구하는 답을 쓰기에는 다소 거리가 있었다. 어떤 문제는 꼭 과목에 해당하는 것이 아닌 상식이

나 시사문제이기도 했다. 많은 독서로 익힌 자기 능력을 요구하는 문제도 제법 나왔다. 나는 내가 알고 있는 지식을 총동원하여 쉴 사이 없이 답을 적어 내려갔다.

수험장은 볼펜 미끄러지는 소리와 시간의 흐름으로 이어 나갔다. 오전 시험을 치르고 봇짐을 싸서 떠나는 사람들도 보이기 시작했다. 하지만 나는 점심도 빵과 우유로 그 자리에서 먹은 후 오후 시험을 치렀다. 오전보다는 좀 더 어려운 문제들이었다. 식은 땀이 온몸에 주르르 흘러 내렸다. 손바닥에는 땀이 배어 나갔다.

'두 번 칠 시험이 되어서는 안 된다. 안 돼…'

속으로 마음을 다 잡으며 나는 끈질기게 시험지를 물고 늘어졌다. 마치는 종이 울릴 때까지 계속해서 썼지만 꼭 한 문제의 답을 쓸 자신이 없었다. 안타까웠다. 하지만 종이 울릴 때까지 들고 앉은 응시자는 두세 명밖에는 되지 않았다. 내가 나오니 같이 나온 부산 팀의 어떤 분이 "전 선생, 악착같군!" 했지만 난 정말 악착스러워지지 않을 수 없었다.

그 후 나는 낙방을 하건 말건 2차 공부에 열중하던 어느 날 이었다. 시험을 치르고 약 2달쯤 후인 것으로 생각된다. 학교로 1차 합격 통지가 날아왔다. 그 때의 감격은 콧등이 찌르르 저려 올 정도였다. 그 해 겨울 흰 눈이 올 때, 눈과 더불어 서울의 빙판 도로를 걸으면서 2차 고사장인 서울대학으로 갔다. 그 때는 이미 깜둥이를 임신한 지 8개월쯤 된 때였다. 정말 몸이 무겁고 힘겨웠었다. 그런 몸차림으로 문

답과 실기고사에 응시하러 갔을 때 많은 사람들이 나를 쳐다
보았다. 간혹 여자들도 보였지만 나 같은 임산부는 전혀 눈
에 띄지 않았기 때문이다. 다음날 오전은 문답 고사, 오후엔
실기 시험이었다. 몹시도 추운 날씨였지만 추운 줄 모르고
간신히 테스트를 통과하였고 문답 고사장에서는 몇 마디의
질문 밖에는 하지 않았으나 나는 그 이상의 대답까지 한 것
으로 기억된다.

72년 12월 10일 늦은 어느 날, 중등과에서 최종 합격 통
지서를 받으면서 나는 안도의 한숨과 함께 감격의 눈물을 마
음껏 흘렸다. 비길 바 없는 감개무량으로 눈물이 그칠 줄 모
르게 줄줄 흘러 내렸기 때문이다. 나는 도와주신 여러분들에
대한 고마움과 기쁨이 환희의 눈물이 되어 폭발해 버린 듯
싶었다. 나는 요즈음 누구에게나 "실패하건 말건 공부해서
결코 손해보는 법이 없으니 노력하여 보십시오."라고 권고
한다. 이러한 시험을 준비하는 분들을 위해 내 이 작은 체험
담이 조금의 보탬이라도 된다면 더 할 수 없는 기쁨이 될 것
같다.

시험준비로 해친 건강 탓인지 나와 같이 시험을 치렀던 이
아기는 20일쯤 조산을 했다. 하지만 그간 건강하게 자라 주
고 있다. 또한 다른 언니들보다 영리할 것 같은 이유가 이
시험 때문인 것 같다고 말하며 한바탕 웃는 것이다.

이 글은 부산 교육 77년도 원고에 제출한 내용이고 이 글
의 주인공인 깜둥이는 지금 가야성안교회 박정원 강도사 사

모가 되어 있다. 그 깜둥이가 지금은 엄마가 되어 뽀얀 피부의 1남 1녀인 하영(하나님께 영광)이와 하민(하나님의 백성)을 두고 잘 살고 있다.

왕비처럼, 영화처럼

— 남편은 새로 집을 짓게 되면 특별히 화실과

테니스장을 만들어 주겠다고 하였다 —

1967년이었다. 잉꼬 부부로 소문이 자자하던 우리 집은 언제나 웃음이 넘쳐났고, 누가 보아도 부러운 그런 집이었다. 그 해 음력11월 22일 가야동에 평지는 아니지만 112평 짜리 집을 사서 계약하였던 것이다. 내 생에 이런 저택을 가지게 되리라곤 꿈에도 생각하지 못했다. 물론 평수가 넓은 곳을 선택한 이유가 있었다. 남편은 새로 집을 짓게 되면 특별히 화실을 만들어 주시겠다고 하였다. 그리고 테니스장을 만들어 함께 운동을 할 목적도 있었다. 그래서 남편은 말했다.

"평수가 넓어 장래에 테니스장도 만들 수 있겠다."

정말 넓은 집이었다. 기껏해야 스무 평, 아니면 서른 평의 집이 고작이었던 우리에게 112평 집은 언감생심이었다. 하지만 이제 그 집을 계약하여 입주를 기다리고 있을 때의 일이었다.

"여보, 결혼하고 3년 3개월만에 구입한 집이에요."

그 날 저녁 나는 너무 감격하여 남편에게 말하였다.

"방만 여러 칸이고 기와집이라서 당신 기대만큼은 미치지 못 할거요. 조금 살다가 당신이 원하는 형태로 다시 건축합시다."

남편은 오히려 나를 위로하였다. 하지만 나는 정말 감격해 있었다. 어릴 때 풍족하였으나 태풍으로 아버지의 과수원 사업이 망하고 어렵게 살아왔던 나에게는 이보다 더 큰 기쁨이 없었던 것이다. 현대식 건물은 아니었지만 우리 마당에는 감나무, 배나무를 비롯하여 산딸기까지 저절로 자라나고 케일이 심겨져 있고 종려가 113포기가 심겨져 있었다(종려는 양형석 교육장이 어린이 회관에서 같이 근무하던 시절 그 분의 농장에서 사온 것이다).

그 집에 들어 온 이후로 아침마다 마당을 한 바퀴 돌면서 양치질도 하고 하루의 계획을 설계하던 시절이었다. 시어머님을 모시고 가정 일을 봉사해 주던 언니네와 우리 애들 4명 모두가 뛰어 놀아도 모자람이 없는 넓은 공간이었다.

그 때 기억이 나는 것은 우리 집이 가야 기도원 아래였다는 것이다. 그래서 가끔씩 기도원에서 들리는 북소리와 함께 시끌벅적 사람들의 통성기도 소리를 들을 수 있었다. 그 때마다 우린 그들을 욕하였다. 조용히 예수 믿지 저 따위로 소란하고 시끄럽게 울고 하느냐고. 그래도 우린 마냥 행복하였다.

우리 가정에는 시어머님께서 아이들을 자상히 잘 보살펴주셨기에 남편과 나는 언제나 함께 출근을 하였었다. 이 장면을 본 어떤 노인 분이 있었다. 우리 시어머님과 말벗이 되어 자주 우리 집으로 놀러 오셔서 한 말씀 중 이런 말을 하시더라는 것이다.

"아 글쎄 아줌씨, 이 동네 근처에 동거하는 사람이 있나봅디다. 머스마와 가시내가 붙어사는지 아침마다 팔짱끼고 나가는 꼴이 영 볼썽사나워요."

그 때는 결혼하지 않고 동거하며 사는 것은 매우 수치한 일이고 얘기꺼리가 될 때였었다. 그러니 당연히 그런 사이가 있으면 온 동네에 소문이 퍼져나갔던 것이다. 그런 이야기를 늘어놓으니 우리 시어머님도 맞장구를 치며 "요즘 젊은 사람들 영 못쓰겠구만" 하셨더란다.

그런데 어느 주일날이었다. 예의 그 할머님이 우리 집에 놀러 오셨다. 그런데 내가 있을 때 오셔서 나의 얼굴을 본 것이다. 나이보다 어려 보이는 나를 보고는 그만 놀라고 만 것이었다. 며칠 전 와서 동거하는 버릇없는 젊은 것들이라고 이야기했던 사람이 나인 것을 알았기 때문이다. 우리 어머님의 아들과 며느리 사이인 줄 몰라 그렇게 얘기한 것을 알고는 폭소한 일이 있었다.

아무튼 가야에 마련한 그 주택은 나를 왕비로, 내 아이들을 왕자와 공주로 만들어 주기에 충분하였다. 신혼 3년, 꿈결 같은 시간이 그렇게 흘러가고 있었다.

당시 우리 집 이웃에는 지금은 고인이 되신 주은성 목사님이 사셨다. 그분은 인자하셔서 예수님을 닮은 듯 하셨고 마음씨조차도 그러하셨다. 그런데 그분 집에 어느 날 도둑이 들어왔다. 가져갈 게 없으니 담요를 들고 나가는 중이었다고 한다. 그런데 외출하셨다 들어오다가 도둑과 얼굴이 마주쳤던 것이다.

"여보슈 우리 집에 담요가 두 장 있는데 마저 가져가지 그 한 장만 달랑 가져가서 어디에 쓸려고 그러슈?"

그랬더니 그 도둑 들고 나가던 담요도 던져놓고 도망가더란다.

주 목사님의 딸 중에 주선영이라는 학생이 있었다. 그 학생은 우리 집에 살고 있는 도형의 누나의 친구였다. 그 관계로 우리 집에 자주 드나들었다. 주 목사님도 예수님을 닮아 잘 생기셨지만 선영이도 매우 예쁘게 생겨서 나는 우리 딸들도 저렇게 이쁘게 키우고 싶다고 속으로 생각하고 있었다. 알게 모르게 신앙을 가진 분들에 대한 존경이 생기게 된 것도 그때였다.

하지만 우리는 신앙을 가질 수가 없었다. 왜냐하면 1년에 열세 분의 조상을 모시고 제사를 드려야 하는 종가집이었기 때문이다. 가끔씩 큰딸인 희경이가 가까운 가야교회를 가곤

했지만 미신에 사로잡혀 있던 나는 그 애마저도 교회를 못 가게 말릴 때가 많았다. 왜냐하면 '한 집안에 종교가 두 개 이면 집안이 망한다'는 속설을 믿고 있었기 때문이다. 당시 로서는 남부러울 것이 없이 사는 행복한 나날이었기 때문에 그 행복을 빼앗기지 않으려는 이기심이 나를 잡아끌었다.

　하지만 지금 돌이켜보면 하나님이 나를 부르시려고 끌어 당기는 시기였던 것 같다. 마치 영화에서나 나올 법한 그런 장면 장면들이 떠오른다. 내게도 인간적인 그런 행복한 시간 들이 있었나 싶기도 하다.

2

고통과 하나되는 하나님

믿음을 찾아가는 이야기

하늘이 무너져 가고 있다
고통의 투병 시간
간절히 오라고 부르실 때에
짧은 만남, 긴 이별
천국은 있다
믿음으로 온전케 하시는 하나님
위대한 어머니가 되기 위하여
가난도 감사
폭풍도 잠잠케 하시는 하나님
배우는 즐거움
사랑하는 엄마에게
꿈의 사람이 되자
그래도 인생은 아름다워
찬양과 일천번제
때리시지만 싸매시는 하나님
생화꽃을 쓰신 시어머님

하늘이 무너져가고 있다

1979년 9월 25일 맑음.

나의 하늘이 무너져가고 있다. 그런데도 난 아무 것도 할 수 없었다. 어제 애들 아빠가 철도병원에 종합진찰을 하러 가셨다. 별로 이상이 있을 것 같지 않았는데 의외로 위궤양 증상이 심하단다. 애들 아빠가 대범하면 좋으련만 나에겐 걱정을 끼치고 싶지 않기 때문인지 매우 태연하였지만 내가 생각하기엔 오늘 아이들의 아빠가 사무용품 일체를 집으로 보내왔기에 가슴이 철렁하였다. 애들 아빠는 좀체 병원에 가는 성질이 아니신 데 자기 스스로 약도 지어오고 종합진찰도 받고 하였다. 아마 위급해진 탓이겠지? 나는 순간 애들 아빠가 나의 치료방법대로만 따라 준다면 완쾌시킬 자신이 만만하

다고 생각했다. 첫째 식이요법과 좋은 약, 둘째, 술은 이 기
회에 절단한다. 셋째, 식사시간을 맞추어 한다. 돈은 얼마든
지 들어도 집을 팔아 서라도 좋으니 나을 수만 있다면 낫게
하리라........내일이 운동회이다. 김밥 쌀 용기가 나지 않았
다. 그래서 간식만 싸놓았다.

남편이 막 병원에서 진찰을 받고 돌아 왔을 당시의 일기이
다. 이 날만 해도 난 애들 아빠의 병이 죽음을 다투는 그런
중병인지 몰랐었다. 하지만 운명은 점점 나를 내 의지와는
전혀 다른 방향으로 끌고 가고 있었던 것이다. 남편이 병을
발견한 것은 우리가 살 빼기를 시도한 배드민턴을 함께 배울
때쯤이었다.

78년 범일동에 있는 테레사 여고 안에 있는 클럽 조기회
에 참석하여 1년 동안 남편은 10kg, 나는 8kg을 빼게 되어
매우 즐거워하였다. 그런데 어느 날 갑자기 남편이 등줄이
당기는 것처럼 아프다고 통증을 호소하였다. 그래서 친구 분
이 계시는 철도병원에서 X-ray를 찍었다. 생각보다 결과가
좋지 않았다.

어느 날 갑자기 회사에서 평소에 쓰시던 사무용품과 소지
품이 집으로 배달되어 왔다. 나는 남편에게 물었다.

"여보 당신 사무용품이랑 소지품이 회사에서 부쳐왔어요.
혹시 무슨 일이 있어요?"

남편은 대수롭지 않다는 등 태연하게 말했다.

"아무 것도 아니야. 혹시 아이들이 필요할까 해서 쓰다 남

은 것을 보내라고 시켰지.”

나중에 알게 된 사실이지만 남편은 이미 자신의 상태를 짐작하고 있었던 것이다. 그 동안 아내로서 여러 모양으로 남편을 위해 약이며 음식을 해 드렸지만 건강은 잘 챙긴다고만 되는 것은 아니었다.

우연히 시동생을 통하여 위암에 식도암까지 파급되었다는 이야기를 들었을 때는 하늘이 무너지는 것 같았다. 시동생은 나에게 묻기를 “형님 몸이 좀 어때요? 암이 아직 초기라서 수술만 하면 잘하면 낫는다고 하던데”라고 했다.

“삼촌 그게 무슨 말이에요? 저는 애들 아빠가 위염 정도라고 해서 그냥 집에서 약을 마련해 드리고 있었어요.”

아마도 남편은 내가 알거나 식구들이 알지 못하게 걱정을 안 끼치고자 죽음을 준비하고 있었나 보다. 나는 이 말을 듣고 다방에서 졸도를 하였다. 그 후 가족회의가 열리고 일가 친척들이 다 모여 이 문제를 걱정하였다. 심지어는 예수님 믿는 친구 분이 뛰어와서 예수님을 믿으면 암 병도 낫고 소경도 눈도 뜨고 집회를 통하여 앉은뱅이가 일어났다고 전도하기까지 하였다. 하지만 그때까지만 해도 예수님을 믿으라고 꾀는 것으로만 알고 있었기에 그것이 귀에 들어오지 않았다. 우리가 할 수 있는 일은 가장 과학적인 방법을 동원하여 다시금 X-ray로 재확인하고 수술하는 길밖에 없다고 생각한 것이다.

하늘이 무너져도 이 보다 더할 순 없었다. 그 날 난 일기장에 이렇게 써 놓고 있었다.

1979년 10월 2일
　그 동안 일기를 못쓴 것이 아니고 쓰지 않았다. 청천벽력 같은 비보 때문에 나는 현기증이 나서 쓰러졌다. 위암에 식도암이란다. 한 가지만 해도 무엇할텐데, 두 가지 암이 겹쳤으니 무슨 시련이 이렇게 나에게 가혹하게 겹치는가? 하나님이 계시다면 나의 살려는 의지를 시험하시는 것인지 참으로 알 수가 없다. '그렇다 이 전박자는 허무한 사람은 아니다.' 이렇게 내심 큰 소리를 쳐보지만 나는 한 번씩 허공을 쳐다보고 있다. 매사에 의욕이 없고 순간적인 망각 상태에서 헤매어 한숨을 토하고 있는 자신을 발견하며 고개를 저어본다. 아니다. 모든 일에 의욕이 넘치고 자신에 찬 내가 아니었던가! 불가능이란 있을 수 없다는 나의 지론을 한 번 더 확인해 볼 단계가 드디어 가련한 나에게 다가온 것이다. 하지만 나는 믿고 싶지 않다. 아이들 아빠에게 용기를 주자. 그리고 모든 일에 전과 다름없는 활기를 찾도록 하자. 우리 아이들 아빠에겐 기적이 올 것으로 확신한다. 반드시 오고야 말 것이다. 나는 이럴 때 좀더 자상하고 섬세한 요리솜씨가 없는 자신이 안타까웠다. 친정에 애들 이모가 이모부와 애들 남매를 데리고 왔었다. 9월30일 날이다. 한데 즐거울 것도 없고 오히려 부담만 주는 자가 된 것 같았다. 동생은 할머님의 병환에 슬퍼 한 달간만이라도 돌보아드리고 밥을 조석으로 해 드리겠노라고 멀리서 여기까지 왔건만 난 무엇인가? 가까이에서 동생의 일거일동에 미안스러움만 느껴진다. 라켓도 공도 가져왔지만 지금은 게임을 할 수가 없으니 기가 막힌다. 조만간 마음이 정리되어서 안정을 찾으면 좋겠다.

결국 서울 세브란스 병원을 아는 분 소개로 병실을 얻어 입원을 했다. 부산에서 병원의 기초자료가 있기에 3일 만에 곧 수술이 시작되었다. 의사 선생님의 말씀에 의하면 위벽이 네 겹인데 모두가 암세포가 번져 식도 위 위쪽 벽에까지 식도암이 생겨 전혀 고통이 나타나지 않다가 식도로 파급되면서 통증이 등반되었다는 것이다. 수술은 횡경막을 자르고 7시간 이상 걸렸는데 성공적이라고 했다. 가장 전문의의 특진과 수술에 의한 실수는 따른다고 하였지만.

얼마나 답답하였는지 당시 나는 점쟁이를 찾아가기까지 하였다. 당시의 일기를 보면 그 절박한 심정이 너무나 잘 나타나 있다.

1979년 10월 8일

그처럼 답답하던 마음이 다소나마 풀린 하루였다.(중략) 아빠와 같이 X-레이 결과와 검안 진술서를 가지고 제일병원으로 갔다. 원장 이진우 박사를 만나 보여주었다. 그러자 외과에 있는 홍 박사에게 가서 보여주라고 하였다. 이 분은 서울의대를 나와 세브란스의대에서 실습과정을 마친 수재라고 하셨다. 그러더니 X-레이를 다시 찍어오라고 한다. 사진촬

영은 실제와 차이가 많기 때문에 다시 찍으라는 말이 저으기 안심이 되었다. 점심 식사하러 오신 애들 아빠가 눈에 희경이가 보이지 않으니 눈물을 글썽이며 "자녀들을 잘 돌보아 주셔요. 자녀들을 혼자서 기르기가 힘들텐데… "하며 말을 잇지 못하셨다. 그 모습을 보니 나도 모르게 눈물이 하염없이 흘렀다. "아빠 왜 그런 약한 말씀을 하셔요? 결코 당신은 그럴 순 없어요. 용기를 가지고 최선을 노력을 해 봅시다. 하늘이 무너져도 솟아나는 구멍이 있다는데." 점심을 드신 후 남편이 회사를 다시 가시자, 희경이가 왔다. 희경이는 "엄마 왜 눈이 빨개요? 울었어요? 엄마 걱정하지 마셔요. 내가 오늘 학교에서 진학 조사를 할 때 여상을 가겠다고 자원했어요. 여상 졸업하고 은행 취직해서 조금이나마 가정에 도움이 되게 하고 싶어요."라고 말을 하였다. 희경이는 엄마를 돕겠다고 하는 말이었는데 나는 정말 기가 찼다.

고통스러운 마음을 달랠 길이 없어서 산신집을 찾았다. 교육자가 미신을 섬긴다는 것도 이상했지만 답답하니 어쩔 수 없었다. 내 마음이 조금이라도 안정이 되려면 그럴 수밖에 없는 것 아닌가. 양초와 성냥을 사고 내 주머니를 뒤져 3천 원을 내고 세 가지를 물었다. 애들 아빠가 과연 암이라는 무거운 중병을 지닐 사주팔자인지, 그리고 죽음을 눈 앞에 두고 있는지, 둘째는 자녀들 문제이다. 세 번째는 여관을 팔고 정리를 해야 되는 것은 아닐까? 이 세 가지를 묻고는 촛불을 켰다. 신당의 여자는 이렇게 말하였다. 음력 9,10월만 지나면 모든 게 순조롭게 풀릴 것이고 삼제가 지나가는데 풍파가 새로 닥쳐온다고, 그러므로 이 시기가 다소 괴로움을 줄 것이라고 말하면서 촛불을 가르키며 말했다.

"저 불을 보십시오, 양촛불을 보시면 이 촛불의 불은 심이 꽃술같이 타오르고 있습니다. 다른 두 촛불은 그냥 피어오르고 있습니다. 이러한 몽아리 몽울 몽울 피어오르는 촛불은 산신 뫼신 지 7년 4개월째 되지만 거의 없었습니다. 그러니 학교에서든 집에서든 거리에서든 항상 산신님이 나를 도우고 계시다고 믿으며 사십시오."

사실 나는 첫 촛불을 켜며 아빠의 불, 둘째 촛불은 집문제, 셋째는 자녀들 문제라고 말하며 촛불을 켰는데 요동 없이 있는 것을 보았을 때 그 말이 사실인 것 같아 안심이 되었다. 산신당의 여인은 아침에 일어나고 양치를 하고 가고 산신께 감사의 치성을 매일 드리라고 주문했다. 하지만 그런 것을 해 본적이 없었기 때문에 5천 원을 맡기며 대신 치성을 드려달라고 부탁하고 집으로 돌아왔다. 학교문제나 자녀문제에 걱정할 것도 없고 여관도 팔리고 한다니 보다 더 좋은 점괘가 어디 있나 싶어 집으로 돌아왔다. 이제 아이들 아빠를 안심시켜 드려야 되겠다는 마음으로 말이다.

간사한 것이 인간이라고 대학생 때 C.C.C 활동까지 한 사람이 위급한 상황이 왔다고 점쟁이를 찾아간 것이다. 그러나 어찌하랴. 연약한 것이 인생인 것을, 촛불의 흔들림을 보고 자신의 운명을 내 맡기는 한심한 일을 나는 하고 있었던

것이다. 그 동안 교회는 다닌다고 하였지만 복음도 모르고
진리도 몰랐기에 미혹되어 그렇게 헛된 기도를 하였던 것이
다.

　나의 하늘이 무너져가고 있었다. 그런데도 난 아무것도 할
수 없었다. 그렇기에 더욱 서러웠다. 무심한 가을바람은 나
를 더욱 초라하게 흔들며 저 멀리 달아났다.

고통의 투병시간

> – 퇴근해 돌아온 남편에게 하루동안 있었던 일이며
> 애들로 인하여 지쳤던 일들로 인하여 투정을 늘어놓지만
> 남편이 없어진 지금 그 투정이 얼마나 사치였는지 깨닫게 된다.–

1979년 10월8일

며칠 동안 일기 쓰기도 싫었다. 집안에 중환자가 있으니 모든 것이 슬퍼지고 무기력해졌다. 그런데 어찌 보면 도무지 암이 아닌 것 같았다. 하지만 내 자신이 그렇게 합리화시키려지도 모른다. 멀쩡하게 보이는 사람이 위에 통증이 온다고 하니 그럴 수밖에 없다. 내가 너무 무지한 탓도 있으리라. 암 조직에 대한 무관심으로 병이 온몸에 퍼지도록 모르게 한 것일 수도 있다.

남편은 예전에 간경화로 고생한 적이 있었다. 그때도 그냥 예사롭게 생각하다가 병을 키우고 말았다. 남편은 조금 아픈

정도는 병으로 생각도 하지 않기 때문에 병이 중해진 후에야 발견할 때가 많았다. 그뿐인가? 평소에 챙겨놓지 않다가 보니 의료보험카드가 문제가 있어 골탕을 먹었다. 카드에 기입된 주민번호와 주민등록증의 번호에 약간의 차이가 있는 것이었다. 결국 동회며 공단을 돌아다니느라 해가 지고 말았다. 모든 것이 풀리지 않는 하루였다.(중략)…………

한 집안의 가장이 건강하고 살아 있을 때는 그 위대함을 모른다. 여자들은 저녁에 퇴근해 돌아온 남편에게 하루 동안 있었던 일이며 애들로 인하여 지쳤던 일들로 인하여 투정을 늘어놓지만 남편이 없어지면 그 투정이 얼마나 사치였는지 깨닫게 된다. 더더구나 나같이 세상 물정 모르고 자기밖에 모르는 사람이랴 말할 필요조차 없는 것이다. 남편이 아프다는 이유 하나만으로도 무기력해지고 조그마한 일에도 상처를 받고 슬퍼지는 것이다. 그 장면이 1979년 12월 초순의 일기에 적혀 있었다.

　1979년 12월4일

저녁식사 때의 일이었다. 상을 차려 시어머님을 중심으로 서방님과 동서와 함께 둘러앉아 식사를 하였다. 어머님이 내일 추석에 쓸 생선 구운 것을 삼촌 앞에 놓아 드시게 하셨다. 당연히 어머님이 드실 줄 알았는데 삼촌은 동서에게 생선을 먹으라고 권하였다. 어머님은 삼촌에게 권하고 삼촌은 동서에게 권하니 참 앉아 있기가 민망하였다. 나는 한 번도 생선에 젓가락을 갖다 대지 못하였는데 결국 수저를 놓기까지 생선에 젓가락을 갖다대지 못하였다. 그러면서 병중에 있는 남편의 처지를 생각하니 더욱 그러하여 괴로움과 고통스러움이 마음을 혼란스럽게 하였다. 만약 남편이 돌아가시고 없다면 내 처지는 어찌될꼬 생각하니 더욱 서러워졌다. 아프다는 사실만 가지고도 평소에는 아무렇지도 않게 농담을 건네면 될 일 가지고 마음이 상하니 남편 돌아가신 뒤에 홀로 남는다면 과연 내 심정이 어떨까? 학교에서 네 시간 수업을 마치고 인사할 곳을 몇 곳을 들르기 위하여 시장에 나갔다가 연주 어머님을 만났다. 남편의 병 얘기를 했더니 눈물을 글썽인다. 아직 나는 실감이 나지 않아 멀거니 그이의 우는 것을 바라보기만 했다. 그러더니 위장암에는 향나무를 끓여먹으면 좋다고 일러주었다. 물에 빠진 사람 지푸라기라도 잡는다고 이 사실을 알려주기 위해 연주 엄마를 만나게 한 인연이 감사했다. 그저께 꿈의 계시와 같아서 부처님께 감사했다.

　너무나도 간단하고 편리한 지름길을 두고 힘들고 험난한 길로 가려고 했던 것 같아 후회스러웠다. 약을 통해 치유하려면 돈 부담도 적지 않을 터인데 하기야 지금 이런 처지에 집이며 모든것을 팔아서까지 남편만 치유된다면 무슨 소원이 있을까만 향나무를 끓여 먹으라고 하니 얼마나 다행스러운가. 마침 집안에 향나무가 많으니 조상이 도우는 것 같다.

이때까지만 해도 나는 애들 아빠의 병이 요행이 치료되어
질 것으로 믿었다. 그도 그럴 것이 가끔씩 있는 통증 외에는
별다르게 변한 것이 없었기 때문이었다. 그래서 민간 요법이
나 기도를 통하여 더디지만 치료가 되리라고 믿고 있었다.
하지만 그것이 얼마나 어리석은 생각이었는지 그리고 암이
란 것이 얼마나 무서운지 잘 모르고 있었던 소치였다.

병원에서의 투병시간은 그 이후 고통이 점점 심해지면서
본격적으로 시작되었다. 민간요법으로도 주술로도 암을 이
길 수는 없었던 것이다. 결국 부산에서는 더 이상 가능성이
없어 보여 서울 세브란스 병원으로 가게 되었다. 그것이 하
나님의 계획인지는 시간이 지나면서 깨닫게 되었다. 하나님
은 남편을 구원시키기 위해서 그곳으로 부르셨던 것이다.

병원에 입원한 다음날 의사의 회진이 있었는데 수간호사
를 비롯하여 레지던트와 인턴들까지 해서 7-8명쯤 의사들이
왔는데 남편에게 고통이 심할 때는 진통제를 요청해 먹으라
고 하였다. 그런데 놀랍게도 얼마 전부터 전도를 받기 시작
한 남편이 어느 날 이런 말을 하는 것이었다.

"이 고통은 아무 것도 아니야. 예수님께서 비몽사몽 간에
나타나셔서 머리에는 가시 면류관에 피를 흘리시고, 손에 못
자국, 옆구리에는 창에 찔려 나타나신 모습을 보이신 후에는
내 고통이 아무 것도 아니고 고통스러움도 잊을 수가 있었어
요."

애들 아빠는 그 동안 예수님을 믿는 사람도 아니고 종가

집 대 종손으로서 지손도 아니시고 신순겸 36대 손으로 판사공파 대장손이 아닌가. 그러기에 일년에 제사를 기제사까지 13번을 드렸다. 평산 신씨 가문에 "만기"를 받아 목욕 제배를 하고 대종손에 제사를 첫잔에 올리러 간다고 하셨던 분이다. 평소에도 예절이 바르시고 매사에 모범적이시기에 집안 어른이 경영하시는 자동차 부속상과 건어물과 해산물 도매상, 극장에 지배인 등을 맡아서 번갈아 가며 경영하였다. 그러기에 극장에서 한 번씩 공연하는 행사에 영화배우들이 내려오면 "영화배우보다 더 출중한 인물의 소유자여서 누가 배우인가 분간이 어려워." 하던 분이었다.

그뿐인가 성격은 깔끔하고 특별하여서 술좌석에 초대될 때 술집 여자들이 놀릴 정도였다. 술잔은 자신의 아내가 아니면 결단코 받는 사람이 아니었기 때문이다.

그래서 친구들이나 여자들은 가끔씩 "이 남자에게 술잔을 올리는 여자는 100만원을 주겠다"라는 농담이 오갈 정도였다. 그러다보니 화류계 여인들에겐 신화 같은 존재로 알려졌다. 그것은 그네들을 경멸하는 것이 아니라 그렇게 하는 것이 아내를 사랑하는 표현의 하나라고 여기기 때문이었다.

얼마나 아내 사랑이 극진했는지 회사 출근길에 반드시 학교까지 나를 바래다주면서 데이트를 즐기고 다시 집으로 돌아와서 회사로 가는 것이었다. 그리하여 모든 직원들과 이웃들에게 잉꼬부부로 통하였던 것이다.

그러한 사람이 예수를 믿으리라고는 생각할 수조차도 없

었던 것이다. 하지만 하나님은 애들 아빠를 사랑하셨다. 그래서 서서히 그의 곁으로 부르고 계셨던 것이다. 병원에 순회 전도 차 찾아오시는 소영규 전도사(순복음 교회 목사이심)와 권명순 권사님이 남편을 전도하기 시작한 것이다. 처음 전도하고 심방 와 예배를 드려주실 때 완강히 거부하였다. 하지만 아픈 사람이 지푸라기라도 잡는 심정으로 "위암에서 식도암 파급"선고가 난 후에는 거절하지 않았던 것이다. 사람의 마음은 간사하여서 절망적인 순간이 되어서야 하나님을 붙잡은 것이다. 하나님은 당신의 사자들을 끊임없이 보내셔서 우리의 마음을 바꾸어 놓으셨다. 하루도 거르지 않으시고 우리 병실로 심방 와 주어서 결국 조금씩 마음 문이 열리기 시작한 것이다.

또 세브란스 병실에 찬양하러 오는 멤버들이 있었다. 그들이 병실로 찬양 코러스를 불러주면서 올 때에는 더 듣기 위해 일부러 청하여 듣기도 하고 들을 때면 눈물을 흘리며 할렐루야를 외쳤다. 풍채와는 달리 섬세하고 유약하신 분이시기도 하였다.

한번은 우리가 묶고 있는 특실에 갑자기 환자가 들어왔다. 그는 밤늦게 응급실로 통해 곧장 입원이 된 분이었다. 병실이 없어 우리 병실을 임시로 빌려달라고 했는데 그 침대는 가족이 차지하는 특실 침대였다. 그 다음날 소영규 목사님과 권사님은 남편을 만나 예배를 드려주고 가시다가 이분들을 만나 예수님을 믿으라고 권유하셨다.

누워 계신 분은 50대 중반의 남자 분으로 디스크가 생겨 누가 돼지 쓸개를 먹으면 좋다고 하여 날것으로 먹었더니 배에 가스가 생겨 부어 올랐다고 한다. 남자 분이 임신 8개월 정도로 배가 불러와서 간장을 해도 소용이 없고 해서 응급실을 통하여 들어오신 분이셨다. 그 분은 죽어도 수술하기 싫다고 애원했다. 목사님께 예수는 안믿지만 기도를 부탁하셨다. 목사님께서도 간절히 방언으로 기도를 드리신 후에 이분에게 죄 문제를 회개하라고 요청하셨다.

이 분은 그때 자기 부인이 옆에 있었지만 자기 직업이 관광업을 하다보니 여자 관계가 많아 지금도 이중생활을 하고 있다고 실토하셨다. 그런데 그분들이 가고 난 후에 얼마 있지 않아 이 분에게서 가스가 큰 소리로 나오기 시작하여 수술을 준비해두신 의사 팀들이 기다려보자고 하고 수술을 보류하셨다. 그런데 아니나 다를까 이 분은 그 다음날 우리 수술실에서 퇴원을 하고 본디 디스크를 고치기 위한 병실로 옮기셨다.

원무과에서 올라오신 전도사님께서는 이 병원은 기독교재단이 되어 기적들이 일어난다고 하시면서 우리에게 놀라운 애기를 들려 주셨다. 어느 날 교회 목사님께서 입원을 하시게 되어 8명이 함께 있는 병실에 입원을 하였는데 이 병실에 "예수님!"이라는 소리만 들어도 싫어하는 환자가 있었다고 한다. 그는 간경화증 환자였다. 매일 손으로 만져만 보아도 간이 쳐진 부분은 사인펜으로 그려 내려가는 분이었다. 이 병실에 "찬양 코러스 팀"들이 매일 찾아와도 이분 때문에 병실에 함께 누우신 목사님께서는 찬양요청을 할 수가 없었다. 이 목사님께서는 8분의 환자들에게 내가 죽기 전에 찬양 코러스의 찬양 1곡만이라도 듣고 싶다고 요청하니 죽은 사람 소원이라도 들어주겠다는 심정으로 찬양을 듣기 시작하였다. 그때 예수 소리만 해도 듣기 싫어하던 분이 자기가 덮고 있던 이불을 덮어쓰고 밤새도록 울기만 하였다. 새벽녘에 담당 레지던트가 간 경화 환자는 흥분을 하면 안 되는데 하며 이 환자의 간을 만져보니 늘어진 간이 손에 잡히지 아니하여 다시 진찰해보니 깨끗이 고침을 받았다는 것이다. 할렐루야!

이러한 기적은 사실 어느 곳이든지 복음이 들어가는 곳이면 일어날 수 있는 하나님의 주권에 속한 것임을 새롭게 깨달았다. 이러한 하나님의 살아계신 표적은 애들 아빠에게서도 많이 나타나게 되었다. 우리 병실에 찾아오시던 권사님께서는 남편을 위하여 하루 한 끼씩 금식을 하며 기도를 드려주시겠다고 하실 땐 얼마나 감사하든지. 처음에는 이러한 그들의 호의가 나는 이상하다고 여겨졌다. 왜 자기 가족도 아닌 남을 위하여 끼니까지 굶어가면서 기도를 해 준다는 말인가? 나는 남편 낫고 나면 교회를 다녀도 이렇게 하지도 못할 것이고 이렇게 믿지는 않겠다고 생각을 하였는데 말이다.

그들이 가고 난 후에 많은 생각을 하게 되었다. 남도 우리 남편을 위해 금식 기도를 하는데 나도 해보자. 금식기도는 흉악의 결박을 풀어준다(이사야 58:6-9)고 해서 그때부터 내가 무작정 금식을 했는데 결국 탈수증이 걸려 쓰러지고 말았다. 그러한 나를 보고 주변에 있는 모든 사람들이 금식하다가 환자가 되었다고 말했다. 그 말을 들으니 너무 부끄럽기까지 하였다. 링거 주사를 맞고 하루쯤 지난 후 나는 회복을 하였다. 하지만 내겐 하늘같은 남편이기에 무언가 해야만 했다. 밤마다 밤 12시가 되면 기도를 하기 시작하였다. 그래서 새벽 3시쯤까지 기도는 할 줄 모르면서 "하나님 살려주세요. 나에겐 하늘과 같은 남편입니다. 저는 저분이 없으면 못삽니다. 낫게 해 주세요."라고 했다. 하지만 하나님의 응답은 속히 오지 않았다.

드디어 퇴원 날이 가까워 오고 병원에서도 더 이상 손 쓸 수 없어 그저 기적만 바라며 병원을 나왔다. 퇴원하는 날 소 목사님께서는 우리들을 순복음교회 수요예배에 초대하여 참석케 되었다. 그곳에서 순복음교회의 조용기 목사님에게 안수기도 받기도 하였지만 남편은 결국 하나님 나라로 가고 말았다.

정말 하늘이 무너졌다. 나에게 어떤 남편이었던가? 또 애들에게는 어떤 아빠였던가? 이 세상에 태어나 내게 살아갈 의미와 기쁨을 주었던 그 결정체가 무너져 버렸던 것이다. 하늘이 원망스러웠다. 이제 내 나이 서른 여덟, 아직은 살아온 날보다 살아갈 날이 더 많은 듯한데 아이들과 시어머니를 모시고 어떻게 살라고 먼저 간다는 말인가!

고생도 모르고 자랐고 결혼해서는 나만큼 남편의 사랑을 받는 여인이 있을까 하여 행복에 겨워 살았었는데 이제 결국 하늘의 질투를 받아 남편을 잃는다 생각을 하니 하늘이 원망스럽지 않을 수 없었다. 나는 거의 매일을 실신상태로 살았다. 어떻게 살아야 할지를 몰랐고 어떻게 사는지를 모르고 매일을 보내었다.

'아! 욥의 고통이 이보다 더 했을까?' 자조하면서 '차라리 세상에 나지 않았더라면 좋을 뻔하였으리'라는 생각까지 하였다.

그러다가 또 "내가 차라리 이 남편을 만나지 않았더라면 좋을 뻔하였으리"라고까지 하였던 것이다.

하지만 이미 엎질러진 물이요, 다시는 돌아올 수 없는 시간이었다. 그렇게 님은 내 곁을 떠났다. 내 젊은 날 슬픈 추억으로 그리고 영원히 내 가슴 속에 남겨놓은 채 남편은 이 세상을 떠났다.

간절히 오라고 부르실 때에

"하나님, 왜 진정 이런 감당할 수 없는 고통을 제게 주십니까?"

"하나님, 차라리 저를 데려 가십시오. 너무 너무 힘들고 고통스러워 견딜 수가 없습니다"

이것은 내가 교회에 나가기 시작했을 때 드리는 기도의 내용이었다. 내가 진정으로 주님을 만나기 전까지는 왜 나에게 이러한 고통과 슬픔이 주어지는지 알지 못하였기 때문이다. 하지만 이제는 어렴풋이나마 깨닫는다. 주님께서 나와 내 가정을 구원해 주시기 위하여 간절히 부르고 계셨던 것이다. 그렇게 가만히 돌이켜 생각해보니 주님은 한순간도 나를 부르시지 않은 적이 없으셨고, 또 나를 떠나거나 버린 적이 없으셨던 것이다. 그것을 생각하면 난 밤새도록 슬프고 괴로웠지만 한편 기쁨과 감사의 기도를 드리지 않을 수 없다.

1954년경의 이야기이다. 그러니까 내가 초등학교 6학년 때 부평동 우리 집 근처에 보수교회가 있었다. 할머니께서 교회에 못 가게 하여도 나는 줄곧 주일이면 교회로 나갔었다. 학교에서는 뽑혀 본 일이 없는 독창을 주일학교 선생님께서 피아노를 치시면서 나에게 몇 번이고 불러보게 하셨기 때문이다. 그 때에 나는 교회 안 독창대회에 최종적으로는 뽑힌 것 같지 않았다. 하지만 주일학교 성가대에는 뽑혀서 그 해 크리스마스 전날 밤 우리들은 선생님을 따라 새벽송을 다녔던 기억이 새롭다. 그때 그 새벽의 신선하면서도 차가운 공기를 마시면서 '노엘노엘'을 부르고 '기쁘다 구주 오셨네'를 부르면 마치 내가 천사가 된 듯한 기분이 들었다.

새벽송이 끝나면 그 집의 대문이 열리면서 집사님이나 장로님들이 나오셨다. 그리곤 우리들 머리보다 더 크게 보이는 사과며 케익, 그리고 사탕과 따끈한 우유를 주셨다. 그렇게 한참을 돌고 교회로 돌아오면 따끈한 떡국이 맛있게 끓여져 나왔다.

"춥지, 다들 애썼다. 추울테니 어서 먹고 몸을 좀 녹이렴." 그렇게 말씀해 주시는 여 집사님들이 우리 어머니 같아서 얼마나 좋았는지 모른다. 그런 재미를 붙여서인지 평소에는 교회를 안나가다가도 성탄절이 다가오면 교회를 어김없이 나갔고, 맛있는 음식과 선물을 받기 위해 이곳 저곳 교회를 옮겨 다니며 친구들과 뛰어 다녔다. 하지만 그렇게 욕심

내어 다닐 때에는 한 개의 선물도 받지 못했던 기억도 있었다. 한 교회에 꾸준히 오래 다니지 않았던 것을 반성해본 적도 있던 어린 시절이었다.

이러한 기행(?)도 중학생이 되자 사라졌다. 동시에 교회와도 멀어지기 시작하였다. 오히려 원불교에 심취하기까지 하였다. 원불교에 관심을 갖게 된 것은 내 친구 향옥이 때문이었다. 부속초등학교 6학년 때의 단짝인 향옥이는 나는 부산에서 부모님과 떨어져 사는 관계로 자주 향옥이네 집에서 공부도 하고 때론 같이 자기도 하였다. 진영에서 과수원을 하던 우리 집은 향옥이네 집에 철마다 과일을 보내어 주며 그 감사를 표하기도 했다.

향옥이의 언니는 이름이 향순이었는데 연극을 하였고 동생인 용수는 야구선수로 학교에서 뛰었다. 그러다가 후일 롯데 자이언츠의 프로선수로 뛰기도 하였다. 어느 날인가 향옥이와 나는 향순이 언니와 함께 놀며 공부하다가 한 방에 잤는데 그만 같이 연탄까스를 마셔 실신하고 말았다. 그 새벽에 집안이 발칵 뒤집히는 소동이 나고 병원에 실려 가느라 결국 결석하고 말았다. 그 때문에 6년 개근이 물거품이 되고 말았다.

친구 향옥이는 참 멋쟁이였다. 언니가 있어서 그런지 멋부리는 데에 눈이 일찍 떴다. 그래서 항상 찰랑찰랑한 머리와 주름세운 교복을 입고 단정하고 이쁘게 하는 데에 시간을 많이 들이는 것을 보았다. 그 덕에 나도 일찍부터 새침떼기로 교복 날을 세우고 머리를 매일 감으며 멋을 부렸다. 그러다가 향옥이에게 남자 친구가 생겼다. 그 남자 친구는 초등학교 때의 동창이었는데 그 남자친구의 부친이 원불교의 높으신 분이었던 것 같다. 그 일로 해서 향옥이는 원불교에 관심을 갖고 다니기 시작했고, 향옥이와 친했던 나는 자연스럽게 따라 다녔다. 그 경건한 분위기에 이끌려 점점 원불교에 심취하게 된 것이었다.

원불교가 쉽게 내 마음을 끌었던 것은 산 속에 있는 절도 아니었고, 교회도 아니면서 신을 벗고 본당으로 들어가 다다미방에 꿇어 앉아 '귀의 불'이라고 외치는 소리와 북소리에 따라 명상에 잠기는 것이 왠지 경건하고 이색적이었기 때문인 것으로 기억된다. 남다른 종교심이 내면 속에 있었던 것이다.

하지만 고등학교에 진학하면서 향옥이와는 멀어졌다. 고2가 되면서 초량교회에 다니기 시작하였다. 그곳에서 성가대도 하였고, 청년회 활동도 하였다. 그때 나는 서울대학교에 진학하고 싶었으나 거리며 경제적 사정으로 인해 부산대학교 부설 부산교육대학에 진학하였다. 그때 부산에는 부산대를 중심으로 처음 C.C.C(한국대학생선교회)가 세워지고 있었다. 당시 지도하는 간사님은 지금은 부전교회 담임이신 신예철 목사님이셨다.

우리는 갓 대학에 입학할 때부터 캠퍼스 복음화의 기치를 가지고 많은 활동을 하였다. 수산대학교와 부산대학교 학생들과 그리고 많은 젊은이들 속에서 신앙의 수련과 기도를 하였다. 하지만 그러한 열정이 깊은 신앙으로 연결되지 못하고 사그라들고 말았던 것은 지금 생각해도 아쉬울 뿐이다. 하지만 하나님은 이미 성령님을 통하여 내 속에 계시면서 나를 부르고 계셨다.

지난 날을 돌이켜 보면서 그래도 감사한 것은 하나님이 내게 많은 달란트를 주셨다는 것이다. 요즘 들어 이야기하는 우측 뇌가 남다르게 발달하도록 만들어 주셨다는 것이다. 그 덕에 사춘기와 젊은 시절 다른 곳에 열정을 빼앗기지 않고 시와 시조 같은 문학적 재능과 동양화와 서양화에 이르는 미술에까지 다양한 예술의 세계를 여행할 수 있었다. 전시회며 음악회는 발이 아프도록 다녔고, 남포동이며 광복동의 전시장은 모르는 곳이 없을 지경이었다. 돌이켜보면 과수원의 추억과 예술에의 추억이 젊은 날의 기쁨이었다면 지금은 외로운 날의 친구처럼 내게 위안이 되곤 한다.

남편을 만날 즈음만 해서도 나는 열심히 교회를 다니는 신자였다. 하지만 남편을 만나 결혼을 하고 종가집의 며느리로 들어가면서 그만 교회와 멀어지고 말았다. 남편은 종손으로서 평산 신씨 신숭겸 시조 판사공파의 종가집의 장남이었다.

매달 한 번씩 제사가 있었다. 그렇게 계산해보니 1년에 밥 132그릇, 나물 132그릇에 생선, 부침, 떡, 과일 등에 맵밥을 잘 담아야 자손이 잘 된다기에 뜨거운 밥을 담을 때는 찬물을 적셔가면서 산소모양으로 밥을 예쁘게 그득히 담아 내

놓곤 하였다. 조상에 대한 진정 어린 감사보다는 종가집 종부로서 제사상 차리기에 신경을 곤두세우곤 제사에 몰두하였다. 그렇게 문중과 집안의 권위와 전통세습에 정성이 빠트려지지 않도록 신경을 쓰다보니 나는 일년 열두 달 긴장하지 않을 수 없었다.

그뿐인가? 친척집 누구누구네 제사라고 남편이 일러주면 부리나케 달려가서 제사 일을 음식을 사들고 가거나 거들어 주고 돌아왔다. 그처럼 남편은 매시에 철저한 분이었다. 누구에게나 호감을 주는 그런 멋있는 분이기도 했다. 종가집의 종손으로서 도리를 다하는 그런 사람이었다. 그뿐인가? 예의범절이 바르고 아내에게 자상하고 아이들에겐 인자한 남편이었다.

그런데 그가 아프기 시작했다. 마른 하늘에 날벼락도 이와 같을 순 없었다. 하나님이 살아계신다면 이럴 순 없었다. 정말 하늘이 원망스러웠고 도무지 세상이 캄캄하고 아무것도 보이지 않게 되었다.

그런 가운데 내 제자 이동은 엄마 김양숙 집사가 뛰어 찾아왔다. 앉은뱅이가 일어나고 암덩어리가 쏟아지고 해서 병든 자들이 낫고 있다고 기독교를 믿고 그곳에 의존해 보라고 권유하러 온 것이었다. 나는 아무 소리도 하지 않았다. 거짓말 같은 사실을 이야기하는 김 집사의 이야기는 허무맹랑하게만 들렸기 때문이다. 전도하는 사람의 이야기이겠거니 하고 무심코 지나쳤던 것이다. 그때 하나님은 간절히 우리를 오라고 부르셨던 것이다. 하지만 아직도 믿음이 없었던 우리 부부는 그 부르시는 소리를 듣지 못하고 인간적인 방법으로 해결해 보려고 백방으로 뛰어다니고 있었던 것이다.

결국 우리는 가장 과학적인 것이 가장 의학적이라는 결론을 내리고 다시 병원에서 재검을 받았다. 검사결과 나온 자료들을 챙겨들고 서울 세브란스병원으로 입원을 하였다. 서울은 남달랐다. 입원을 하자말자 그 다음날부터 전도하는 분들이 찾아오기 시작했다. 그 중에 순복음교회 소영규 목사님과 권명순 권사님은 남다르게 전도를 하셨다. 특실을 빌려 쓰고 있을 때 하나님은 또 한번 우리를 부르고 계셨다. 갑자기 복부에 가스가 차서 입원을 한 환자 한 분을 통해서 기적을 보여주신 것이다.

그렇게 해서 그 50대의 복부에 가스가 찬 환자가 나아서 가는 것을 보고도 아직 우리는 마음의 문을 열고 간절히 부르시는 소리를 듣지 못하였던 것이다. 하나님은 우리를 부르시려고 복부에 가스가 찬 환자에게 자리를 빌려주어 한 방을 쓰게 하시고 그 남자에게 전도가 집중적으로 이어져 결과적으로 우리에게 전도가 되도록 하신 것이다.

하나님은 우리를 부르시려고 그 환자를 우리 곁으로 보낸 것이다. 그때부터 병원에서 치료도 받았지만 순복음교회를 나가게 되었다. 그리고 오산리 금식기도원에서 기도도 하였다. 그리고 조용기 목사님을 찾아가서 기도도 받았다. 이를 통해 남편은 방언의 은사도 받았다. 그래서 어느 정도 신앙의 체험을 가지고 부산으로 와서 고신대학병원에서 투병생활을 했고, 기도 중에 천국을 보는 체험도 남편이 하였던 것이다. 하나님은 우리와 우리 가족을 부르시기 위하여…

하지만 운명의 날은 왔다. 1980년 2월 10일 오후 7시 10분 남편은 결국 병을 이기지 못하고 천국으로 가고 말았다. 하늘이 무너졌던 것이다. 남편은 나에게 있어 하늘과도 같았다. 남편은 돌아가시는 시간까지도 나의 손을 잡고

"여보! 당신 수고가 많았소"하며 미소를 지어 보이셨다.

남편이 나에게 남겨준 것 한 가지는 신앙이었다. 남편은 스스로 자신의 신앙을 고백하고 천국으로 갔다. 이제 남은 자도 신앙을 결정해야 했다. 특히 종가집으로서 어떤 신앙을 가지느냐 하는 것은 중요한 문제였다. 문중의 어른들도 촉각을 곤두세우고 있었다. 만약 우리가 기독교를 믿을 경우 그 많은 제사는 사라지게 될 것이고 돌아가신 남편에 대한 제사도 지내지 않을 것이기 때문이었다. 급기야 이 일로 집안에서는 회의가 열렸다. 미국에 사시는 친척 할머니까지 나오셨다. 다행히 미국 할머니는 신앙이 있는 분이셨다. 오로지 미국 할머니만이 응원군이 되어 줄 뿐 어디를 보아도 내 편은 없었다. 돌아가신 남편이 신앙을 고백했으니 나도 그를 따라 예수를 믿어야 하는데 집안 어른들은 모여서 그것을 막으려고 하였던 것이다.

"여보게 자네가 교회를 간다는 것이야 어찌 막겠는가? 하지만 우리 집안의 종부인 자네가 교회를 간다면 제사는 누가

지내나? 그러니 교회를 가더라도 제사만은 계속 지내주게."

"어르신 말씀은 잘 알겠습니다. 그런데 제가 잘은 모르지만 성경 신명기 28장에 보았더니 하나님께 순종하면 집안이 잘 되고 손도 잘 되고 만복이 가정과 가문에 들어온다고 되어 있습니다. 저는 이제부터 하나님을 섬기고 순종해서 이 복을 받으려고 합니다. 우리 가문이 빛나도록 열심히 살겠습니다. 제사도 안 지내겠다는 것이 아닙니다. 교회 방식대로 해서 고인을 추모하겠습니다. 그러니 이해해 주십시오. 죽은 남편이 믿은 신앙이니 저도 남편의 신앙을 따르겠습니다."

어디서 용기가 났는지, 나는 당차게 말씀을 드렸다. 모였던 문중의 어른들은 한동안 말들을 못하셨다. 그러다가 한 어른이 우리 아들을 향해 물으셨다.

"애야 이제 네 아버지가 죽었으니 니가 이 집안의 종손이다. 너는 어찌하겠느냐?"

당시 중학교 1학년이었던 아들에게 화살을 돌린 것이다.

"할아버지, 저는 어머님의 뜻을 따르겠습니다. 돌아가신 아버님도 그렇게 하는 것을 원하실 것입니다.".

너무나 또렷이 말하는 아들에 대해 "하기야 자식이 엄마 말씀대로 따르는 것이 당연하겠지"하시고는 더 이상 캐묻지 않고 어른들은 돌아갔다.

결국 믿음이 승리한 것이다. 그 이후 집안은 허전하고 심히 경제적으로 어려워졌다. 하지만 신앙이 있었기에 우리의 가정에는 웃음이 떠나지 않았다. 추모예배를 드려야 하는데 방법을 모르니까 서로 돌아가면서 주기도문만 외울 때도 있었고, 어쩔 때는 목사님을 모셔다가 드릴 때도 있었지만 그런 대로 견디며 하루 하루를 살아갈 수 있었다.
　참으로 감사한 것은 이 덕선 시어머님이 종국엔 예수님을 믿고 돌아가셨다는 것이다.

짧은 만남, 긴 이별

　나는 일찍이 외할머니의 보살핌 속에 자랐다. 그래서인지 연세 많으신 어른들을 공경하는 것이 당연지사였다. 그리고 어른들을 보면 나의 부모님 같은 생각이 들어 늘 마음이 저며 온다.

　어머니에게서 짧은 기간 많은 교육적인 배려와 좋은 영향도 많이 받았지만 어머님을 일찍 여의고 해서 나의 시어머님이 나의 어머니였다. 우리 시어머니 역시 나에게는 딸 이상으로 자상하셨고 한번도 나에 대하여 얼굴 찡그리며 말씀하지 않으셨다. 당신 스스로가 가족들의 옷을 기워 주시고 젊어서부터 몸이 약한 나를 옆에서 도와주셨다. 아이들이 성가시지 않도록 배려하여 잘 돌보아주시기까지 하셨다. 나는 시누이와 시동생이 우리 시어머님께 못할까봐 전전긍긍할 정도였다. 그들의 친어머니인데도 말이다.

　시어머님의 고향은 경북 영양군 입안이고 원래 천석꾼 집안의 귀한 규수였다고 한다. 시어머님은 언제나 말씀 하시기를 "우리 집안은 너무 미신을 믿어서 망했어"라고 하시며 미신 섬기는 것을 경계하셨다. 옛날 분이신데도 불구하고 미신에 대해서는 좋지 않게 생각하셨던 것이다. 그러니 이사를 가기 위해 택일하거나 아이들 낳을 때 터부시 하시는 것도 없으셔서 며느리로서 섬기기가 아주 편했다. 당신은 정작 층층 시부모를 모시고 사셨건만 며느리에게만은 고충을 주지 않으시려고 무진 애를 쓰신 분이시다. 그래서 길지 않은 시집살이였지만 시어머님의 사랑과 남편의 사랑을 듬뿍 받고 살았던 것이다. 하지만 돌이켜보면 그 만남은 짧았고 이별은 한없이 길기만 하다.

　사랑을 알고부터 슬픔을 안다고 했던가? 이 세상에 와서 좋은 부모 밑에 태어나 근심 걱정이나 어려움 없이 성장하고 어른이 되어 훌륭한 남편의 사랑과 자녀들의 존경을 받는다면 이보다 행복한 삶이 어디에 있겠는가! 하지만 인생이란 게 한 치 앞을 예견하지 못하는 것을 어찌 하겠는가!

　전도서 7장 14절에 보니, "형통할 때는 기뻐하고 곤고할 때는 생각하라, 하나님이 이 두 가지를 병행하게 하사 사람으로 장래 일을 능히 알지 못하게 하셨느니라"고 했다. 그렇다. 나도 내 앞의 인생을 알지 못한다. 23살에 남편과 가정을 이루어 38살 16년여를 함께 살았다. 돌이켜보면 짧은 만

남에 이별은 너무나 긴 시간이었다. 하나님이 계획하신 일에 인생은 거역할 수 없기에 하지만 후회는 않는다. 하나님이 나와 우리 가정을 구원하시기 위한 원대한 계획의 일환이었기 때문이다. 하지만 사람이고 여자인지라 사랑하는 예수님의 이름으로 많은 좋은 일을 하고 싶었던 것은 사실이다. 그러나 하나님은 내가 인생의 전반부에 누린 행복으로 인생의 복을 삼으라고 하시는 것 같았다. 얼마 남지 않은 남은 여생에 더 큰 비밀된 경륜을 갖고 축복해 주시리라고 믿는 확신이 있다.

만약 남편과 짧은 만남 동안 가졌던 추억이 없었다면 난 평생 그를 원망만 하면서 살았으리라. 그가 있었기에 또 진심으로 나를 사랑하고 보살펴 주었기에 눈에 보이지는 않아도 그 사랑을 느끼며 살아갈 수 있었던 것이다.

그리고 짧은 만남과 긴 이별 속에서도 궁극적으로는 힘들지 않았던 것이 믿음을 가진 뒤에 확신을 가진 천국의 기쁨 때문이었다. 하나님은 믿음이 없는 나를 위해 많은 체험을 하게 하셨다. 지금 돌이켜보면 신비적이긴 하지만 당시로서는 내게 큰 위로와 힘이 되었던 체험들이다. 당시의 일기를 한번 들추어 보았다.

1980년 9월 24일 수요일
나는 제일병원에 남편이 입원해 있을 때 주님께 밤 12시에서 새벽 3시까지 살려달라는 기도 외에는 할 말이 없었다.

그때 누군가 나의 오른손에 열쇠를 주셨다. 그것은 분명 사실같은 환상이었다. 나는 그것을 남편의 병이 열어질 수(고칠 수)있는 열쇠로 알았다. 그래서 자물쇠가 없어 열 수 없다고 하던 때가 생각났다. 그런데 그때 환상 중에 보였던 그 열쇠의 의미는 지금에야 어렴풋이 알 것 같다. 우리 교회 주정수 교장 권사님께서 일러주시기를 꿈이나 환상은 앞으로 되어질 일들을 미리 보여 주시는 주님의 섭리인데 어떤 것들은 지금 당장의 일이나 아니면 10년 뒤의 일들이기도 하다는 것이다.

그런데 나는 마태복음16장 15-19절을 본문으로 하여 가정예배를 드리면서 너무나도 강렬한 감동을 받았다. 어떤 힘이 나를 비밀스런 곳으로 데리고 가는 듯 하였다.

"가라사대 너희는 나를 누구라 하느냐 시몬 베드로가 대답하여 가로되 주는 그리스도시오 살아계신 하나님의 아들이시니이다. 예수께서 대답하여 가라사대 바요나 시몬아 네가 복이 있도다. 이를 네게 알게 한 이는 혈육이 아니요 하늘에 계신 내 아버지시니라. 또 내가 네게 이르노니 너는 베드로라(반석) 내가 이 반석 위에 내 교회를 세우리니 음부의 권세가 이기지 못하리라. 내가 천국 열쇠를 네게 주리니 네가 땅에서 무엇이든지 매면 하늘에서도 매일 것이요 네가 땅에서 무엇이든지 풀면 하늘에서도 풀리리라 하시고…"

나는 이 말을 거듭거듭 뇌이면서 교회로 향하였다. 찬양예배를 위한 연습을 하기 위해서이다. 그런데 너무 작은 수

효가 모여서 참으로 하나님 보시기에 심히 부끄러움밖에 없었다. 또한 나는 내가 해야 할 일들이 무엇인지 분명히 제시해 주시리라고 믿는다. 나는 귀히 쓸 그릇과 큰 그릇을 주실 것으로 분명히 믿는다.

피로 사신 이 가정! 우리 모두 죄인들이긴 하지만 남편을 천국으로 보내면서까지 하시면서 이 가정을 선택해 주실 때는 반드시 주님의 크신 뜻이 계실 줄 믿는다. 그 뜻에 합당하게 걷고 싶을 뿐이다. 주님의 영광을 위한 길이라면 나는 모든 것을 버려야 하는 것이다. 오로지 주님께 순종해야 하는 것이 나의 큰 의무이다. 주님께서 주신 4남매를 주님께 합당한 그릇으로 보호하여 잘 키우면서 당신의 성품과 덕을 나타내며 아름다운 향취가 되고 싶을 뿐이다. 겸손히 당신의 사랑을 가꾸며 성령의 사람, 말씀의 사람, 기도의 사람, 찬송의 사람으로 당신께 드리며 참으로 아름답게 금그릇으로 준비되기를 기도해본다. 당신께 누를 끼치는 일은 나는 죽어야 될 일로 알고 살아 갈 것이다.

아무쪼록 주님이시여 저의 시어머님 이덕선 씨와 일가 친척들, 저의 친구 7명(재분, 미영, 난주, 설향, 정화, 영자, 국영), 저의 친정 가정 모두들 주님 앞으로 돌아오도록 전도할 수 있는 힘을 주소서.

…그리고 내가 맡은 학급 어린이 모두를 잘 가르치고 이끌 수 있도록 도와주소서. 오! 주여 당신 한 분만으로 만족하며 천국을 준비하며 매일 매일 그 비밀을 캐내어 성화시키며 살

도록 도와주소서. 아! 오묘한 당신의 말씀 꿀송이보다 달콤한 그 말씀으로 나의 양식으로 나는 자녀들에게 한 알의 밀알이 땅에 떨어져서 썩어져야 그 열매를 가꾸듯 풍성하고 아름다운 추수를 거둘 기쁨을 예비하리라. 오 ! 주여 감사 감격합니다. 아멘

1980년 9월 25일 목요일

요즘 나는 한 번씩 생각해 본다. 그때 본 환상이 분명히 예수님이실거라고. 하지만 목사님이 말씀하시기를 거짓 영들이 많다고 하셨는데… 한 번씩 혼란이 오긴 해도 꿈에 본 주님의 모습이 너무도 생생하여 마음이 편안하였다. 나는 아빠가 편찮으실 때 거의 매일 밤마다 12시에서 3시까지 항상 주님에게 기도한 일이 있다. 얼마만큼 그러했는지는 잘은 모르지만 아마 거의 매일의 밤을 그렇게 한 것 같다. 내가 안타까이 부르짖을 때 나타나신 그분은 흰옷을 입으셨다. 그리고 두 손에는 피가 뚝뚝 흐르고 있었는데 나를 의혹케 하는 것은 손에 털이 무수히 나 있었는 것 같았기 때문이다. 그분이 나타나셔서 나를 향해서 홀연히 가까이 오셔서 나의 손바닥에 그 피를 받은 듯 하였다.

그 때 남편은 너무 편찮으셨기 때문에 눕지를 못하셨다. 그렇기 때문에 나의 손으로 안수해 주었을 때 몸을 제대로 가누지도 눕지도 못한 그가 편히 누울 수는 있었으니까 우리 시어머님도 환상은 못 보았지만 나의 안수에 무척 오랜만에

누울 수 있는 아들을 본 것이다. 나는 그분이 예수님이실까 가끔 생각해본다.

분명히 보아온 마귀도 나는 몇 번 기억이 난다. 대머리 중 셋과 노랑저고리 빨강 치마인지 요괴 같은 여자 조롱마귀와 조롱말, 검정옷을 입은 무수한 중들.

그리고 생각할수록 잊혀지지 않는 것은 나의 오른 손에 쥐어주신 열쇠 하나! 그것들이 나에게 무엇을 의미하는지 나는 간절히 그때만 해도 믿음이 적어서 주님께 여쭈어 보지 않았지만 나에게 영역을 맡겨 주실 때 다 알게 해 주실 것으로 믿는다. 세례를 마치고 나면 주님께서 제게 주실 사명이 무엇인지 또한 무엇을 요구하고 계시는지 동생 전경출 목사가 말해 주었다. 나는 이 가정에 주님께서 은총으로 건강도 지켜주심을 감사하며 주님의 법과 율례와 규범을 어기지 않아야겠다고 더욱더 다짐한다.

…며칠 전에 동생이 몹시 아파 사경을 헤매는 감기 몸살이 올 때 주님께 붙들고 기도하고 그 나라와 의를 구했다고 했다. 그럴 때 비몽사몽간에 주님이 나타나 불과 약봉지와 지미신을 주셔서 먹고 나았다는 간증은 나를 통쾌하게 해주었다.(중략)

나는 오늘 가정 예배에 관한 서적 7권을 샀다. 어차피 자녀들의 교육을 위하여 내가 해야할 일이기 때문이다. 그당시 신학교에 다니던 김민숙 선생이 언제까지나 우리 집에 있을 것도 아니고 요즈음은 김 선생이 감기 몸살로 하여 거의 예배를 철회한 상태였으므로 나의 짧은 지식으로 예배하기에 무리였었는데 주님께서 보낸 선물로 알고 감사히 살기로 하였다. 나는 무일푼이지만 주님께서 마련해 주실 것이라는 어렴풋이나마 기대를 가지고… 잘되었는지 못되었는지는 나는 잘은 모르지만 미천한 나의 짧은 지식에 비한다면 감사한 것이 아닐 수 없다.

이 가정을 뼈대있게 이루어나갈 영적 양식은 이 성경, 주님의 말씀이 아니고는 안되는 것이다. 그리고 애들에게 영적 양식을 매일 먹여 줌으로써 그들의 영이 살이 쪄나가며 이 세상을 이길 힘을 얻을 수 있기 때문이다.

당시의 일기들을 들추어보면 무슨 말을 써 내려갔는지 잘 모를 때가 많다. 하지만 분명한 것 한 가지는 남편을 잃고 느꼈던 그 무서움과 외로움, 그리고 낭패감과 무력감이 주님을 만난 첫 신앙의 기쁨으로 인해 어느 새 사라졌다는 것이다. 지금이야 환상이나 꿈 같은 것을 잘 꾸지는 않지만 그때는 웬일인지 그렇게 많은 환상과 꿈들을 보여주셔서 어리기만 한 나의 신앙이 잘 견디게 되었다는 것이다.

약 2년 가까이 아름다운 환상을 보여 주셨던 기억 중 하나는 눈만 감으면 아름답고 환상적인 각종 꽃을 보여 주신 것이다. 내가 한 번도 가본 곳은 아니지만 천국을 가면 볼 수 있는 꽃밭이 아닐까하는 생각을 했다. 기도하려고 눈만 감으면 보여 주시던 환상적인 꽃들은 그 후 내가 누군가에게 자랑을 하듯 말을 하고 난 후에는 사라졌다. 매우 오랜 기간

동안 나에게 보여 주시던 아름다운 기억중 하나이다.

　요사이도 우리교회에는 새로 신앙을 가져 기도하러 오는 교우들이 있다. 그들이 밤새 울며 기도하는 것을 보면 나의 20년 전 모습이 생각나곤 한다. 사망의 음침한 골짜기로 다닐지라도 해를 입지 않도록 도와주시고 지켜 주신다는 약속을 주님은 그렇게 그림언어로 보여주신 듯하여 너무 감사하고 기쁘다.

　이제 내년이면 나도 육순이다. 길지는 않았지만 인생은 마치 풀잎의 이슬과 같아서 내일을 기약할 수 없는 연약한 존재라는 것을 느낀다. 그런 인생을 살면서 사랑을 하고 만나고 하지만 그 만남이 얼마나 짧은가. 오래도록 살다 해로한다 하여도 그것이 이 우주의 크기에 비하면 얼마나 짧은가.

　하지만 우리 주님은 결코 우리와 이별하지 않으시는 영원하신 분이시다. 그분이 우리에게 생명을 주시고 영생을 얻게 하려고 오셨다고 하시니 이 얼마나 놀라운 사실인가(요 10:10).

천국은 있다

마지막 날이었다. 그 날은 주일날이었는데 나는 본 교회에 까지 갈 수가 없었다. 그래서 송도복음병원 가까이에 있는 송도 제일교회에서 예배를 드렸다. 오늘의 말씀은 강하고 담대하라 내가 모세와 함께 있던 것같이 네게도 함께 하겠다는 여호수아 1장 9절 말씀을 주셨다. 남편에게도 오늘 들은 이 말씀을 알게 해서 담대히 용기를 갖게 해야겠다고 생각하고 병실에 들어서는 순간 남편은 일가와 친척들에게 알리라고 하셨다. 그래서 남편에게 "용기를 가지세요 오늘 하나님의 말씀이 '강하고 담대 하라고' 하셨어요." 그렇게 말을 하는 나에게 남편은 고통을 표하였다.

사실 오는 주정수 권사님께서 서울에 다니러 가셔서 오시 겠다고 하셨는데 아직 오시지도 않았다. 주 권사님은 교장으

로서 신유의 은사를 받아서 암 환자도 거뜬히 기도하여 낫게
도 하시는 분이셨기에 나는 그렇게 기다리고 있었던 것이다.
하나님의 능력은 무한하시기에 잔뜩 기대를 하였지만 안 오
시고 남편은 고통스러워하고 해서 나라도 힘껏 기도해보리
라고 생각하고 남편의 배 위에 손을 얹었다. 여느 때보다도
배가 굳어 있는 것처럼 단단하였다. 나는 내 힘과 사력을 다
하여 하나님께 부르짖었다.

"하나님 정녕 당신의 살아계심을 믿습니다. 남편을 살려주
세요! 이 고통에서 건져 주세요! 고쳐주셔야 합니다. 하나님
은 죽은 지 나흘이나 되는 나사로도 살려주시고 앉은뱅이도
일으켜 주시고 어눌한 자도 고치시고 각종 질병을 치유하시
고 고치셨습니다. 하나님이 내 남편의 이러한 병을 못 고치
실 리가 없으시니 살려 주세요! 살려주세요! 주여!"

나는 "주여!"를 수없이 외치면서 부르짖었다. 인간으로서
할 수 있는 도리를 다했지만 가망 없는 지금 나는 오직 하나
님만을 붙들 수밖에는 없는 노릇이었다. 추운 겨울이었지만
내 온몸이 땀 투성이가 되면서 지쳐서 쓰러지고 말았다. 그
렇게 쓰러지고 다시 눈을 떠보니 침대 주변에 있는 무수한
발들이 내 시야에 들어왔다.

내가 정신을 고쳐 고개를 드는 순간에 언제 들어 오셨는지
우리 교회 성도들이 병실 가득히 와계셨던 것이다. 평소에는
다른 병실에 혹이나 피해가 될 것 같아 소리 한번 지르지 못
했건만 내가 정신없이 부르짖는 소리가 계단 올라오기 전부

터 들렸던 것이다. 내가 정신을 추스리는 동안 성도들은 침
실 둘레에 둘러서서 평소 아빠가 좋아 하셨던 찬송을 함께
부르고 있었다.

　　"내주의 보혈은 정하고 정하다.
　　내 죄를 정케 하신 주 날 오라 하시네
　　내가 주께로 지금 가오니
　　골고다의 보혈로 날 씻어 주소서.
　　약하고 추해도 주께로 나가면
　　힘주시고 내 추함을 곧 씻어 주시네
　　날 오라 하심은 온전한 믿음과
　　또 사랑함과 평안함 다 얻게 함일세
　　큰 죄인 복 받아 빌 길을 얻었네
　　한없이 넓고 큰 은혜 베풀어주소서.
　　그 피가 맘 속에 큰 증거됩니다.
　　내 기도 소리 들어사 다 허락하소서
　　내가 주께로 지금 가오니
　　골고다의 보혈로 날 씻어 주소서 아멘"

　찬송가 186장을 다 부른 다음 228장, "저 좋은 낙원 이
르니..."를 다시 부르는 동안 나는 이제 정신을 차리고 환자
를 쳐다보았다. 너무 시끄러운 것이 아닌가 염려되어 찬송소
리를 낮추어 달라고 부탁을 하려고 남편을 바라보는 순간 남

편은 두 손과 얼굴을 천장을 향하여 들고는 "주여! 주여! 내가 믿나이다 내가 믿습니다" 허공을 향하여 대화를 시작하기를 계속 하였던 것이다.

그리고 연이어 "빛...빛! 빛"이라고 외치면서 팔에는 힘이 없어 내리고 올리고를 거듭 되풀이하는 것이었다. 얼굴에는 만면에 웃음과 미소로 가득 차 있었다. 나는 순간적으로 세상에 누가 무어라 해도 천국은 있는가 보다. 그러지 않고는 저 표정과 빛이라고 외치는 저 모습은 결코 있을 수 없는 일이다. 그때 마침 간호사가 올라 와서는 모두를 밀치고 침대를 밀고는 응급실로 환자를 데리고 갔다. 웃음 띤 모습과 빛이라고 외치던 남편의 모습은 둘러선 모두들이 보았다.

그곳에는 언제 왔었는지 예수를 믿지 아니하는 시동생도 와있었다. 그리고 그 광경을 다 보았던 것이다. 응급실에는 집안 어른들과 주은성 목사님도 오셨다. 남편은 집안 어른들과 목사님을 번갈아 가며 웃음으로 목례를 하고는 나에게도 싱긋 웃으며 "여보! 수고했소"라고 한 마디를 하였다. 그리고는 눈을 감고 엠블런스를 타고 집으로 왔다. 방 안에는 조용히 찬송가가 틀어져 있었다. 그렇게 집에 도착한 지 불과 1시간도 안되어 남편은 찬송가를 들으면서 조용히 평화스럽게 눈을 감았다. 천국으로 가셨던 것이다. 참으로 믿기지 않는, 어처구니없는, 실로 거짓 같은, 이해할 수 없는 사건을 내 눈으로 목도하였던 것이다.

오래 동안 믿기지 않은 사실 앞에 몽유병 환자같은 나날이 계속 되었지만 다만 천국이 있을진대 이 세상은 안개와 같은 잠시 잠깐의 세상, 언제가 천국에서 남편을 만날 것으로 믿을 진대 나의 하나님께서 자녀들도 길러 주실 것으로 믿고 모든 것을 맡기고 살 수밖에 없었다. 그러나 나에게 보여주신 남편의 천국을 나는 반드시 있다고 믿고 열심히 살아가고 있다. 소망 중에 인내하며 그날에 기쁨을 기대하며 누가 나에게 예수에 미쳤다고 하더라도 그 날에 만나게 될 남편을 기다린다. "여보 당신 진정 수고 했구려. 고맙소. 이 자녀들 기르느라고 얼마나 수고가 많았소!"

   지금도 당신의 자상하고 편안한 음성이 들려 오는 것만 같다.

믿음으로 온전케 하시는 하나님

남편을 먼저 하늘나라로 보내고 난 신자가 되는 데 가장 많은 시간을 들였다. 이제 난 누구로 살 것인가를 생각할 때 한 분뿐이신 하나님의 자녀로, 믿음의 사람으로 사는 것밖에는 나의 가정과 자녀를 지킬 수 없다는 것을 안다.

어느 날, 초등학교 교사 연수회에 참석하게 되었다. 그런데 나는 6시 이후엔 금식이므로 연수 중에라도 금식을 멈출 수가 없어 계속해서 금식을 했다. 모두들 식사하는데 찬물만 먹기가 힘들었다. 금식을 견디기는 어렵지 않은데 남들 보기에 물을 먹으면 다소 민망스러웠기 때문이다. 그래도 나에게는 하나님이 계셔서 나를 지켜 보호해 주신다고 생각하기에 고통스럽지는 않았다. 오직 한 분 하나님만이 가장 두려운 분이고 나를 간섭해 주시니 그 분에게만 순종해야 된다고 생각하고 기도에 임하니 두려울 것이 없었다.

금식기도가 마칠 때쯤 연수회도 마칠 때가 되었다. 그런데 주최측에서 나더러 감사의 인사말씀을 하라고 하는 것이었다. 나는 얼른 생각이 나지 않았지만 "여러분 이렇게들 만나게 되어서 반갑습니다. 이러한 만남도 하나님의 섭리일 것입니다. 초등학교에서 근무하고 있는 한 우리 언젠가는 또 연합할 일들이 많을 줄 압니다. 우린 어딜 가더라도 아름다운 향기를 풍기는 자들이 됩시다. 참으로 감사합니다"라고 말했다.

생각없이 한 말이 조리있게 대중 앞에서 스스럼없이 말을 잘할 수 있었다. 나는 평소 말 솜씨에 능통한 편은 아니었다. 그렇지만 그것도 금식을 갓 마친 중이어서 기력도 없었는데 그렇게 한 것이다. 분명 나의 힘이 아니었고 나와 함께한 성령님의 힘임을 생각하며 깊이 계속 계속 감사를 드리게 되었다. 그러한 체험이 그 날 이후로 계속해서 생기는 것이었다.

나는 속으로 '아! 이것이 성령님의 동행하심이구나.'라고 생각하니 깨달음이 오는 것이었다.

요한복음 14장1절에 약속하신 대로 "너희는 마음에 근심하지 말라. 하나님을 믿으니 또 나를 믿으라"라는 말씀과 요한복음 13장 34절과 35절에 "새 계명을 너희에게 주노니 서로 사랑하라 내가 너희를 사랑한 것같이 너희도 서로 사랑

하라. 너희가 서로 사랑하면 이로써 모든 사람이 너희가 내
제자인 줄 알리라"는 말씀이 가슴에 와닿는 것이었다. 그 당
시 나는 믿음을 붙잡기 위해 오직 하나님 쪽으로 향하여 가
고 있었다. 그 무렵 씌여진 일기이다.

1981년 9월16일 화요일 맑음
　새벽기도를 드리고 있는 서면교회에 민경이가 찾아왔다.
기도를 마친 후 집으로 가면서 민경이는 "엄마는 섭섭할지
모르지만 꿈 속에서 아빠를 만났어요. 이 꿈은 엄마가 꾼 것
이 아니고 제가 꾸었기 때문에 엄마는 아빠를 못 만났을 것
같아 섭섭할지 모르지만…"이란 말을 하였다. "얘, 민경이
꿈 좀 들어보자. 너 참 좋겠구나"했더니 "제가요 아빠에게
보고 싶다고 전화를 했지요. 그랬더니 아빠가 흰옷을 입고
초코렛을 한 통 사서 오셨어요." "그래 우리 집에 누구누구
있었는데? "꼭 한 사람만 빠졌어요. 할머니가요." "그래?
엄마는 무얼하든?" "아빠가 오셨다고 부엌에서 소고기 반찬
을 하셨어요. 그래서 저는 밥을 먹고 저 혼자만 초코렛을 2
개나 먹었지요"라고 하였다. "그래, 민경이는 참 좋겠다. 그
꿈을 아무에게도 얘기하지 말고 할머니가 오시면 얘기해 드
려라. 할머니, 꿈에 아빠 보았어요. 나 보았어요. 나 아빠 본
꿈 얘기 해 줄게 하고 말이야."
　모르긴 하여도 주일부터 나는 하나님께 울부짖으며 가엾
은 나의 시어머님을 위하여 이런 기도를 한 것이다.

"하나님 나의 아버지 살아계셔서 역사해 주시는 나의 아버지시여, 저의 시어머님 이덕선 어머님은 저보다도 훨씬 젊은 나이에 남편을 여의고 4남매를 거느리고 고생고생 하며 너무나도 고통스럽게 살아온 여생이옵니다. 그에게 믿음이 없음으로 하여 주님의 섭리를 깨닫지 못하고 저의 남편을 하늘처럼 믿고 애지중지 하여 안타깝게 살아온 어머님은 천국에 가게 된 축복보다도 뼈저리고 아픈 그 심정에 주님이시여 성령으로 찾아오셔서 큰 위로와 평안을 주시옵고 몸도 허약하오니 건강도 주시옵고 당신의 사랑하는 아들(신구현)을 꿈에라도 보기를 안타깝게 원하고 있사옵니다. 저에겐 당신의 포근하신 사랑과 당신만으로 현재 만족하오니 저에게는 보여 주지 않아도 좋사오니 저의 시어머님 이 덕선 어머님께 꿈속이라도 성령님이시여 천국에서 예수님 품 속에서 하나님께 기쁜 얼굴로 이 가족들을 위하여 기도하고 있는 모습으로 아니… 당신의 섭리대로 성령님이시여 꿈 속에 임재하여 주시옵기 원하옵니다."

그렇게 애타게 기도한 보람일까. 어린애의 꿈으로 돌리기엔 석연찮은 신비한 느낌이 든다. 어머님 꿈 속에도 비슷한 꿈으로 신비한 체험을 갖게 된 것이다.

하나님께서는 나를 위로하시기 위해 민경이를 통해서도 응답을 해주시는 것 같았다. 난 정말 신앙생활이 날마다 즐거워져만 갔다. 그래서 "신자가 되기로 한 이상 확실한 신자가 되자. 내가 밤과 새벽을 온통 기도로 채우리라"고 결심했다.

그때부터 난 교회를 나의 집으로 삼았다. 주님을 신랑이라고 하였으니 오로지 주님만을 생각하며 보내기 위해서였다. 매일처럼 새벽예배를 통해 주시는 설교말씀을 그날의 지침으로 삼았다. 어느 날은 새벽기도 시간에 주어진 말씀이 예루살렘의 12지파 중 레위지파에게 주는 말씀이었다. 내용은 경건의 훈련을 하면 그 재산을 풍족케 하시고 그 손의 일을 받아 미워하는 자의 허리를 얻고 다시 일어나지 못하게 하는 축복이 임한다는 것이었다. 나도 경건의 훈련을 하여 이런 축복을 누리고 싶었고 나에게 주시는 말씀인 것 같았다. 그날 이후로는 날마나 주님과 경건의 시간을 보내기 시작했다. 연구수업이 있는 날은 성령님께 맡기며 준비하고 진행하였다. 그럴 때면 어김없이 최우수 평가를 받곤 하였다. 신자 전박자의 삶은 다른 재미가 있었다. 이른 즐거움을 누가 알까 싶었다. 당시의 일기는 온통 교회가서 기도한 이야기로 도배되어 있었다.

1981년 9월19일 금요일 맑음

5시15분 쯤 되어 6시까지 기도 후 잠시 집을 들렀다가 경주와 민경이도 같이 교회로 향하였다. 가정예배를 드리고 떠나니 15분 가량 늦었다. 아무 준비도 없었으므로 더욱더 성령 님께 온전히 맡기고 이연숙 권찰(당시 정정봉 전도사 부인)을 위하여 기도 인도를 부탁드린 후 수업에 들어갔는데 강단상에 서 있는 나를 위하여 성령님께 간구하며 입술을 주장해 달라고 기도 드려줄 때 나의 마음은 뜨거웠고 설레였다. 하나님께서 나를 이러한 강단 위에 많이 세워 주실 것 같은 생각이 들었다.

"사랑하는 형에게" 이 책자를 읽어가며 (봔 두젠에게 그리스도를 영접하기 위한 책자) 은혜를 나눈 후 나는 간단히 세계 복음화 대회에 참여한 받은 바의 은혜를 간증하였다. 나는 이렇게 서두를 시작하였다. 우리가 받은 바를 서로 나누며 은혜를 끼치며 살아나갈 때 자기에게 더욱 더 은혜가 되고 주님께 더욱 영광을 돌리는 기회가 된다고 했다. 주님께 영광을 돌려드리며 나에게 주실 은혜로 생각하며 간증하니 모두들 즐겁고 만족한 표정이 되어 나는 성령님께 감사를 더욱 더 드렸다. 온전히 맡길 때 다 맡아 주시는 당신임을 알기 때문이다. 교회에서 1시간 가량 기도하고 집으로 오니 11시가 다 되어 간다.

점심때 김 권찰이 어린이 설교 때 찬송가 485장 "내 평생에 가는 길 순탄하여" 작자 스페어 씨가 하나님의 감동으로 엮어 쓴 이 글을 들으며 퍽 감명 깊었다. 풍랑에 4남매를 휩쓸어 버리고도 하나님께 주님의 뜻으로 돌리며 감사한 이 간증은 퍽 나를 감동시켜 주었으며 아침에 설교는 읍바에 다비다라는 여 제자에 대한 것이었다. 그의 이름이 도르가라고 하는 여인이었다. 구제와 선행을 모범적으로 하는 자로서 그의 죽음을 살린 예수님의 제자 베드로의 행적 등을 보며, 나도 도르가 못지않은 구제와 선행을 하고 싶어졌기 때문이다, 어린이들 설교준비를 해 오지 않았으나 주님께선 성령으로 인도해 주셨다. 그러나 나는 사실 부끄러웠다. 준비 없이 갔기 때문이다. 다음주는 나의 설교인데 입체적인 준비를 해야겠다.

신자 전박자의 삶은 교회에서만이 아니라 학교에서도 이어졌다. 내용을 모르는 동료나 선배들은 나를 돌았다고 할지 모르지만 그 어려운 시절 내가 삶을 지탱하는 유일한 동력은 오직 기도뿐이었다. 그래서 학교에서는 오후시간 주님과의 대화를 하는 시간을 5시 이후의 1시간으로 하였다. 그것은 나에게 참으로 귀중한 시간이었다. 주님과만 대화를 할 수 있는 골방이 나에게도 주어 줄 것으로 믿어 의심하지 않으며 늘 기도하였다.

그러던 어느 날이었다. 혼자서 조용한 곳을 찾아 한참 기도하고 있을 때 교생 선생님이 나를 데리러 교실로 오셨다. 교생들과 지도교사 간에 대화의 광장을 마련하고 싶어서 호수그릴에서 만남이 있다고 하였다. 나는 곧 가겠다고 하고는 계속 기도하였다. 잠시 기도하였는데 시간은 이미 6시가 넘어가고 있었다. 매일이 그러했다. 신자 전박자의 삶은 늘 그렇게 바빴다. 그러다 보니 세상에 눈 돌릴 틈이 없었던 것이다.

신자로서 성공하여야만 교사로서의 전박자, 권사로서의 전박자도 성공할 수 있으리라는 믿음 때문이었다.

위대한 어머니가 되기 위하여

나의 어머님께!

지금은 자정이 반시간 정도 지난 시간입니다. 책상 앞에서 펜을 잡으려 하니 어머니의 기도하시는 모습이 떠오릅니다. 어머니의 눈물이 떠오릅니다.

어머니!

저는 정말 오랜만에 속 시원히 주님께 외쳐 보았습니다. 정말 너무나 하고픈 이야기가 많았습니다. 어머니에 관해서도 누나에 관해서도 정말 외쳤습니다. 교회가 들컹거리도록 말입니다. 어머니! 저는 지금 너무나 텅 비어있는 마음입니다. 어머니의 무릎을 베개 삼아 누워 잠들고 싶습니다. 어머니와 밤새도록 이야기도 하고 싶고요, 어머니의 품에서 정말 펑펑 울고도 싶습니다.

엄마, 정말 오랜만에 흘리는 뜨거운 눈물이었습니다. 흘리고 싶어도 메말랐던 눈물이었습니다. 엄마, 보고 싶습니다. 정말 오랜만에 어머니께 올리는 편지입니다. 나이가 먹어 갈수록 오만과 허식 속에서 닫혀졌던 어리석음을 이제 털어 놓습니다. 엄마 부디 건강하시고 오래 사세요. 엄마가 없으면 어떻게 될까 하고 생각하다 그만 머리를 절래절래 흔듭니다. 어머니 저는 영원히 어머니를 모시고 살고 싶어요. 하나님께 기도했어요. "주님! 어머니께 힘을 주세요. 어머니를 실망시켜드리는 아들을 용서해 주시고 어머니의 반갑고 기쁜 아들이 되게 해 주세요"라고 말입니다. 어머니! 나의 어머니! 난 어머니를 정말 사랑합니다. 이 어버이날 어머니를 기쁘게 해 드리지 못한 이 아들을 용서해 주세요. 어머니, 이 밤도 몸 건강하세요.

주님이 어머니를 지켜주시리라 믿으며

1983년 5월 8일 ○시 55분.

못난 아들 우용 올림

아들 우용이가 어버이날 보내온 편지이다. 남편을 보내고 5년쯤 되어갈 무렵 어려운 가운데서도 잘 적응하며 살아가게 되었다. 다행스러운 것은 아이들이 큰 말썽 없이 자기 맡은 일도 잘하고 열심히 신앙생활을 하고 자라준다는 것이다.

그 날 편지를 받은 나는 일기에 이렇게 써 내려가고 있었다.

1983년 5월8일 흐림

오늘 아침에 아들에게서 깊고 진심 어린 사연의 편지를 선물로 받았다. 그것을 받아 읽고서는 나는 더욱더 훌륭하고 좋은 어머니가 될 것을 기도하게 되었다. 나는 며칠 전부터 하나님께 원망어린 기도를 드리고 있었다. "하나님, 왜 제 이름이 과부가 되어야 합니까? 저는 이 이름이 너무나 싫습니다. 주님이 저의 신랑이시니 이 말을 듣지 않게 해주십시오. 주님의 깊고 깊은 사랑 때문에 외롭다는 생각, 과부라는 생각 한 번 하지 않으며 살았는데 왜 제가 과부라고 불리어야 한단 말입니까? 저는 이 명칭이 진정 싫습니다."

그런데 오늘은 마치 하나님께서 "너는 그 이름을 바꾸리라. 위대한 어머니, 자녀를 훌륭하게 기른 거룩하고 위대한 어머니로 승리하게 하리라. 너의 이름을 '위대한 어머니가 되게 하리라'"고 하시는 것 같았다.

새벽예배 중에 이러한 마음의 감동이 있었는데 결국 우용이에게 아침에 이런 편지를 받은 것이다. 하나님의 세세한 인도하심이 정녕 나를 감동시킨 하루였다. (중략)

말은 쉽지만 여자 혼자로서의 삶이 얼마나 고단한가? 자식은 많아서 딸 셋에 아들 하나, 첫딸인 희경이는 어찌된 연유인지 제 아빠가 천국 가고 나서부터는 삐뚤어져 교회는 나오지 않고 바깥으로만 나돌았다. 어느 날은 내가 준 반지를 전당포에 잡히기까지 하였다. 희경이는 내가 입학기념으로 사준 반지를 부산상고 앞에 있는 태양전당포에 맡겨 2만원을 찾아 썼다. 우연히 빨래를 하다 전당표를 발견하여 나는 급하게 그것을 찾아왔다. 맡긴 지가 벌써 7일이 되어 이자가 700원이나 붙어 있었다.

그 날 희경이는 술이 떡이 되도록 먹고는 택시를 내리다 땅바닥에 넘어져 다쳤다. 병원에서 응급조치를 하고서 4시간이 지난 뒤에야 집으로 연락이 왔다. 병원으로 들어서니 간호사가 눈을 흘긴다.

"아주머니, 딸 가정교육 좀 잘 시키세요."

"아니 다친 것말고 다른 일이 있습니까?"

"안으로 한번 들어가 보세요. 지금 네 시간 동안 저렇게 고함지르고 토하고 옷에는 실례를 하고 야단이 아니란 말이예요."

나는 너무 너무 민망했다.

'아! 이럴 때 아빠가 계셨더라면 희경이가 이렇게 되지는 않았을 텐데. 하나님 왜 이렇게 저를 비참하게 하십니까?'

나도 모르게 자조 섞인 한숨과 탄식어린 기도가 나왔다. 이러한 날이 어디 한두 번이던가? 나도 모르게 '홀로 사는 여인 전박자'라고 하는 생각이 들면 나는 기도한다.

"하나님 고아와 과부를 돌아보시는 하나님이라고 하셨습니다. 정녕 저를 돌아보아 구원의 뿔을 높여 주실 줄 믿습니

다. 또 약속하시기를 '고난이 넘치되 위로도 함께 넘치리라'
고 하셨습니다. 하나님, 저를 긍휼히 여겨주십시오."

지치고 피곤하여도 기도하는 일만이 나를 이기고 자녀들
을 성공시키는 길이라는 확신이 있었기에 밤마다 새벽마다
나는 또 기도하고 기도하였다. 그것만이 유일한 낙이었고 위
로였으며 또한 행복이었기 때문이다.

나는 가끔씩 생각한다. 눈물의 골짜기를 지나온 자만이 진
정한 하나님의 위로를 알 수가 있다고. 사망의 음침한 골짜
기를 수없이 겪어본 사람만이 하나님의 보호하심이 무엇인
지 안다고 말이다.

홀로 사는 여인 전박자는 어려웠지만 주님의 힘으로 견디
어 내었고, 홀로 사는 여인 전박자는 외로웠지만 신랑 되시
는 주님으로 인해 위로를 받았고, 홀로 사는 여인 전박자는
약하였지만 주님의 보호로 강하였다고 말이다.

가난도 감사

- 살기에 다소 불편한 점은 있어도 우리들의 평화를 깨기에는 어려웠다. 왜냐하면 주님께서 우리의 기업이라고 믿어졌기 때문이다. -

관광객들이 많이 오는 어느 바닷가 해변에 펠리칸 새들이 수백 마리나 떼지어 살고 있었다. 이 새들은 관광객이 던져 주는 갖가지 먹이만을 먹으며 편안히 살아갔으나 시 당국에서는 이 먹이로 인해 바닷물이 오염되기 때문에 펠리칸에게 먹이를 주어서는 안 된다는 법을 제정하게 되었다. 거기에다 이렇게 날마다 던져 주는 먹이만을 먹고 편안하게 살아가던 펠리칸은 점차 굶어 죽어가기 시작하였기 때문이다. 하늘을 날 수 있는 능력이 있고 바다로 점프해 돌진하면서 고기를 잡는 능력이 충분히 있는 데도 고기를 잡아먹지 못하고 굶어 죽는 것이었다. 이 문제를 논의하던 시 당국에서는 한 가지 방안을 생각해 냈던 것이다. 그것은 야생의 펠리칸들을 잡아다가 그들과 함께 섞어 놓자는 것이었다. 그 후로부터 던져 주는 먹이만을 받아먹던 펠리칸들은 야생의 펠리칸들과 같이 스스로 물속의 고기를 잡아먹기 시작하였다고 한다.

인간도 자기에게 충분한 생활 능력이 있는데도 그 능력을 발휘하지 못하는 사람이 있다. 그리고 새로운 일을 하기를 두려워하는 사람도 있다. 이런 모습은 특히 학생들에게서 많이 볼 수 있지만 우리들도 예외는 아니라고 생각한다. 부모의 품을 벗어나지 못하고 하나에서 열까지 부모만을 의지하고 부모의 뜻대로 움직이는 소위 말하는 마마보이와 같다. 이는 마치 던져주는 먹이만을 받아먹고 사는 펠리칸이나 다를 바 있겠는가?

사실 최고학부를 나와 평생을 교직에서 일하다보면 매너리즘에 빠질 수도 있고, 쥐꼬리만한 봉급을 보면 의욕이 상실될 때도 있다. 동일한 학교를 나와 학원을 차리거나 학원강사로 뛰고 있는 친구들에 비해 하나도 나을 게 없어 보인다.

하지만 하나만 보면 그렇다. 누구나 자신에게 맞는 사고와 능력이 있게 마련이고 누구나가 자기 능력과 소질이 있는 만큼 자기에게 알맞는 일을 찾아 그 일에 남보다 더 열심히 최선을 다해 노력한다면 어느 누구보다도 유능한 사람이 될 수 있을 것인데도 인내가 부족하여 쉽게 이직을 결심하는 동료들을 많이 보았다.

그 자리에 꼭 있어야 할 사람, 빠져서는 안 되는 사람, 학력이나 지식보다도 꼭 필요한 사람이 되는 것은 무엇보다도 중요하다. 하나님은 이렇게 병약한 나를 튼튼한 사람으로 만드셨다. 가난이라는 훈련을 통하여 야생 펠리칸과 같이 어떤 환경에서도 자식들을 키우며 살게 하셨던 것이다.

그래서 난 속으로 항상 이렇게 말하곤 했다.

"가난아, 네가 아무리 나를 괴롭혀도 우리들의 평강을 꺾지는 못할 것이다."

나는 자라면서 어렵게 자라 본 기억이 거의 없었다. 형제들이 많아도 나에게 가장 큰 아픔은 1962년 경인 것 같다. 홍수가 나서 우리가 걸어 다닐 수 없을 정도였던 시절의 이야기이다. 온통 거리는 물바다였다. 그러자 흉년이 심하여져서 국가에서는 국수먹기를 장려하여 국수뽑는 기계를 보급해 주었다. 우리 집도 밀가루 음식을 먹기 위해 국수기계를 가져왔다. 하지만 우리 할머니는 나와 오빠에게 항상 어디서 마련해 두었는지 계란, 김, 하얀 쌀밥을 내어 주셨다. 그 정도로 우리는 가난과 멀었다. 그런 연고로 나는 남의 아픈 사정과 가난한 사정을 잘 알지 못한다.

내가 마음에 걸리는 것은 동생들에 대한 배려를 하지 못하였던 것이다. 어릴 때부터 동생들과 함께 살아오지 않은 탓으로 나는 동생을 챙길 줄 모르는 그런 사람이 된 것이다. 내가 부자였던 시절에 부모님의 그늘에서 자라난 반면에 동생들은 우리 집이 한참 어려움에 처할 때 태어나서 고생들을 하면서 자랐다. 그런데 내 행복에 겨워 나는 동생들의 어려운 처지를 돌아보지 못한 것이다. 그것은 악의가 아니고 전혀 그런 것에는 신경을 쓸 줄 모르고 자라왔던 환경 때문이었다. 지금 생각해 보면 너무나 부끄럽고 미안한 일이었다.

　형제들 중 두 명의 동생들은 일본에 가 있다. 그리고 서울에 2명이 있다. 그리고 부산에는 목회하는 부산 서동 금천교회 전경출 목사와 반여동 반여중앙교회에서 목회하는 전운출 목사가 있다. 그리고 개인 사업을 하는 전상출 집사가 부산에서 살고 있다. 이 책자를 빌어 정중히 사과를 드리고 싶어진다.

　서울에 있는 오빠 역시 그러하다. 올케(부산여고 한 해 후배 이길자)언니의 말에 의하면 결혼해서 두 사람이 함께 길을 가다가 오빠가 약국에 들어가서 (그 당시는 야구르트를 약국에서 매매함) 야쿠르트 2개를 사서 둘 다 자기만 마시고 가자고 하더라는 것이다. 지금 생각하면 여간 부끄러운 일이 아니지만 우리만을 챙기며 키워온 할머니의 교육 부재 때문에 생긴 병이었다. 그것이 당연한 줄만 알았지 성인이 되었어도 남을 생각할 줄 모르는 자기만 아는 그런 철부지였다. 그러다가 결혼해 보니 남편 역시 나만을 제일로 아껴 준 것이 사회생활 하면서 뒤늦게 나를 발견하는 우를 범하였던 것이다.

　우리를 아껴 키워주신 할머니에게도 고맙다는 인사 한 번 변변히 하지 못 하고 보낸 것 같아 죄송스럽다. 결혼할 즈음 어렵게 살았지만 항상 타인들로부터 인정만 받고 대접만 받으며 남편의 사랑만 듬뿍 받아온 나는 어려움을 결코 모르고 (생활에 전혀 불편이 없었으니까) 살아 왔었다.

　하지만 내 인생의 전반부는 호의호식은 아니지만 풍족하

게 살았음에도 불구하고 후반부는 그야말로 물질 때문에 고통받는 나날의 연속이었다. 그러니까 남편을 천국에 보내고 난 후부터 인생살이 특히 물질에 대해서 전혀 감각이 없었던 나는 혹독한 시련을 겪기 시작하였다.

그 첫 번째 여파가 부동산으로부터 왔다. 당감동 삼익 아파트가 처음 생기자 우리는 분양을 받았다. 그리고 계약금 480만원을 걸었다. 그런데 중도금을 계속해서 넣지 못하자 그만 계약이 취소되면서 계약금을 10원 한푼 못 건지고 날리고 말았던 것이다.

또 남편 생전에 부전동에 사둔 여관이 있었다. 남편은 아이들이 클 때를 대비하여 은행에 저금을 해 두는 것보다는 부동산을 사 두는 것이 낫다고 하여 부전동에 여관을 하나 샀었다. 그런데 여관을 샀던 값보다 훨씬 더 싸게 내 놓으면서도 그것이 팔리지 않아 너무 많은 시련을 겪었다. 여자의 몸으로 전체적인 내막도 잘 모른 상태에서 여관이 팔리기까지 그 고통과 어려움은 정말 눈물 없이 쓸 수가 없다.

물론 지금도 여유 있게 사는 편은 아니다. 하지만 아이 넷을 성장시키고 이제는 결혼하여 각각 가정을 이루도록 출가시켰으니까 어려움도 무척이나 많았다. 하나님은 철저하리만큼 물질로서 나를 연단시키셨다. 그럼에도 감사한 것은 고비 고비마다 고통은 많았지만 참으로 하나님의 은혜가 넘쳤다는 것이다. 하나님의 은혜가 아니고는 해낼 수 없는 날들이었다. 그 은혜 가운데서 항상 긍정적으로 처리하였고 주어진 여건 가운데 최선을 다하면서 살아왔다. 그리고 마음가짐을 낙천적으로 생각하는 훈련을 할 수 있었다.

'이 세상 모든 것이 다 일순간에 지나가는 것이다. 결국은 우리 모두가 빈 손으로 주님의 품에 들어갈 것이다' 라는 생각을 하니 하나도 두려울 것이 없었던 것이다.

자녀들 셋을 결혼시키기까지 참으로 잘 해 보내거나 많이 장만하지는 못하였지만 형식과 구색에는 손색이 없도록 흉내를 내며 혼사들을 치렀다. 이 어찌 하나님의 은혜가 아니겠는가? 살기에 다소 불편한 점은 있어도 우리들의 평화를 깨기에는 어려웠다. 왜냐하면 주님이 우리의 기업이라고 믿어졌기 때문이다.

지금도 22평의 공무원 임대주택에 나 혼자 살고 있다. 하지만 마음은 늘 부자이다. 고린도후서 6장 10절에서 바울이 권면하기를 "근심하는 자 같으나 항상 기뻐하고 가난한 자 같으나 많은 사람을 부요하게 하고 아무 것도 없는 자 같으나 모든 것을 가진 자로다". 하신 말씀이 곧 나를 두고 하신 말씀인 것이다. 지금도 나의 손에 두 개가 있으면 하나는 주고 싶어하는 마음이 늘상 있다. 이것도 하나님이 내게 주신 은사라고 생각한다. 이전에는 쉽게 그러지 못하였다. 이제는 스스럼없이 잘 주는 편인 것을 보면 부자라고 자부하고 싶다.

또 사람들은 남편 없이 혼자 외롭지 않느냐고 말한다. 외로운 자 같지만 난 결코 외롭지 않았다. 늘상 예수님께서 나의 남편으로 항상 나의 곁에 계심을 느꼈기 때문이다. 나의 기도 중에 항상 대화의 대상이었기 때문이다. 대화가 없다면 외로웠을 것이다. 근심하지 말라고 말씀하셨기 때문에 근심 보다는 기도 중에 기쁨을 얻을 수 있었던 것이다.

기도하다 보면 오히려 학교에서 어려움을 만난 선생님들 이나 학교를 위해 더 크게는 국가와 나의 이웃을 위해 늘상 중보기도 하고 있는 나를 발견하기 때문이다. 그들에게 물질 로 도움을 크게 못 주어도 기도로 남을 돕고 있다고 자부하 는 마음이 생긴 것이다. 그래서 그런지 결코 고독한 경향도 없고 늘상 바쁨과 분주함 가운데 마음에 여유로움을 잃지 않 고 사는 것이다. 결코 가난이 나의 평강을 빼앗아 가지는 못 하는 것을 경험하였다.

그렇게 기뻐할 수밖에 없었기에 남들은 내가 나이에 비하 여 늙지 않다고 하는 것이다. 그 말은 결코 우연에서 생긴것 이 아닌 것 같다. 기쁨의 삶이 알파뇌파를 발생시키기 때문 이다. 알파뇌파는 젊고 건강하게 산다는 증거이기 때문이다. 남편이 돌아가신 후에 어쩔 수 없이 자녀들에게 제대로 못해 준 것이 마음에 남아 있지만 이들에게는 더 할 수 없는 인생 의 좋은 경험이었으리라 생각된다. 고통의 경험은 결코 두 번의 고통 그보다 더한 고통을 예방하는 치료제였다고 믿는 다.

교사시절 수업을 진행하다 보면 준비물을 제대로 갖추지 못해 학교로 오는 학생들이 간혹 있었다. 그럴 때면 나는 속으로 그 학부형을 판단하고 정죄했다.

'아니, 자기 자녀 학교 가는데 준비물을 챙겨 보내지 않는 학부형이 어디 있단 말이냐?'

교사라는 사람이 그렇게 생각했으니 편견을 버리고 교육을 할 수 있었을까? 하지만 물질의 고통을 이십여 년 받고 나니 준비물을 챙겨오지 못하는 아이들과 그 부모들을 이해하는 마음이 생기는 것이었다. 지금도 그런 종류의 학생들이 있을 수 있다고까지 이해하게 되었으니 이제야 철이 든 셈이다. 또 이혼하여 짝 잃은 가정의 자녀들을 볼 때 공감대를 가질 수 있게 된 것도 내 아이들의 처지를 생각하면서부터이다. 이젠 짝 부모 밑에 있는 그들에게 함부로 대하는 오류를 범하지 못 하게 되어진 것이다.

요즈음 전학 오는 학생들의 특징이 있다. 정상적인 전학보다는 가정의 파탄으로 인해 불가피하게 전학 오는 학생들의 비중이 높아진다는 것이다. 특히 이혼으로 인해 가정이 어려워지는 경우가 많은 것 같다. 이러한 사실은 교육상 큰 문제 중의 하나로 떠오르고 있다. 부모 없이 자라는 아동, 이혼하여 재혼한 부모 밑에 자라는 아동 등 결손 아동들이 점점 많아진다. 하지만 홀어머니로 자식을 키우면서 깨달은 것 하나는 비록 문제가 있는 가정이라도 기도하는 어머니가 있는 가정의 자녀들은 망하지 않는다는 것이다. 그래서 나는 이 아이들을 바라볼 때마다 그들의 부모를 전도하여야겠다고 결심한다. 하지만 한번도 실천해 보지 못하였다.

　나에게 남편의 죽음을 통하여 믿음을 주시고 물질의 연단
을 통하여 인생을 사랑하게 해주신 하나님을 점점 깨달아가
면서 느끼는 내 삶의 호흡이 기도와 전도인 것이다.

폭풍도 잠잠케 하시는 하나님

- 나를 통하여 하나님께서 살아계심을 나타내도록
하여 예수님의 섬김을 실천하는 일이 나의 남은 몫이라고 생각한다. -

하나님을 믿으면 하나님께서 친히 그 길을 주장하시고 기도하면 이루신다는 것을 확실히 믿게 된 것은 요 최근의 일이다. 예수를 안 지가 50여 년이요, 믿기로 작정한 지가 20여 년이 넘어가는데 이제야 깨달았다니 나도 이스라엘 백성들처럼 마음이 완악한가 보다.

나는 1999년 9월 1일 자로 부산 가야초등학교로 임지를 옮기게 되었다. 가야초등학교는 동부교육청 관할에서 가장 큰 학교 중 하나로 52학급이 되며 직원은 급식소까지 포함해서 80여 명이 된다.

전 임지 학교는 14학급이었던 것에 비하면 4배가 더 많은 곳이다. 내가 오고 싶은 학교였다. 아니 오고 싶다고 하기보다는 하나님께서 원하는 곳으로 오길 바랬다. 왜냐하면 지금의 학교는 어린이를 2134명 정도 수용할 수 있는 큰 강당이 있었고 이곳에서 내가 출석하고 있는 가야 성안교회가 강당을 빌려 주일예배를 1,2부 오후 예배를 드리고 있었기 때문이다.

우리 교회는 부산시에서 주관하는 수정산 터널공사로 하여 교회 본당이 거의 다 철거를 당하여 교회를 새로이 지을 수밖에 없는 처지가 되었기 때문이다. 그래서 교회를 새로 짓기 위해 준비중이었다. 하지만 교회 부지는 선정되었지만 예배처소가 없어 여러 곳에 예배 장소를 물색해 왔다. 하지만 종교적인 이유로 번번히 빌릴 수가 없었다. 주일 평균 예배인구가 1300명은 넘었기 때문이다.

마침 내가 첫 발령을 받았던 가남초등학교는 가야초등학교와 같은 1지구에 속하여 전임 교장을 알게 되었기에 교회 측에서는 여러 번 절충하였지만 강당을 빌리지 못한 상태였을 때 나는 직접 건축위원장 장로님과 함께 찾아가서 사정애기를 하고 월 100만원씩 임대료를 교육청에 드리기로 하고 (결국 그 돈은 학교로 돌아오긴 하였지만...)강당을 빌릴 수가 있었다. 마침 전임 교장님도 하나님을 믿는 분이었다. 그렇기 때문에 특별한 배려와 이해하심으로 빌릴 수가 있었다. 어려운 여건도 있었지만 용단을 내려 빌리는 과정 중에 가야초등학교에 교장으로 부임했으면 하는 소원을 하나님께 기도한 것이다. 학교에 무례히 이것저것을 요구하면서 부탁하기에는 무리가 있었기 때문이다. 물론 전임교장께서 교회를 위해 온갖 예우를 다해 주셨지만 그래도 한계는 있었던 것이다.

솔직히 주일 낮에 학교 문을 닫는다고 해서 다른 사람이 안 쓰는 것도 아니고 이곳 저곳에서 빌려달라고 하면 어쩔 수 없이 특별한 일이 없는 한 빌려줄 수밖에 없을 처지인데 교회에서 빌려쓰게 되면 청소며 뒤치닥꺼리가 남게 되는 것은 사실이 아닌가? 하지만 교회에서는 오히려 쓰지 않을 때보다 더 정성껏 관리 해 주고 있는 것을 학교측에서 목도하게 된다.

기도하면 응답해 주시는 하나님의 섭리를 늘상 깨달아왔지만, 결국 기도하던 대로 가야초등학교에 부임하게 되었다. 막상 가야초등학교에 발령받고 보니 가남초등에서의 소문과 나를 이 학교에 오게 하신 김영재 운영위원장의 힘이 컸던 것을 알게 되었다. 우리 교회 윤장운 목사님께서도 그렇게 많이도 기도하셨던 것이었다. 내가 부임해 와서는 그간 교육청에 들어갔던 임대료도 나오게 되어 이것저것 학교의 낡은 부분을 새롭게 정비할 수 있게 되는 데 도움도 되었다.

게다가 이 곳 가야초등학교에는 세 번째 부임한 곳이다. 첫 번째는 애송이 교사 시절이고, 두 번째는 이곳에서 연구사 자격으로 어린이 회관에 발령을 받게 되었고, 세 번째는 교장이 되어 찾아온 것이다. 그래서 내 고향 같은 학교인 것이다. 나는 고향집을 개축하듯이 날마다 새벽기도회에 나가서 하나님께서 이 학교를 지켜주실 것과 하나님께서 주시는 아이템으로 학교를 실제로 운영하고 있는 것이다.

간혹 학교 경영의 신선함에 격찬을 해오시는 학부모님과 동료들에게 새벽기도회에 나가서 하나님께 아이템을 구한다고 말을 한다. 그렇지만 교회는 2년 간 공기가 필요한데 전임교장은 교회가 강당에서 예배 드린 지 6개월 만인 98년 9월1일자로 정년 할 수밖에 없게 된 것이다.

윤 목사님과 교인들의 간절한 기도의 결과로 내가 가야초등학교에 부임하게 되었고, 교회도 건축기간 동안 불편한 점은 있었지만 예배에 큰 어려움 없이 지내올 수 있었던 것이다.

솔직히 불신 교장이 부임해 와서 죽어도 학교 건물을 예배처소로 빌려줄 수 없다고 하면 어쩔 수 없는 일이기 때문이다. 가까운 사상교회는 사상초등학교에 주일 낮에 운동장에 주차 요청에 번번히 실패할 수밖에 없는 처지이고 보면…. 우리 교인들은 의자에 앉아 예배드리지 못하고 강당에서 드리기가 여간 불편한 것이 사실이었지만 이러한 곳에 "여호와의 이레"로 예비해 주심에 감사드리고 어찌할 바 몰라 기뻐하였다. 게다가 막상 내가 이곳에 부임해 오니 같은 운동장을 밟아도 내 집을 딛는 기분이라고 더 더욱 좋아 하셨다.

가야 성안교회 윤장운 목사님께서는 내게 주신 하나님의 지혜라고 늘 말씀하곤 하신다. 전교 조례 훈화시간에 나는 학생들에게 하나님께서 기도 응답을 해주신 사실을 자랑스럽게 얘기할 기회가 있었다.

2000년 추석 전후해서 유달리 태풍이 많이 북상해 왔었다. 1960년 부산지방에 불어왔던 사라호 태풍과 같은 무서운 태풍이 불어 와 부산 경남 일대를 강타한다는 뉴스가 들려왔다. 추석은 즐거운 명절이었지만 어렵고 가난한 자들에게는 결코 그렇지 못한 것이다. 게다가 부산 경남지방은 추석에 큰 피해는 안 될 말이었다. IMF로 인해 삼성차, 어시장파동, 금융대파란 등 갖가지 어려움이 있었기 때문이었다. 그런데 또 태풍까지 휩쓸고 지나간다면 부산의 내일은 어떻게 될지 기약을 할 수 없다고 생각이 들었기 때문이다. 그래서 나는 엘리야와 같은 심정으로 그 밤, 추석 전 날 하나님께 기도하였다.

"하나님, 저는 큰 믿음이 없습니다. 그러나 당신의 백성들을 생각해 보십시오. 이 백성들이 참으로 어려운 지경에 놓여 있습니다. 긍휼히 여기시고 살려주소서. 이 밤 태풍이 우리나라를 빠져나가도록 하나님의 손으로 역사하여 주십시오."

거의 밤이 맞도록 기도를 드렸다. 그리고 얼핏 잠이 들었다. 그런데 아침에 일어나 보니 하늘 한쪽이 파란색이 보이는 것이 아닌가? 얼른 TV를 보니 태풍이 우리 나라를 빠져나갔다는 것이다. 참으로 폭풍도 잠잠케 해 주시는 하나님의 능력을 실감하게 된 것이다. 나에게 어떤 능력이 있다기 보다는 믿음의 기도는 역사하는 힘이 강하다고 하셨고, 나를 통해 이기도록 하게 하시고, 그 응답을 약 2000여명 학생들에게 훈화를 통하여 들려주게 된 것이 얼마나 자랑스러웠는지 몰랐다.

이번 운동회 때에도 받아논 날짜가 있었다. 그런데 관상대에 문의해보니 갑자기 비 올 확률이 40%가 된다고 하였다. 나는 순간 기도하지 않을 수 없었다. 그래서 이 사실을 선생들에게 알리고 우리 다 함께 기도하자고 부탁하였다. 정말 당일이 되어 맑게 개인 하늘 아래서 운동회를 성황리에 치를 수가 있었다. 선생님들은 이러한 나를 놀리듯이 질문한다.

"교장선생님, 오늘도 기도하셨지요?"

그러는 가운데 근래에 들어서 대외 행사에서 학생들이 상을 받아 오는 일이 잦아졌다. 최우수, 금상, 단체상, 1위 등을 많이 받아와서 시상식을 조례 때 하게 되니 운영위원회와 학부모님들이 이렇게 말한다.

"우리 교장선생님께서는 기도를 많이 하시기 때문에 학생들이 대회에 나갔다 하면 상을 받아 오잖아요."

교장선생님이 오시고 난 뒤 줄곧 좋은 일이 많이 일어난다고 하나님께 영광을 돌려지고 있는데 이제 이들에게도 나를 통하여 하나님께서 살아계심을 나타나도록 하여 전도하는 일이 나의 남은 몫이라고 생각한다.

매사에 도우시는 하나님의 능력을 순간 순간 의지하면서 더 더욱 겸손히 한 학교의 경영자로 세워주신 하나님을 높이고 싶다.

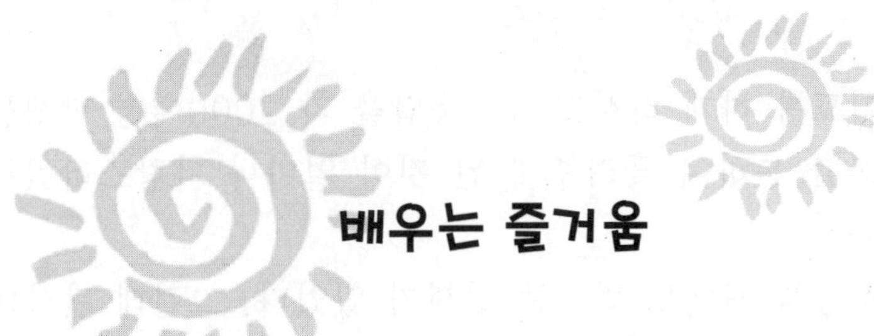

배우는 즐거움

나는 일생을 선생으로 살았다. 하지만 좋은 교사로 남기 위해서 나 역시 배우는 학생이 되지 않으면 안되었다. 인생은 일생 동안 배워야 한다고 했는데 나의 인생을 돌이켜 볼 때 그것은 진리인 듯하다. 나는 교사이지만 항상 배우는 자리에 앉아 있는 학생이기도 했기 때문이다. 병든 조개만이 진주를 품는다고 한다. 불에 달군 쇠가 단단하듯 시련을 겪은 사람이 큰 성공을 약속받는다고 한다.

일본에서 있었던 이야기이다. 한 광고회사에서 아르바이트생을 고용하여 광고 카피를 맡겼다. 물론 처음부터 큰 기대는 하지 않았다. 소질만 발견된다면 채용해서 교육을 시킨다는 생각에서였다. 그런데 이변이 일어났다. 한 학생이 작성한 광고문안이 기존 카피라이터보다 훨씬 좋았던 것이다.

사장은 당장 정식 채용하겠다고 했다. 보수도 흔쾌히 주었다. 계속 많은 관심을 기울이며 지켜보았는데 사장은 곧 실망한다. 재질이 특출한 것으로 인정했던 그가 회사에 정식 채용되자 그토록 독창적이던 카피가 나와주지 않는 것이었다.

그에 대한 기대가 컸기 때문에 사장은 그때까지도 미련을 버리지 못하고 사람을 시켜 학생의 생활환경을 세심히 알아보았다. 그랬더니 다 찌그러져 가는 판자 집에서 부양해야 되는 가족도 많다는 사실을 알았다. 그래서 회사의 아르바이트를 하지 않을 수 없는 절박한 환경에 있었던 것이다. 이를 안 사장의 뇌리에 하나의 영감이 떠올랐다.

사장은 "여보게, 자네는 오늘부터 예전처럼 아르바이트로 우리 일을 해주게. 좋은 카피는 언제나 받아들이지."라고 제안했다.

결국 그는 다시 아르바이트생으로서 광고문안을 작성하게 되었다. 그러다 보니 생활은 예전처럼 어려워졌다. 그러자 학생은 다시 전과 같은 놀라운 재능을 발휘하기 시작하는 것이었다. 그 결과 일본 상업계에 손꼽히는 카피라이터로 성공했다. 시련이 그를 만들었던 것이다.

시련이 사람을 만든다는 것도 내가 고난을 당하기 전까지는 이해하지 못하는 말이었다. 때로는 아이들에게 때에 맞는 견책이 그래서 필요한 것이라고 이론적으로는 알았지만 내가 그 일을 겪기 전에는 알지 못하였다. 그러한 나를 알고 하나님은 수많은 연단을 내게 가해 오셨던 것이다.

이제는 조용히 집에 앉아 여생을 즐겨야 할 나이에 난 여전히 피교육생이 되어 연수를 받고 있다. 보라매 공원에서 청소년 상급 과정 연수를 120 시간을 받고 왔다. 좁은 의자, 비좁은 좌석, 나는 키에 비해서 다리가 길어서 발이 매우 불편한 터였다. 그 탓인지 어제 밤에는 관절이 다시 부어오르는 것 같았다. 거기에다가 등 어깨 근처에는 찜질을 해야 할 정도로 아팠다. 숙소로 돌아와 찜질을 하고 나면 다소간 고통이 줄어지는 것 같았다.

내 옆 좌석에 교감은 앉자마자 졸기 시작하더니 하루 종일 졸고만 있었다. 나는 놓칠새라 다시 책 1권을 다 읽기에는 시간도 이해도 늦을 것 같아 열심히 듣고 기록하였는데 간간이 눈을 뜨고는 나보고 무얼 그리 열심히 쓰느냐고 물어왔다. 그렇게 살면 스트레스가 안 쌓이느냐고. 나는 정작 이렇게 공부하고 쓰고 들어야만이 스트레스가 풀리니 그것도 참으로 나에 대한 정답이라고 느꼈다. 배우고, 익히고, 공부하고, 쓰고 해야 만이 나의 모든 불편과 불안이 가라앉으니 말이다.

나는 머리를 길게 풀고 드라이해서 긴 까만 투피스를 입고 갔다. 그리고 화장도 정성 들여 했더니 그간 처음 만나게 되는 몇몇 분들이 나를 보고 예뻐지고 너무 많이 달라졌다고 하신다. 그리고 스타일도 많이 변했다고. 어떤 여 교감은 나보고 "교장선생님 매우 멋쟁이라던데 정말 그렇다"고 말해

 교장 田博子권사의 정금같은 이야기

주어서 나는 그 어느 말보다 듣기 좋았다.

사실 나는 매사에 멋있는 사람이 되고프다. 외모도 마음도 지식도 인격도. 그렇지만 모두가 낙제생이 아닌가. 이틀 간 서울에서 받은 연수 성적이 생각보다 형편없어서 나는 매우 놀랐다. 순간 이수증을 찢고 싶은 마음이 솟구쳤다. 나는 조용히 눈을 감았다.

"이 모두를 하나님께서 하셨는데 내가 불평을 하다니…" 나는 불평을 멈추고 감사를 드렸다.

그래도 내내 솟구치는 감정을 억누를 수가 없었다. 아무리 잊으려 해도 기억해야 될 것은 기억이 안되고 잊어도 된 일에 대하여는 자유함을 누르지 못하는 자신에 안타까울 정도로 우울해져 왔다. 열흘 간 연수를 위해 나는 많은 준비기도를 드리고 갔었다.

1. 연수 결과가 최고가 되기 위하여

2. 그리고 건강하게 연수받기 위해서

3. 하나님 은혜 가운데 연수받도록

4. 금식 중인데 이 일도 단체행동에서 어떻게 수용해야 할지....

그런데 점수만이 응답이 안되었다. 모두가 은혜 가운데 건강하게 인기 절정으로 연수를 받게 되었고 마치고도 우용, 옥순, 오빠네 집 등 세 군데에서 많은 도움과 풍성한 대접을 받고 즐겁게 부산으로 내려왔는데....

내가 너무 자랑과 교만으로 나를 나타내었는지 반성이 되어서 곰곰이 생각하는 시간을 가졌다. 나는 그 어려운 여건 가운데 아침 한 끼의 금식과 새벽에 일어나 1시간 이상 기도와 그리고 최선을 다해 연수를 받았는데 말이다. 그리고 전국에 106명 가운데 8명 발표자 중에 내가 발표를 하였고 기록자로 수고도 하였는데 아무리 생각해도 이해가 안되었다.

객관적인 판단으로도 모두가 우리 부산팀에서도 나보고 연수성적 1위라고 당연히 인정을 해주고 그렇게 소문도 났는데 말이다. 어이없는 결과에 나는 펑펑 울고 말았다. 나를 보내주신 분과 부산 교육청, 학교 등 나 자신보다 이런 분들에 대하여 부끄럽기 짝이 없었다.

사실 따지고 보면 아무 것도 아닌 일에 나는 분노가 솟구쳤다. 하나님께도 따지고 싶었다. 그러나 나는 하나님께서 하셨는데 나를 통해 하시고 싶은 말씀이 있을 것이라고 해놓고도 마음은 또 피식 헛웃음과 조소가 넘쳤다. 마음 같아서는 당장이라도 서울로 뛰쳐 가서 그 모든 것을 따지고 싶었다. 그런데 나는 하나님께서 허락하신 이 모든 일을 그르칠 수가 없다고 이틀 간 연수받으면서도 서울에서 연수받았던 사람들을 만나고 싶지 않아서 억지로 피해 다니다시피 했다. 아무에게도 말하고 싶지 않았는데 안락초등학교 최 교감에게서 전화가 왔다. 성적이 어떠하냐고 나는 100점이라고 농담으로 주고받으면서 들으니 최 교감은 90점 받았다고 투덜거렸다. 얄팍한 감정에 웃고 우는 게 인생인가 보다. 최 교감이 나보다 몇 점이라도 덜 받았다니까 내 억눌린 감정이 다소간 풀어졌다.

왜냐하면 동래 교육구청에서는 2명 간 사람보다 내가 나았다는 생각 때문이었다. 아! 비열한 자신의 감정에 "오라! 곤고한 자라"고 외친 바울의 탄식을 나도 깊이는 다르지만 할 수밖에 없었다. 가르칠 때와는 딴판으로 나는 배우는 일에는 이처럼 강한 집착을 보였다. 그러한 공부에 대한 열정은 신학대학원을 다닐 때도 마찬가지였다.

"승자는 시간을 관리하며 살고 패자는 시간을 끌며 산다." 난 늘 이 경구를 되뇌이며 살았다.

"지혜로운 사람은 그 집을 세우되 미련한 사람은 자기 손으로 그것을 허느니라."

내 인생을 일분일초라도 헛되이 쓰지 않기 위해 그리고 공부하기 위해 그렇게 애쓰며 뛰어다녔다.

멋스러운 삶도 뒤로하고 또 생활고로 매우 어려워서 아이들도 내면의 삶은 뒷전으로 미룬 채 살기는 하였지만, 나는 대학원을 다니면서 1, 2, 3년 모두 장학금을 타게 되었다. 성실하게 어려운 시간을 쪼개면서 살아온 보람이 있었던 것이다.

그리고 나는 그 장학금을 나를 위해 쓰지 아니하였다. 신대원에는 너무나 어렵게 공부하는 학생들이 많았기 때문이다. 나도 역시 어렵지만 개인적인 힘이 되어주기 위해 그것을 기꺼이 포기하였던 것이다. 그리고 3학년이 되었다. 그런데 뜻하지 않게 원우회장이 되었다. 그래서 더욱 내 것들을 학교와 학생들을 위하여 바쳤다.

그런데 너무 감사한 것은 우용이도 민경이도 장학금을 받았던 것이다. 그 아이들 역시도 자신의 장학금을 다른 사람을 위하여 주기도 하였다. 어렵게 자랐어도 욕심부리지 않는 그들이 너무 대견하였다.

식구가 많아 항상 궁핍한 생활이었다. 그러니 어쩔 수 없이 절약이 몸에 배었다. 예전에 입던 옷은 단추만 바꾸면 새 옷이 되기도 했다. 때로는 옷깃 부분만이라도 바꾸어 입으면 세련되기도 했다. 그렇게 해서 애들을 입혔다. 또한 예쁜 악세사리 하나만 있으면 얼마든지 못난 부분을 변화시켜서 깜찍하게 입고 다닐 수가 있도록 하였다. 가난은 불편하지만 그렇다고 해서 부끄러운 것은 아님을 나와 아이들은 몸으로 터득하고 있었던 것이다. 참으로 나는 나이가 들면서 더 많은 것을 배웠다. 학교에서 배우는 공부도 많이 했지만 인생의 현장에서 배운 것들이 더 값진 공부가 되었다.

남편이 돌아가신 후로 나는 화장품을 쓰지 않거나 쓰더라도 가장 싼 것을 사용하여도 피부를 선천적으로 아름답게 주신 부모님께 감사를 드린다. 그래서 그런지 동료들이나 학부모들이 나를 멋쟁이라고 불러만 주면 싫지 않았다. 나는 여성이면 여성다운 멋이 있어야 한다고 생각하는 사람이다. 내가 관리자인 교장이라지만 가정에 가장이라는 신념과 의지는 강하지만 항상 부드러움을 잃지 않도록 살아간다. 부드러운 갈대를 꺾는 것이 딱딱한 소나무 가지를 꺾는 것보다 어렵기 때문이리라. 선생님들도 내가 한번도 큰소리를 들어 보지도 아니하였겠지만 조용히 말을 해도 경영에 허점이 드러나 보인 적은 결코 없었다. 언제나 자율과 책임을 강조한 탓이긴 하였지만 자율이 지시 일변도보다 한 수 위인 지도 방법이었으리라.

"사랑하는 엄마에게!!"

- 우리의 기도에 가장 민감하신 분이 하나님이심을 나는 믿는다.
엄마의 기도는 봄비가 내리듯 하나씩 둘씩 우리에게 응답 되어갔다. -

나의 사랑하는 엄마 - 내가 너무 존경하고 좋아하는 분.

그분에 대해 작은 지면으로나마 나의 마음을 다 쓸 수 있을까? 글재주가 있었다면 언젠가 내가 직접 엄마의 자서전을 쓰고 싶었다. 내게 예수 믿는 삶에 있어서 결단코 어려움은 있어도 실패가 없음을 가르쳐 주셨다. 작은 체구에서 뿜어내는 예수에 대한 사랑과 예수에 미쳐 사시는 모습은 어느 곳에서나 내 자랑이다.

결혼한 후 여자들이 친정엄마를 생각하면 목 매이지 않을 사람이 거의 없겠지만 난 어려서부터 엄마를 생각하면 언제나 눈물이 났다. 어려서부터 봐온 나의 엄마는 철인 같은 억척같은 분이셨다. 새벽기도를 다녀온 후 통통 부은 눈으로,

그러나 걱정 없는 얼굴로 우리를 모으시고 가정예배를 철저히 드렸다. 그 땐 그랬다. 엄마가 아침 금식하는 것은 당연한 것이었다. 밤에 엄마가 철야 드리러 교회 가는 것은 너무 당연한 것인 양 나와 언니는 생각했다. 아침 가정예배는 왜 그리도 긴지… 찬송 2곡과- 또 은혜로우면 (엄마에게서) 또 다시 1절부터- 기도, 성경 읽기와 엄마의 설교 마지막으로 우리 하나를 향한 엄마의 외침-울며, 또 울며 엄마는 뭐가 그리도 하나님을 생각하면 할말이 많은지 기도는 끝이 없었다. 그 동안 적어도 나는 졸다가 내 이름이 나올 쯤 되면 눈이 잠깐 뜨였다가 "예수님 이름으로 기도합니다" 라는 소리가 들리면 어김없이 의식적으로 깨어서 아멘 하고 모두 주기도문으로 예배를 마쳤다.

아무 일도 없는 듯 엄마는 눈물을 닦고 엄마와 우리는 학교를 향했고 각자 흩어졌다. 엄마는 초등학교 1학년 때-아빠가 하늘 나라에 가신 그 해-나의 담임 선생님이기도 했다. 나는 학교에서 엄마를 선생님이라고 불렀고, 나라고 다른 아이들보다 더 잘해주신 적은 없으셨다. 엄마는 프로이셨다. 한번은 짝지랑 쉬는 시간에 열심히 놀다가 쉬는 시간을 훌쩍 넘겨버려 우리가 교실에 돌아왔을 때는 벌써 수업이 한창 진행 중이었다. 엄마는 나와 짝지의 엉덩이를 과감히 그리고 아프게 때리셨다. 나와 엄마 사이를 아는 아이들은 모두 눈이 똥그래져서 한참을 멍하게 지켜보았다.

엄마는 언제나 이렇게 공평한 분이셨다. 당신의 자녀라고 특별한 대우를 받은 적이 없는 듯하다. 교회에서나, 학교에서나 어디서도... 그렇게 나를 가르치셨기에 내게 공정과 공평이란 단어를 익숙하게 몸에 배기도록 하신 것 같다. 그 후 다른 학교로 전학갔었는데 그때도 엄마랑 1년 정도 같은 학교에 있었다.

내가 초등학교 5학년 때이다. 학교랑 집과의 거리는 걸어서 30여분 정도였는데 엄마랑 이런 저런 이야기를 하며 학교 가기에 충분한 거리였다. 그 때도 여전히 우리 집의 가정 형편은 너무 어려웠던 것 같다. 큰 언니가 갑자기 온 가난과 가정의 어려움으로 엄마를 너무 어렵고 힘들게 했었고, 오빠, 작은언니, 나까지 줄줄이 공부하는 중이기에 경제적으로 엄마에게는 조금의 현금이 없었던 것 같다. 내가 눈에 볼 수 있었던 건 집안문제뿐이겠는가? 학교에 가면 선생님으로서의 힘든 상황들이 있었을 것이고, 집안의 가장으로서 사회인으로서의 작은 것에서부터 아빠가 돌아가신 때부터의 부채로 여기저기서 엄마를 힘들게 하는 것이 없었겠는가? 하지만 엄마와 함께 학교로 향할 때 엄마는 한번도 힘들어하시지 않았다.

엄마는 늘 그런 분이셨다. 아무리 큰 어려움과 걱정이 있으셔도 내게 "범사에 감사하자"라 말씀하시며 웃으시는 분이셨다. 그리고 그 길을 가는 동안 내게 평생동안 잊혀지지 않는 것을 많이 가르쳐 주셨다.

"엄마, 나도 빨리 커서 엄마보다 더 클 거야." 엄마는 빙

그레 웃으며 "민경아, 그래 많이 커라. 하지만 엄마도 크고, 너는 더 커라 알았지?" 나는 한동안 멍하니 있었다. 남보다 더 앞서는 것이 아니라 엄마는 자신과 남이 함께 성장하는 방법에 대해 말씀해 주셨다. 이 말씀은 살아가는 동안 내가 친구나 사람들을 만날 동안 언제나 떠나지 않는 지침이 되었다. 남도 자라고 나도 더 자라나는 함께 성장하는 사람으로 만들기를 말이다. 그리고 세 사람이 길을 가는 동안 가운데 있는 사람은 잘하는 사람을 보고도 나도 저 사람처럼 잘해야지 하고 배우고 못하는 사람을 보면서도 나는 저렇게 안 해야지 하며 배운다고 가르쳐 주셨다. 이렇듯 엄마랑 가는 길은 내게 많은 것을 배울 수 있는 행복한 시간이었다.

어렸을 때 가정형편이 어렵지 않으신 분이 없으셨겠지만 나 역시 참으로 어려웠던 것으로 기억된다. 반찬이 2개 이상 있은 적이 거의 없었던 것 같다. 고추장 찍어서 밥 한 끼를 넘긴 적도 많았고, 수제비도 수도 없이 많이 먹었다. 삼양라면 5개 1봉지에 들어있는 그 라면을 살 수 있는 450원이 생기면 작은 언니와 나는 너무 행복했다. 그래도 다행히 엄마의 잘 아시는 분중에 쌀가게를 하시는 분이 있으셔서 쌀이 떨어지면 외상으로도 밥을 먹기도 했었다. 외상 심부름은 언제나 큰 언니에서 오빠, 오빠에서 작은 언니, 그러다 결국은 꼭 내 차지가 되었다. 참 싫었다. 그래서 지금 주부가 된 나는 외상할 때도 없지만 외상을 하지 않는다. 그리고 카드 사용도 하지 않는다. 어렸을 때의 그 기억이 내게는 참 창피했었던 것 같다.

언젠가(중학교 2학년 때로 기억된다)는 우리 집에 혼자 있는데 집 가까이에 사시는 목사님이 찾아오셨다. 커피와 음료수, 과일이고 아무 것도 집에 없었다. 언제나처럼…… 무언가를 대접해야 하는데 어떻게 해야지 하고 걱정하고 있었다. 목사님께는 정말 아무 것도 드리지 못하고 잠깐 기도만 하시고 나가시는 것을 바라볼 수밖에 없었다. 이런 어려운 시절이 내게는 감사의 제목이 된다. 어렵게 사시는 분들을 보면 함께 울 수 있는 진정한 눈물이 있기 때문이다.

어느 날 새벽에 새벽기도를 다녀온 후 엄마는 그제서야 집에 쌀이고 뭐고 아무 것도 없는 줄 아셨다고 한다. 엄마가 그 때 네 자녀들과 할머니를 바라보며 뭘 생각했겠는가? 엄마는 기도하며 아무 말 없이 골방에 들어 가셔서 하나님께 꺽꺽 우셨다. 철없었던 나는 엄마가 왜 우는지, 무엇 때문에 또 그리도 슬픈지 전혀 알지 못했다. 한참을 기도하셨을 때 누군가 우리 집 문을 두드렸다. 아침 이른 시간이었다. 밖으로 나가 보니 웅변 잘 하는 오빠를 매우 사랑하는 오빠 후배 어머니가 들고 온 케이크였다. "선생님, 이것 드세요"하는 것이었다. 엄마는 밝은 얼굴로 "아, 참 감사합니다. 정말 고맙습니다."라고 말씀하시고 정확한 시간에 정확하게 응답하시는 하나님께 감사 드렸다. 그리곤 우리보고는 이렇게 말씀하셨다.

"애들아 하나님이 오늘은 너희들에게 양식으로 아침을 먹

으라고 케익을 보내주셨다. 너무 감사하다. 자 우리 감사하
며 식사기도를 드리자."

그때까지만 해도 우리는 어머니가 왜 그렇게 감사하다는
말씀을 자주 하셨는지 잘 몰랐다. 그 날 아침 쌀독에 쌀이
없었다는 것을 아무도 몰랐기 때문이다. 가난했지만 그러한
어머니의 넉넉한 가슴 속에 안겨 살았기 때문에 우리는 어려
움을 모르고 자랐다.

밤마다 기도하시는 엄마는 날씨가 괜찮은 날에는 그래도
견디실 수 있었지만 추운 겨울이나 습기 찬 날에는 건강이
걱정될 정도로 차가운 바닥에 무릎꿇고 기도하셨다. 그러한
엄마가 있었기에 우리는 아빠가 안 계셔도 어렵지 않았던 것
이다. 물질적으로는 풍족하지 못했지만 마음은 부자였고, 많
은 사람들의 사랑을 받으며 살게 해주셨다. 엄마는 항상 날
위해 이렇게 기도해 주셨다.

"하나님! 우리 민경이 하나님과 사람에게 사랑받고 인정
받게 해 주십시오. 건강 주시고 세상에 나갈 때에 머리가 될
지언정 꼬리가 되지 않게 하시고 하나님만을 사랑하는 딸이
되게 해 주세요."

대학교 다닐 때에는 집이 먼 믿지 않는 친구가 간혹 우리
집에서 자기도 했다. 그런데 엄마는 그러한 친구를 위해서도
나를 위해 기도하시던 그 내용대로 기도해 주셨다. 그런 기
도 세례(?)를 받은 친구는 어느 날 학교에 가는 버스 안에서
내게 고맙다는 말을 하였다. 자기 집안에서도 받아보지 못한

관심과 사랑에 감격을 한 것이다. 그 친구는 학교에서 다른 친구들과 모임에서 민경이 어머니가 간절히 해 주던 기도를 자랑하곤 했다. 나는 늘 이런 기도를 받으면서 자랐다.

난 이제 두 아이의 어머니가 되었다. 내가 엄마로부터 배운 이 기도를 자녀들에게 써먹고 있다. 내 아이들도 엄마의 기도와 같이 하나님과 사람 앞에서 사랑 받고 세상에서 머리가 될지언정 꼬리가 되지 않게 해 주시고 하나님만 사랑하며 살아가는 자녀들 되게 해달라고 말이다.

그날도 엄마는 추운 교회 마루에서 기도하고 계셨다. 기도하다가 잠이 드셨나보다. 너무 추웠지만 아무도 없는 교회에서 몸을 계속 움츠리며 "하나님, 너무 춥네요"라고 말씀만 하셨다고 한다. 그리곤 피곤에 지쳐 잠시 잠에 빠져들었다고 하신다. 그 때 누군가가 너무 따뜻하고 너무 가벼운 이불을 폭 덮어주시는 것을 느꼈다고 한다. 너무 따뜻하고 좋지만 잠이 쏟아져 고맙다고 인사를 할 사이도 없으셨던 것이다. 한참을 자고 이제 새벽 기도하러 일어나야지 하고 눈을 뜨셨다. 그리고 이제껏 덮혀 있던 이불을 개려고 보니 이불이 안 보이시더라는 것이다. 이상한 체험을 한 것이었다. 하나님의 품이라고밖에 할 수 없는 체험을 통해 그 밤 감기도 걸리지 않고 무사히 철야기도와 새벽기도를 하실 수 있었다고 한다. 그 새벽 특별한 사랑을 주신 하나님께 뜨거운 감사의 기도를 드렸다고 한다.

이러한 어머니는 우리에게도 기도를 가르쳐 주셨다. 하나님은 언제나 우리 기도를 듣고 계시고 우리에게 언제나 가장 좋은 것을 주신다고 말씀해 주셨다. 그러나 나는 이 말씀을 언제나 들었지만 한두 번 원망한 것이 아니었다. 언니로 인해 매일 매일 엄마가 울며 하나님께 매달릴 때 나는 하나님께 기도했다.

"왜 하나님은 이렇게 간구하는 엄마의 기도에 빨리 응답해 주지 않으세요? 제발 엄마의 기도로 저희 모두의 기도로 우리 가정이 평안해지길 바랍니다."

1년을, 2년을, 5년을, 10년을, 20년을 지금까지 엄마는 우리를 위해 매일 밤 기도하고 계신다. 이제 적어도 나는 기도하면 응답해 주시는 하나님을 조금씩 믿고 있다. 물론 도깨비 방망이처럼 뚝딱 응답이 나타나는 것이 아니라는 것도 안다. 하나님의 때가 되어야 한다고 믿게 되었다. 엄마의 기도는 결코 허공에 대고 외치는 것이 아니라 살아계신 하나님이 들으신다는 것을 확신한다. 우리의 기도에 가장 민감하신 분이 하나님이심을 나는 믿는다. 엄마의 기도는 봄비가 내리듯 하나씩 둘씩 우리에게 응답되어 갔다. 차비가 없어서 기도하면 아는 사람을 만나 버스 탈 것을 택시를 타게 되고 음료수까지 덤으로 마시게 하는 체험을 수없이 하게 하셨던 것이다. 우리의 계산된 방법이 아니라 하나님의 시간과 계산된 방법으로 오는 것임을 겸손히 믿게 되었는데 이 모두가 엄마의 기도 가르침 때문이었다.

헌금의 문제에 있어서도 엄마는 우리에게 정확하게 가르

치셨다. 가장 귀한 것, 첫 것은 하나님의 것이라고 가르치셨
다. 눈 앞에 보이는 사람 이상으로 하나님께는 철두철미 하
셨다. 우리가 비록 먹을 것이 없어도 하나님께 드리는 십일
조는 떼어 놓으셨다. 항상 하나님의 은혜를 사모하여 그 마
음에 하나님으로 가득 채워 놓아야 딴 일을 하시곤 하셨다.
엄마는 결단력과 실행력이 대단하신 분이시다. 마음에 결정
하시고 하나님의 뜻이라는 판단이 들면 그대로 실행하시는
것이 엄마에게서 배우고자 하는 장점이다. 누가 하겠지, 다
른 사람이 하겠지 생각지 않고 당신이 직접, 그리고 지금 당
장 실행하시는 분이셨던 것이다. 하나님은 우리 엄마와 같은
분을 사용하시는 것 같다.

　엄마는 또 자신의 일에 최선을 다하셨다. 내가 초등학교
때, 지금은 선생님들이 해외연수 보내어 주는 일이 다반사이
지만 그때만 해도 어려운 일이었다. 그런 데 엄마는 초등학
교 여 선생으로는 첫 번째로 뽑혀서 동남아시아의 여러 학교
를 돌아보고 오게 되셨다. 교감선생님도 많이 있고, 또 실력
이나 소위 빽이 있는 선생님도 많이 있었다. 해외연수에 뽑
히기 위해 재수 삼수하며 신청하는 선생님도 많았다. 하지만
우리 엄마는 단숨에 합격하여 초등학교 여 선생님으로는 첫
번째로 뽑혀 시찰을 하고 오신 것이다. 그러한 엄마가 딸인
나에게는 하나님 다음 가는 존재이다.

　또 얼마나 매력적인 분이신가? 자신을 가꾸실 줄 알고 철
야를 한 뒤라도 언제나 생기 있는 얼굴에 아름다운 옷으로

자신을 가꾸시는 엄마는 우리에게 스타와 같다. 과연 내가 내 딸에게 저런 멋진 엄마가 될 수 있을까 하고 생각해 보지만 난 도저히 자신이 없다. 나는 이러한 엄마를 주신 하나님께 너무나 감사한다. 지금까지 기도로 키워주시고 신앙과 열정을 가르쳐 주신 엄마에게 나는 아직 아무것도 해 들릴 것이 없다. 받은 것만 많이 있지 드린 것이 없기 때문이다.

하지만 이제 이 자리를 빌어서 고백한다.

"엄마! 세상에서 엄마를 나의 엄마로 모신 것이 얼마나 큰 행복이고 기쁨이고 축복인지를 고백합니다. 엄마! 난 엄마의 딸이며 또한 영원한 팬입니다. 엄마를 통해 하나님을 보면 하나님이 더욱 느껴지는 것 같습니다. 엄마 건강하세요. 오래 오래 사셔야 합니다. 우리가 엄마를 오래 모시고 살 수 있도록 시간을 주셔야 합니다. 엄마 사랑해요."

(사랑하는 딸 민경이가 엄마를 위해 쓴 글을 옮겼다-편집자 주)

꿈의 사람이 되자

- 하와이에 가고 싶은 사람만이 하와이에 간다 -

하와이에 가기를 간절히 바라는 사람은 반드시 가게 된다. 이것이 믿음의 법칙이기 때문이다. 이것은 사람을 움직이는 가장 큰 원동력이 마음에 있다는 것을 가르쳐준다. 내가 교단에 처음 설 때 가졌던 마음을 생각해 보자. 그 꿈과 열정을 잃어버리지 않았다면 우리는 꼭 하와이에 가는 것처럼 우리의 교실과 학생들을 잘 가르치고 올바른 인격으로 키울 수 있다.

마찬가지로 나는 교장으로 봉직하면서 우리 선생님들이 자신들의 교육의 이상을 좀 더 원대히 가지기를 간절히 바라며 학교 경영에 임하고 있다. 만약 한 사람이 하와이에 강력히 가기를 원한다면 그 다음부터 필요한 것은 어떻게 갈 것인가 하는 문제일 것이다. 가는 방법과 시간, 그리고 물질이 필요할 것이다. 시간이 필요하다면 일정기간의 휴가를 내면 될 것이고, 비행기로 가기를 원한다면 비행기 표를 구하고, 경비를 마련해야 한다. 그 돈을 마련하는 방법은 아르바이트를 하든지 아니면 일정액을 저축하든지, 이도 저도 안되면 부모님께 도움을 얻든지 아니면 대출을 받으면 될 것이다.

마찬가지로 우리 반 아이들을 어떤 아이들로 만들고 어떤 목표를 이룰 것인지 꿈을 꾸어야 창의적인 학습방법이 동원될 것이다.

사실 나는 어떤 경우에라도 교사직을 계속 수행하거나 교감이 되거나 교장이 되리라고 쉽게 생각하지 않았다. 그만큼 내 주위를 둘러싸고 있는 환경이 어려웠기 때문이다. 내가 4남매를 키우는 중 막내를 임신하였을 때 중등검정고시를 쳤다. 그 시험을 준비하느라고 방학중에는 새벽에 도시락을 싸 가지고 와서 저녁까지 공부했는데 당시에는 교실에 형광등이 없어 해가 지고 어두워지면 더 이상 공부를 할 수 없었다. 하지만 내가 하와이에 가고 싶어했기 때문에(?) 결국 미술과 중등검정고시에 합격하여 교사자격증을 가질 수 있었다.

가야초등학교로 부임해 온 일도 그렇다. 사실 이곳은 나에게 고향과 같은 곳이다. 내가 살던 동네와도 가까웠고 내 인생의 유일한 낙인 신앙생활을 위한 모(母)교회도 가까웠기 때문이다. 당시 내가 다니던 그 교회는 교회를 헐고 건축 중이었기 때문에 따로 예배를 드릴 공간이 없어 가야초등학교의 실내체육관을 빌려쓰고 있는 중이었다. 이 때문에 더욱 그러했다. 가야초등학교는 평교사 시절 꿈을 키웠던 학교였기 때문에 더더욱 이곳으로 발령받기를 바라고 기도를 했다. 학교 조례대 옆에 있는 등나무는 평교사 시절 어린 나무를 심어 놓았던 것이 이제는 자라서 보기 좋게 덩굴을 뻗어가고 있었기에 더욱 간절히 기도했다.

인간이 할 수 없는 불가능한 일을 하려고 할 때에는 보이지 않는 힘이 작용하여 도와주는 것을 경험했다. 이제 막 교장이 된 아줌마인 나를 학교운영위원회에서 쉽게 받아들여 줄지 의문이었지만 나는 그렇게 "하와이에 가기"(?)를 원했다. 결국 내가 바라던 하와이에 왔고 전혀 새로운 인생을 살고 있다. 내 나이 56살 때에 이루어진 꿈이었다. 염원이 있으면 방법이 나온다는 진리가 깨달아졌다.

그런 일은 한 번으로 끝나지 않았다. 학교에 처음 부임해 보니 학교는 너무나 낡아 있었다. 이미 지어진 지 수십 년이 지난 학교는 마치 포로수용소 같은 분위기였다. 수도권에서 견학하고 온 신도시의 초등학교와 비교해 보았을 때 갑자기 우리 학생들이 불쌍해 보이기까지 했다. 그래서 가장 먼저 꿈을 꾼 것이 학교 환경을 개선하여 수도권의 신축학교보다 더 쾌적한 학교로 만드는 것이었다. 하지만 그 일은 너무나도 많은 예산이 필요한 일이었다. 전임 교장선생님도 마음만 가득했지 빠듯한 학교 예산으로 어떻게 해볼 도리가 없는 일이었다.

하지만 나는 우선 실천 가능한 일부터 적어 보았다. 가장 먼저 실시한 것인 화장실 환경 개선이었다. 이제는 가정집에서도 쓰지 않는 낡은 화장지 걸이를 유한킴벌리에서 나오는 깨끗한 걸이로 교체했다. 그것도 전액 회사로부터 기증을 받았다. 하와이에 가고 싶다고 간절히 기도했더니 자꾸 방법이 생기는 것이었다. 조금 신이 났다. 이번에는 좀 더 큰 일을 꿈꾸었다. 학교의 외관을 고치고 싶었다. 적어도 페인트만 100말 이상 들어가는 일이었다. 하지만 더욱 바라고 기도했다. 이제 마지막이 될지 모르는 교직생활, 가야초등학교를 변화시키고 싶다는 간절한 마음에 지역의 유지들을 만나기 시작했다. 결국 지역 유지의 협조와 공공 인력의 지원으로 학교를 부드러운 파스텔톤으로 말끔하게 새로이 단장할 수 있었다.

그리고 이어 학교의 모든 복도에 모노륨을 깔기로 마음먹었다. 교실의 바닥도 새롭게 실내화를 신고 다니기에 불편함이 없도록 교육청의 힘을 빌어 시작했고 결국 완성했다. 비가 새는 지하실에 수리를 하고 이어 현대식 탁구장을 만들었더니 교사들과 학생들의 호응이 너무 좋았다. 그리고 학교 건물 서관과 동관을 잇는 유리터널을 만들었다. 실내화를 신고 다니는 학교가 되었기 때문에 건물을 나가 저 쪽 건물로 내 다니는 일이 여간 불편한 것이 아니었기 때문이다. 이 일도 학교 체육관을 주일마다 빌려 쓰던 교회의 지원과 협조로 말끔하게 단장하게 되었다. 뜻이 있는 곳에 자꾸 길이 열렸던 것이다.

사실 학교장으로 학교 운영을 하다보니 교사 시절에 느껴 보지 못했던 많은 보람을 갖게 된다. 그리고 전에는 생각뿐이었던 학교 개선이 이제는 최고 경영자로서 마음을 가지고 기도하면서 시행할 수 있게 되었다. 또 그것이 성취되는 것을 보면 보람도 커지기 마련이었다.

그리고 학생들이 달라진 학교의 환경을 보고 좋아하는 것을 보는 일이 얼마나 즐거운지 모른다. 내친김에 학교장실과 운영위원회실 등도 현대식으로 인테리어를 했다. 찾아오는 손님이나 학부형들이 놀라기 시작했다. 그간 우리 학교는 학부모들의 잦은 출입으로 잡음이 있었다. 그런 연유로 학부모들의 출입이 극도로 자제되는 중이었다. 하지만 교육 행정을 투명하게 하고 학교 환경을 개선하면서 적극적으로 학부모들의 학교 방문을 추진하였다.

그래서 7차 교육 과정연수시에는 600여명의 학부형들이, 그리고 올해 2001년도에는 7월 현재까지 780명의 학부형들이 학교를 찾아와 달라진 모습을 보았다. 그리고 학교의 운영에도 학부형들을 자율적으로 참여시켜 복도 환경 정리며 화장실 환경 개선, 또 도서실 도우미와 교통당번 도우미제를 실시하여 귀중한 학부형 자원들이 자녀들의 교육에 쓰여지도록 하였다. 지금도 난 생각한다. 나는 다시 태어난다 하여도 교사가 되었을 거라고.

그리고 나는 지금도 하나님 안에서 기도하면 "하와이에 가고 싶어해야 하와이에 간다"는 진리를 믿고서 일을 한다. 기도하면 불가능도 가능케 되는 체험을 실감하며 오늘도 국가와 우리 부산과 학교와 우리 학생들과 선생님을 위하여 기도하는 일을 게으리 하지 않으려 한다.

그래도 인생은 아름다워

우리 집의 마스코트인 경주가 엄마를 버리고 먼저 하늘로 가버렸다. 난 또 다시 하늘이 무너지는 아픔을 느껴야 했다. 우리 집의 자녀는 1남 3녀였다.

영화 "인생은 아름다워"를 보면서 많은 것을 생각하게 되었다. 이 영화는 베니니가 감독해서 '아우슈비츠'의 유태인 학살을 다룬 이탈리아 작품이다. 30년대 말 이탈리아. 삼촌의 레스토랑에서 종업원으로 일하는 유태인 귀도는 여교사 도라와 결혼한다. 다섯 살바기 아들과 행복하게 살던 귀도의 집에 미치광이 살인마 나치의 검은 손길이 닿는다. 아들과 함께 수용소로 끌려간 귀도는 아무 것도 모르는 아들을 안심시키려고 이 모든 것이 진짜 탱크를 상품으로 걸고 벌이는 게임이라고 속인다. 가장 오래 숨어있는 아이가 1등이라는 말에 어린 아들은 수용소 내에서 용케 견뎌낸다.

수용소의 아이들과 노인은 모두 가스실로 끌려간다. 유태인이 아니지만 가족을 따라 수용소 수감을 자원한 아내 도라는 격리된 생지옥에서도 남편과 아이의 목소리를 듣는다. 철없는 남편이 독일군 방송실이 빈틈을 타 "나의 사랑하는 공주님", "엄마 나 잘 있어요"라고 방송을 한 덕분이다. 상상해 보라. 이렇게 순수하고 아름다운 남자가 내 남편이요, 죽은 줄 안 아들이 큰 소리로 외치는 걸 들었을 여인의 심정을. 귀도는 희망을 위해 태어난 것처럼 조금도 절망하지 않고, 조금도 굽히지 않고 아들을 위해 게임을, 아내를 위해 유머를, 그리고 자신을 위해 생존의 희망을 버리지 않는다.

마침내 독일군은 퇴각하지만 생존자들을 사살한다. 귀도는 마지막까지 아들에게 주변이 조용해지면 밖으로 나오라고. 꼬마가 소방박스를 열고 나오자 모퉁이에서 나타난 미군 탱크를 보고 아이는 말한다.

"야, 진짜 아빠 말이 맞네!"

이탈리아 생존 유태인 4만5000명 중에 한 명이었던 귀도는 죽었다. 그래서 희생을 당한 8000명 중에 한 사람이 됐지만, 죽음 앞에서 그의 유머와 희망은 아내와 아이에게 살아남은 기쁨을 주었다.

나에게도 이러한 아픔이 있었다. 나는 38살 때에 남편을 사별하고 혼자서 네 남매를 키웠다. 그런데 얼마 전 그 생떼 같은 셋째 딸 경주를 그만 저 세상으로 보내고 말았다. 남편을 보내었을 때보다 더 찢어지는 가슴 때문에 교단에 오를 수도 없었고, 음식을 삼킬 수도 없었다. 하지만 인생이란 오고 가는 것이기에. 아픔을 삼키고 교단에서 바라다보는 아이들을 생각하며 하루 하루를 보냈다. 그랬더니 또 아름다운 삶이요, 아름다운 교단이었다.

첫딸은 희경이고 ,둘째는 우용, 세째는 경주, 네째가 민경이다. 세째인 경주는 우용이와 여섯 살 차이가 난다. 다른 아이들의 나이 차이가 두 살인데 비하여 그만한 이유가 있었다. 시어머니께서 자식 욕심이 남달랐기 때문이다. 나는 굳이 나의 주장보다 아들을 하나 더 낳아 시어머님을 기쁘게 해드리고 싶었다.

경주는 다른 아이들에 비하여 유독 아빠를 많이 닮았다. 어릴 때부터 깜찍하고 이쁘게 생겨, 남의 입에 많이 오르내렸다. 나 역시 잘 생긴 경주를 더 이쁘게 키우고 싶기도 하였다. 그래서 어릴 때부터 피아노 선생님에게 개인지도도 받았다.

큰 아이들은 유치원에도 안 보냈는데도 가야에서 서면까지 가야의 극성 어머니 몇 분과 함께 택시를 타고 가거나 태워서 보내기도 하였다. 어릴 때에 가정에서 봉사해주는 언니가 솜씨가 있어 항상 머리모양이 다양하였다. 우리 부부는 유치원에서 부르는 날이면 부부가 동반해서 참석하기도 하였다.

이 아이가 초등학교 5학년 때 아빠가 돌아가셨다. 어려운 가운데라도 피아노만큼은 꾸준히 가르쳤다. 그런데 중학교 3학년 때부터 경주는 공부를 소홀히 하였고 나 역시 사남매를 기르는 벅참도 있었고 생활도 곤고하여 공부는 자율로 맡겼다.

둘째와 막내는 자율에 맡겨도 정도를 걸었고 학업 성적도 우수하였다. 모두 다 성격은 한량없이 착한 편이었다. 경주가 중 3학년에서 고등학교 검정 고시를 치는 해에는 유독 많이도 떨어지기도 하였지만 그애도 떨어졌다. 나는 삶에 귀천이 없다고 생각했다. 학원에 보내서 다음 해 넣어 보겠다고 생각하며 마음을 다졌다. 하지만 나의 욕심대로는 되지 않았다.

잘생긴 미모와 큰 키, 활달한 성격을 남자 아이들이 탐내어 따를 것 같은 착각이 있을 정도였다. 학원보다 가정에서 교회 언니나 오빠들 중에서 과외를 해 주었으면 하는 마음이 있었다. 우리 집에 오거나 기거하면서 공부를 시켜 학력을 향상시키겠다는 것이 나의 욕심이었으나 욕심대로 되어 주지 않았던 것이다. 그만큼 애착이 가는 아이였다.

좋은 학교는 아니었지만 고등학교와 야간 대학을 다니면서 집안 일은 정성껏 맡아 해왔던 것도 그 아이였다. 성격이 깔끔하여 집안에 있는 먼지를 용납 못할 정도로 정리정돈에 철저하였다. 우리 가족 모두는 경주의 도움으로 각기 맡은 일에 그런 대로 잘해 나갔다. 경주는 피아노 교습도 하고 교회에서는 반주자로 봉사도 하며 나름대로 정성을 쏟았다. 그

애가 그렇게 끔찍하게 가던 당일 날도 우리는 함께 새벽기도회에 나갔다. 연산동에서 가야로 함께 가서 경주의 반주에 맞춰서 찬송도 불렀건만...

경주는 평소 기억력도 뛰어나고 청음력도 탁월하여 눈을 감고도 잘 쳤다. 한번 들은 곡은 듣기만 해도 곧잘 반주를 하였다. 학생들 지도도 잘 하여 교습 온 학부형이 교수들에게서 배운 아이들을 밀치고 이 아이가 가르친 아이가 최우수를 받았다. 그런 아이가 왜 이런 일이 있어야만 하는지 나는 아직도 의문이다. 나는 세상에 얼굴을 들 수 없는 죄인인 것 같았다.

심지어 희경이는 내가 죽어야만이 이 가정에 평화가 올 터인데 대신 데려 갔다고 스스로 자학까지 하였다.

'아! 하나님 무심합니다. 아빠가 돌아가셔도 모든 것을 체념하면서 하나님의 뜻이 어디 있는지 말못할 고통과 어려움과 시련 가운데 신의 섭리에 난감함과 억울함도 있었지만 묵묵히 참고 견디며 그 뜻을 그 정답을 이제 겨우 익숙해져 가는 가운데 이제는 승리하였나 보다'고 생각을 고쳐먹기도 전에 야속하다 못해 절망적이었다.

내가 신학대학원 3학년 졸업을 앞두고 나에게 하나님은 지나친 짐을 지우실 뿐만 아니라 세상에 얼굴을 못 들도록 흙탕물 칠, 아니 똥물을 퍼붓는 것만 같았다.

싸늘한 시체 위에 쓰러지면서 가물가물해지는 느낌 가운데 비교할 수 없는 비운의 주인공이 꼭 나여야만 하는가, 하나님께서는 나사로도 살리시는데 이 아이를 못 살리실까 하면서 기대감을 잃지 아니하였다.

나는 남달리 신심이 두텁다고 생각하였는데 하나님의 점수에 못 미치기 때문인가? 나에게 이처럼 죄가 많다는 말인가? 우리 모두가 죄인일진대 회개하면 지난 죄는 기억지도 아니하시고 눈과 같이 희게 해 주시겠다고 하시고는 하나님 약속이 틀리지 않습니까? 몇번이고 나는 하나님께 원망하였다.

아직 희경이 문제만 해도 벅차고 해결되지 않은 숙제가 잔뜩 밀렸는데 하나님께서는 감당할 시험만 허락하시고 감당치 못할 즈음에는 피할 길을 주신다고 하셨는데 제가 이것을 감당할 믿음이 있어서 주신다는 것입니까? 며칠간 식음을 전폐하였다.

그간 하루 한 끼의 금식은 10년도 넘게 해왔었다. 누가 하라가 아니고 내 스스로 어찌하면 하나님께 잘 보일까 그렇게라도 하면 희경이 문제도 빨리 해결해 주실 것일까. 오직 이 집념밖에 나에게는 없었다고 해도 과언이 아니었다. 솔직히 돈을 달라거나 옷을 달라거나 나의 먹고 사는 일은 뒷전이었다.

오직 자녀들 문제를 해결받아 승리했노라고 외치고 싶을 뿐이었다. 희경이 문제 역시 남편의 갑작스런 죽음이 이 아이들 시집 장가 보내어놓고라도 돌아가셨다면 몰라도 어처구니없이 아직도 올망졸망 겨우 어리거나 이들이 사춘기에 생긴 갑작스런 노도와 같은 폭풍이어서, 아이도 삼키고 희경이를 상처투성이로 만들고 할키고 하였다. 이 모든 것의 뒤치다꺼리가 내 차지이고 보니 오직 전적으로 하나님만을 의지할 수밖에 없었고 또 그렇게 믿고 살아 왔었던 것이다.

"이렇게 착하고 순종적인 삶을 살아 온 나를 너무 하십니다. 하나님께서는 나를 비참하게 만드시구나 생각을 하였다가도 한편으로는 하나님 제가 무슨 믿음이 있다고 이 엄청난 회오리를 주신단 말입니까. 무엇이든지 감사하라, 모든 것이 합력해서 선을 이루신 다기에 일단 감사는 하겠습니다."

나는 기도를 드린 후에 집 전체를 둘러보았다 그러는 가운데 책상 위에 우연하게도 《필요한 아픔》이라는 책을 집어 들었다. 아마도 하나님께서는 읽기 원하셔서 꽂혀 놓게 하였는지도 몰랐다. 권사 취임식 때 지금은 다른 교회에 시무하시는 박재수 목사님께서 주신 책인데 말이다.

그렇다면 하나님께서 이미 예견되신 일이란 말인가! 여기에는 하나님의 예정된 섭리에 감사 할 수밖에 없는 이유가 분명하였다는 말인가. 인간이 별 수 있나 하나님이 허락하시지 아니 하시면 참새 한 마리도 떨어뜨릴 수 없다는데....나는 그럴 수가 없다고 생각하였다.

경주의 결혼 상대자는 의심도 많았고 질투심도 많았다. 집념이 강하고 벌써부터 경주에 대한 간섭도 대단하였다. 그런 사실을 경주는 엄마인 나에게 고민을 털어 놓기도 했다. 결혼을 하겠다고 약속을 하고 아이를 남자 부모님께 소개도 하고 하면서 그래도 무리 없이 진행되는 듯 하였다. 나는 새벽 기도 갔다 온 후 그 날도 피아노 개인 지도를 하게 하기 위해 부산 토곡까지 아이를 데려다 주고 출근하였다.

그때 차중에서 경주가 나에게 결혼 문제를 가지고 진지하게 의논을 하였다.

"경주야, 말 타고 가는 신랑도 내려 장가가는 것을 멈추는데 꼭 힘이 드는 상대면 잘 결정하여 지금 결단해. 응?"

나는 그렇게 일러 주었다. 아이처럼 희생적으로 가사 일을 도우는 데는 저 스스로가 지나칠 정도로 깔끔하였기에 육체적으로는 피곤한 일이었다. 교회에서 초대를 하면 그 가정에서 식사하고 바로 일어서는 법이 없는 아이였다. 뒤치다거리까지 다 해 드리고 오는 것이 예의로 알고 있는 아이였다.

얼굴 한 부분도 모난 부분이 없이 완벽할 정도로 예쁜 딸 아이가 결국 희생을 당하고 말았으니 어미의 가슴이 어찌 무너지지 않겠는가?

사귀던 남자 아이가 그렇게 하였을 것이라는 의심과 증거들을 하나님은 나의 기도에 외면 않고 알게 해 주었지만 물증들은 숨기시고 알게 하지 않으셨다. 경찰도 의심의 여지가 많으나 물증이 전혀 없으니 어쩔 수 없다는 것이다.

상대 남자아이는 평소에는 잘 생겼지만 이야기할 때나 표정을 지을 때 한번씩 험한 인상을 지을 수 있는 애였다. 우용이는 반대를 하였지만 두고 보자고 한 것이 결정적인 실수였다고 후회해 보았다.

그러나 하나님께서는 말씀을 주셨다.

"용서하라. 원수 갚는 것이 나에게 있다. 그것까지도 나에게 맡겨라."

참으로 견디기 힘든 어려움이었다. 하지만 끝까지 투쟁해 볼 용기와 기력과 의지조차도 없었다. 용서하라는 것이 주님의 뜻일진대 전혀 물증을 없게 하시는 것도 하나님의 뜻일진대 누가 무어라고 항변을 하겠는가? 그도 하나님이 사랑하신다고 하셨다. 십자가상에서 우편 강도를 용서하시고 자신을 십자가에 못 박은 자들을 향해 "하나님 저들을 용서해 주세요 저들은 알지 못하나이다."라고 하셨던 주님의 음성이…. 하나님 왜 하필이면 저에게라야 합니까?

얼마 전 소설가 박완서 씨가 쓴 자전적 소설 "한 말씀만 하소서"란 글을 읽었다. 회갑을 넘긴 그 소설가는 25살 된 아들을 먼저 떠나 보내었다고 한다. 그 고통이 너무나 커서 그는 매일같이 하나님을 향하여 악다구니를 치고 신을 향해 저주의 말을 퍼부었다고 한다. 자식이 죽으면 어미는 가슴에 그 자식을 묻는다고 하던가. 그러면서 박 씨는 자신의 일기를 토대로 소설을 써 내려갔던 것이다. 그가 원망 아닌 원망을 하면서 외치던 절규가 "하나님 한 말씀만 하소서"였다고 한다.

하지만 그렇게 불러도 대답이 없는 하나님을 향하여 그는 항복하고 말았다고 한다. 그도 그럴 것이 살리고 죽이는 일이 인간의 소관이 아닌 하나님의 소관이요, 그분의 고유 영역이었기 때문이다. 그리고 생명이 태어나게 하든지, 그리고 그 인생이 천수를 누리지 못하고 일찍 세상을 떠나든지 간에 하나님은 그 일에 대해 사사건건 대답을 하실 책임이 없다는 것이다. 단지 우리가 느끼는 이별의 슬픔과 고통에 대해서는 다른 차원에서 위로하시고 대답을 하시지만 말이다. 하지만 인생사가 다 그렇게 말로 해결될 수 있는 문제든가. 하물며 그 것이 제 젖을 먹이며 키운 자식이 먼저 죽는 일이라면 말이다.

하지만 이제는 이 문제에서도 어느덧 자유를 얻었다. 삶과 죽음이 종이 한 장 차이라는 것을 누구보다 깨닫는다. 그러나 만약 주님이 예비해 놓으신 내세가 없다면 이 모든 슬픔들을 어디에서 치유받겠는가? 천국이 있기에 인생을 그래도 아름답게 볼 수 있는 것이 아니겠는가. 천상병 시인은 '인생은 소풍'이라고 노래하지 않았든가? 만약 이 세상이 우리가 누리는 삶의 전부라면 그 생을 다 채우지 못한 것이 아픔이겠지만 영원한 삶이 기다리고 있고, 그곳에서 다시 만나 살 수 있다면 그리 슬픈 일도 아닌 것을…

이렇게 아름다움으로 볼 수 있는 눈을 주신 하나님께 감사하고 있다. 인생은 인내라는 고독한 자양분을 먹어야 열매가 맺히는 나무 같다. 선생님들에게도 인내로서 교단의 열매를 가꾸라고 회의 때마다 말하고 있다.

인생은 고난을 겪어본 자만이 그 진정한 값어치를 알 수 있다고 생각한다. 불같은 환난을 겪어 보아야만 인생을 주신 하나님의 마음을 이해할 수 있으리라고 생각한다.

아무리 어려워도 인생은 아름다운 것이다. 하나님 안에서 발견한 나의 진리이다. 나는 경험이 고통을 의미한다는 것을 알고 있다. 많이 경험한다는 것은 많이 고통을 받는다는 것과 같은 말이다. 모든 실패는 정신적인 노력을 위해 새로운 자극이 된다는 것은 말할 나위도 없다. 오늘날 모든 진리는 단지 하나의 단계에 불과하다. "손해가 있는 곳에는 항상 그에 상응하는 이익도 있다"(클레멘트 스톤). 모든 시련은 우리에게 무엇인가 교육시키며 성장시키는 신의 방법이라는 것을 깨달아야 한다.

제이 씨 페니는 미국의 위대한 백화점 왕이다. 그는 가난으로부터 놀라운 성공을 이룬 사람이었다. 그의 삶이 평탄한 것인줄 안 한 친구가 성공의 비결을 물었다. 그러자 제이 씨 페니는 한참을 곰곰히 생각하더니 입을 열어 "두 마디라네. 역경과 예수 그리스도야. 역경은 나 자신을 만들었고 예수 그리스도는 내 인생의 구원자요 안내자였다네."라고 했다.

그의 설명에 그의 친구는 고개를 끄덕이며 돌아갔다고 한다. 제이씨 페니는 90세까지 건강하고 행복하게 살다가 갔다. 하지만 그는 경건의 훈련으로 하늘의 기쁨과 능력을 이 땅에서 미리 맛본 사람이다.

역경은 가장 좋은 경건의 훈련의 재료이다. 신은 당신에게 인생의 역경을 통하여 귀한 훈련을 시키며 경건의 훈련을 쌓게 하신다. 즐거운 마음으로 역경의 훈련을 받으라고 말하고

싶다. 교실은 그러한 역경의 훈련을 받는 작은 도장(道場)이
라고 생각하며 오늘도 살고 있다.

찬양과 일천번제

"지혜를 얻는 것이 금을 얻는 것 보다 얼마나 나은 것이고 명철을 얻는 것이 은을 얻는 것 보다 나으니라"(잠 16:16). "지혜가 제일이니 지혜를 얻으라"(잠 4:7).

솔로몬은 부와 수를 구하지 아니하고 지혜를 구함으로써 지혜의 왕으로 백성을 지혜롭게 다스릴 수 있었기에 나도 지혜를 하나님께 얻기로 생각하였다. 그리하여 어떻게 일천 번제를 어떻게 구할 것인가 생각하다가 이런 결심을 했다.

"우선 3년 간만이라도 새벽 제단을 빠짐없이 드리자. 3년이라면 1년이 365일 이니까 3년을 새벽기도를 드리면 1095일이니까 가능하겠구나."

그리고 예물은 매일 (일천원씩*칠일간＝칠천원)이니까 일주일에 일만 원을 정하고 주일날 성전에 들어갈 때마다 드리

자. 하나님은 작고 작은 예물일지라도 중심을 보실 테니까.

사실 그 당시 나로서는 너무나 어려운 형편인지라, 그 정도는 과한 지출이었다. 매일 일천 일간 드리는 것에 중심을 두고 지혜를 구하기로 하였다. 다윗의 아들 솔로몬이 바친 일천 번제에 비하면 그 어마 어마한 예물과는 새발에 피에 불과했다. 하지만 태산 앞에선 개미에 불과할지라도 하나님께 하루도 빠짐없이 새벽 4시경이면 교회로 향하였다. 그리고는 지혜를 구했다. 이 세상 험악한 세상에 이길 힘과 혼자의 힘으로 키워야 할 4남매의 책임을 위해서, 빚 투성이에 생활비며 자녀들 학비이며, 당시에는 자녀들 학비도 면제가 없었던 시기이고 보면, 말로 표현 못 할 일들이 나에게는 태산처럼 느껴졌던 터라 매일 매일이 눈물 없는 기도를 드리지 않을 수가 없었다. 눈이 오나, 비가 오나, 태풍이 불어도, 나의 이 집념을 어떠한 환경도 꺾을 수는 없었다.

너무나 피곤한 날 들은 교회 오기가 어려울 것 같아서, 아예 교회에서 철야를 하거나 이불을 갖다두고 잠을 교회에서 자곤 하였다. 당시는 교회 형편도 어려워서 불을 때주거나, 더운 여름철에 선풍기조차도 없었다. 그렇다고 학교 생활도 소홀히 해본 일이 결코 없었다. 그 당시에 나의 마음은 따뜻한 방에서 허리 한번 펴 보고 잠을 자 보는 게 소원일 정도였고, 교회에선 강 대상 아래에 방석을 깔고 꿇어 엎드려서 기도하다 잠이 들 때가 부지기수였다. 이렇게 자다 일어나면 온통 몸이나 손과 발이 저려올 때가 한두 번이 아니었다.

반듯하게 잔다고 나무랄 사람도, 기도 안한다고 핀잔할 사람도 없었지만, 나와 하나님과의 일방적인 약속으로, 주실 것을 믿고 구하겠다는 일념과 이렇게라도 하지 않고는 험난한 세상을 이길 수 없다는 절박함 그것이었다.

그런데 하나님께서는 나의 그런 보잘것없는 중심과 연약에도 귀를 기울여 주셨고 미련하게 보이는 나의 태도도 그냥 넘기지 아니하시고 응답으로 채워주셨다.

자녀들이 어려움 가운데서도 반듯하게 자라게 해 주셨고 하나는 하늘 나라로 갔긴 하지만 삼남매 모두가 지금은 1남 1녀를 둔 아름다운 신앙의 가정이 되었다. 아직도 큰애의 가정은 비틀거리기도 하지만 지금 잘 정돈시켜 주고 계시고, 나 역시 순간 순간 큰 학교를 맡아 책임자로서 52학급의 80여 명의 식구들과 2천여 명의 학생들과 수천 명의 학부모와 지역 주민들이 신뢰할 수 있는 학교를 하나님께서는 만들어 주셨다. 53년된 크고 노후된 학교가 어느 것 하나 손 대지 않은 곳이 없으리 만치 새롭게 갱신되고 학생들의 편의를 위한 아름다운 학교가 만들어졌다. 기존의 것들을 이용한 창작품을 만들어 놓을 때는 동료 교사들이 어디서 이런 아이템이 나오느냐고 물어온다. 그래서 나는 하나님께서 주신 아이템이라고 생각하며 지혜를 주신 하나님께 영광을 돌려 드리지 않을 수 없다.

예를 들어 보면 오래된 우물 뚜껑 위로 아이들이 오르내리면서 많이도 다쳤었는데, 그 뚜껑 위로 헌 교단을 덮어 원두

막을 만들어 놓으니까 아이들이 원두막에 앉아 바둑을 두거나 다른 놀이를 하는 장소가 되었고, 버리지도 못하고 가져갈 사람도 없는 처치 곤란한 헌 우유 냉장고를 개조해서 초가집을 만들어 향토자료를 수집하여 주위를 장식 해 놓으니 간이 향토 자료 코너가 되었다. 창고들을 개조하여 연혁실을 꾸몄고 비가 새어 쓸 수 없는 지하실을 고쳐서 멋지고 품위 있는 탁구실이 되었다.

그 외에도 지역사회와 구청 등의 도움을 얻어 학교 내외를 도색하고 쉼터를 만들고 본관과 동떨어진 교사를 연결하여 건널 복도를 만들어 비를 맞지 아니하고도 급식실을 다닐 수 있도록 만드는 등 2년 동안 무려 육십여 가지를 개보수하고 만들어 지금은 신설 학교가 부럽지 않도록 만들게 하심도 하나님께서 주신 지혜로 만들어진 것이라고 고백하게 된다.

하나님께서는 우리의 작은 신음에도 응답하시고 우리의 머리털 하나도 세시고 계심을 다시 한번 고백하지 않을 수가 없다. 할렐루야.

찬양 속에 내가 만난 하나님
1990년 9월 1일 약간 흐림

며칠 후면 10월 1, 2, 3, 4일까지 계속 연휴이다. 토요일과 주일까지 합치면 6일간 연후가 겹쳐 벌써 공무원들은 작은 환희로 미소가 얼굴 전체에 싱글 벙글로 가득 채워진다.

몇 해 전 이맘때 공휴일에 올해처럼 긴 연휴는 아니지만 연달아 생겨서 서울에 있는 S기도원에 가서 기도하러 갔었다. 주일날 우리 나라에게 가장 경건한 예배처소라고 알려진 O교회에 갔다가 예배시간 성가대의 찬송을 듣는 순간, 온통 교회가 하얀 국화꽃밭이었고 강대 상 양쪽으로 길게 늘어선 성가대원의 수는 약 200명은 훨씬 넘어 보였는데 그 한가운데 중심에서 하얀 옷을 입고 찬양을 통해 영광을 받으시는 예수님을 보여 주셨다.

눈도 멀고 입도 둔하고 가슴도 냉냉한 나에게 예수님의 그 광나고 고요스러운 모습을 보여주신 것이다. 그래서 나는 더욱 성가대의 귀함과 이 성가대의 찬양을 통해서 영광 받으시는 예수님의 모습을 기억하고 있다.

내가 들은 실화 중에서 어느 연세 많으신 장로님은 성가대에 봉사는 직접적으로 못해도 모든 대원들에게 일일이 가운을 정중히 건네주며 수고한다는 말을 하신다는 것을 들은 일이 있다. 다윗은 시편 119:164에서 "주의 의로운 규례를 인하여 내가 하루 일곱 번씩 주를 찬양하나이다."라고 했다. 이는 바꾸어 말하면 하루 종일 하나님을 찬양하며 주의 말씀을 즐거워함을 노래하고 있다고 할 수가 있다.

기도에 나의 생활에 힘이 없을 때 찬송을 부르면 다시금 새 힘을 얻게 됨을 체험하게 된다. 그래서 계속적인 기도나 나의 삶에 활력이 되어지는 것이다. 내가 슬프거나 괴로울 때도 찬송가를 부르면 슬픔이 물러간다. 애들에게도 기분이 언짢거나 맘이 괴로울 때 찬송을 부르게 하거나 피아노를 치게 한다. 애들도 그것을 느끼는 것 같았다. 내가 가장 절망 중에 있었을 때 "험한 시험 물 속에서 나를 건져 주시고 노한 풍랑 지나도록 나를 숨겨 줍소서 주여 나를 숨겨 줍소서" 이렇게 찬송을 부르면 어느 사이에 나의 뺨에는 뜨거운 눈물이 하염없이 흘러 내려서 내 마음에 평화가 넘치게 되어 나의 절망과 시험 등이 물러가게 된다.

반면 아침부터 계속 나의 입술에서 흥얼흥얼 되어지는 것이 찬송이고 보면 나의 삶에 기쁨을 예비한 하루가 즐거워진다. 온 가족이 뿔뿔이 흩어진 속에서도 모처럼 만나게 되면 작은 코러스가 어울러져서 건너편 아파트의 어느 아줌마는 우리 집이 천국 같다고 한다. 그래서 교회를 보내야겠다고 하면 얼마나 좋으련만 그 집 애가 저는 교회에 가고 싶다고 그랬다고 한다.

온 가족에 예기치 못하게 휘몰아치는 돌풍 같은 어려움이 오면 우린 모두가 손을 잡고 좋으신 하나님, 사랑의 하나님을 찬양 드리며 합심 기도하면 다시금 풍랑이 잔잔해짐을 느낄 때가 한두 번이 아니다.

직장생활 중에서라도 나는 바쁜 일과 중에 "내 맘속에 참된 평화 있네. 주 예수가 주신 평화. 시험 닥쳐와도 흔들리지 않아 아 귀하다 이 평안함. 주가 항상 계셔 내 맘속에. 주가 항상 계셔 아 기쁘다. 주 나의 맘에 계셔 위로하시네. 어찌 내가 주를 떠나살까?" 나도 모르게 기쁨의 찬송이 내 가슴에서 터져 나와 소리가 되어 흘러나옴을 나의 주변 사람들이 알게 된다.

오랫 동안 기도하던 문제들이 해결되면 나는 감사의 찬송이 저절로 기쁨으로 승화되어짐은 우리 성도 모두가 느끼는 평강이리라

이렇듯 다윗은 시편 119:164에서 "주의 의로운 규례에 인하여 내가 하루 일곱 번씩 주를 찬양하나이다."라고 한 것은 물론 온종일 수없이 하나님을 찬양한다는 말일 것이다.

내게 웬 은혜인지 이처럼 못난 나에게 온 가정에 슬프나 괴로우나 기쁘나 즐거우나 찬양하게 하신 하나님께 진심 어린 감사를 드린다.

때리시지만 싸매시는 하나님

부모가 되면 이 세상에서 가장 즐거운 일도 자식 때문에 오고, 가장 슬픈일도 자식 때문에 온다는 말을 알 것이다. 내가 그랬다. 하나님은 자식을 통하여 내게 채찍질을 하시기도 하셨지만, 반대로 자식들을 통하여 상처를 싸매어 주시기도 하시고 위로해 주시기도 하셨다. 빛바랜 나의 일기장을 뒤져보면 아이들 때문에 눈물 흘리며 기도했던 일들이, 아이들 때문에 감사하고 찬송했던 일들이 가장 많이 온다.

그러한 내게 힘을 불어 넣어 주었던 한 계기가 있었다. 그것은 민경이가 써내려간 글이었다. "하나님, 이렇게 멋진 분" 이라는 제목으로 써내려간 아이의 글은 그간의 노고와 설움을 다 씻어 주는 듯 했다. 진정 진수같은 마음을 가진 아이의 글이었다.

민경이가 엄마를 사랑할 수밖에 없는 54가지 이유는

1. 하나밖에 없는 나의 엄마이기 때문입니다.
2. 이 세상에서 가장 소중한 믿음이라는 것을 물려주셨기
   때문입니다.
3. 24년 동안 너무나 건강하게 자라도록
    - 정신적, 육신적 모든 면에서 - 가르쳐 주셨기 때문입니다.
4. 언제나 열심히 사시기 때문입니다.
5. 하나님을 향하여 아름답게 사시기 때문입니다.
6. 기도의 무릎을 늘 보여 주시기 때문입니다.
   -가끔 새벽 제 머리말에서 피곤한 모습이지만
    하나님 앞에 서있는 당신을 너무 존경합니다.
7. 말씀이 별로 없으시기 때문입니다.
8. 너무나 완벽하게 저의 호흡을 맞추어 주시기 때문입니다.
9. 제 신앙의 모범이 되시기 때문입니다.
10. 위기의 상황에서 위험보다는 기회를
    선택하는 법을 가르쳐 주셨기 때문입니다.
11. 언제나 웃음 지닌 모습을 가지셨기 때문입니다.
12. 긍정적이시기 때문입니다.
13. 창조적이기 때문입니다.
    -엄마가 만드신 튀김과 김치찌개의 맛은 거의 창조적입니다.
14. 코골며 자는 엄마의 모습은 정말 너무나 아름답기 때문입니다.
15. 주일날마다 깨워 주시는 경종 같은 목소리 때문입니다.

16. 경제적으로 어려워도 결코 짜증내지 않으시는 모습
    때문입니다.
17. 차에 기름이 떨어질 때마다 하나님께 외치시는
    그 간절함 때문입니다.
18. 바쁘신 중에서도 중요한 것을 절대로 놓치시지 않으려는
    그 지혜로움 때문입니다.
19. 조화롭게 옷을 당신에게 맞도록 입으시기 때문입니다.
20. 맡으신 일에 대해서는 성실하게 준비하시는 모습 때문입니다.
21. 하얀 머리가 하나 둘 올라와도 그 하얀 머리가 잘 어우러져
    아름답기 때문입니다.
22. 눈이 부어 올라 쌍꺼풀이 풀어질 때는 아이참으로
    보완하시는 센스 때문입니다.
23. 스타킹의 코가 나갔으면 살색스타킹으로 보완하시는
    여유 때문입니다.
24. 하얀 피부가 너무나 예쁘기 때문입니다.
25. 저의 의견을 존중해 주시기 때문입니다.
26. 힘들 때마다 엄마 얼굴이 떠오르기 때문입니다.
27. 바쁜 아침시간을 쪼개어 도시락을 정성껏 싸주시기
    때문입니다.
    -가끔씩 들어있는 꽃을 바라보며 역시 엄마는 멋져!
28. 빵구(방귀라고 하던가???)할 때 한 쪽 엉덩이를 꼭 드는 모습도
    멋있기 때문입니다.
29. 발바닥이 못났다고 말했을 때 이렇게 말씀하셨지요.

'너네 아빠는 얼마나 예쁘다고 말했는데'
-이런 말씀이 너무나 사랑스럽기 때문입니다.
30. 매사에 도전적인 모습-차를 구매하셨을 때나 세피아로
　　바꾸 셨을 때에... 지금은 소나타Ⅲ로 바꾸셨지만
31. 가끔씩 핸드폰에 message남기시는 당신의 목소리는 제게
　　말할 수 없는 힘을 주기 때문입니다.
32. 언젠가 기억하시겠죠? maybe...
　　-너무 힘들다고 전화를 걸어 말하고 싶었는데 제 맘을
　　아셨는지 기도해 주시는 엄마의 목소리는 용기와 사랑과
　　믿음을 주셨지요.
33. 사람을 사귈 때 혹은 만났을 때 편안한 인상을 가르쳐
　　주셨기 때문입니다.
34. 심방을 오시는 목사님과 교역자님을 위해 애쓰시는
　　마리아와 마리다의 모든 모습을 가지고 계시기 때문입니다.
35. 어렸을 때 엄마로부터 들었던 얘기입니다.
　　'세 사람이 길을 가고 있었지요. 가운데 있는 한 사람은
　　오른쪽에 있는 사람으로부터도 모두에게 배울 점이
　　있었다고... 오른편에 있는 현자에게서는 지혜로움을
　　왼편에 있는 악인에게서는 저렇게 되지 말라구요'
　　그래요. 이런 가르침들이 제가 사람을 대하게 될 때마다
　　가질 수 있는 여유로움입니다.
36. 제 고3 시절이었나 봅니다.
　　엄마랑 해운대에 있는 송도탕에 같이 갔었지요.

그 때 당신이 온수와 냉수를 번갈아 가면서 혈액순환을 했었죠.
그리고 쓰러졌지요. 너무 피곤했었고
갑자기 무리하셨기 때문이었을 겁니다.
그 때 당신이 저를 부르셨는데 달려가 당신을 부축할 때
전 느꼈죠. 아 사랑 하는 나의 엄마!

37. 숱한 시간들 동안 너무나 어려운 일들이 많았지만
    당신 얼굴에는 웃음의 주름살밖엔 찾을 수가 없었어요.

38. 샤워 후 깨끗한 당신의 얼굴은 정말 백설공주 같았어요.

39. 철야기도 시간 찬양팀으로 앞에 서 있는 절 보시고
    기뻐하시는 그 얼굴 때문입니다.

40. 새벽기도 후 축복 기도 해주시는 그 기도가 꼭 이루어지리라
    믿기 때문입니다.

41. 제가 초등학교 4학년 때였을 겁니다. 제 생일이었죠.
    그 때 아마 엄마 호주머니에는 녁녁하지가 못 했었겠죠.
    저를 부르시고는 스케치북을 가져오셨죠.
    그리고 저를 그려주셨어요. 그 때 전 너무 어려서 얼마나
    그게 멋졌는지 몰랐었는데 매 년 매 년 제 맘속 깊은 곳에서는
    그 그림을 그려주시는 엄마의 마음이 큰 사랑으로 고백됩니다.

42. 제게 편지를 써 주셨는데 욥의 세 딸처럼... 세 딸 중에 가장
    사랑한다는 그 말씀, 물론 모두 다 사랑하시겠지만
    그 말에 전 늘 감격합니다.

43. 어떠한 상황에서도 긍정적으로 바라볼 수 있는 관점을
    열어 주셨죠. 작년 영타 못 치는데 교수님이 시키셔서

힘들다고 짜증 부렸죠. 그 때 그 기회로 영타를 연습할 수 있지
않냐고…

44. 할머니 병상에 계셨을 때 엄마랑 산낙지 먹었는데 너무 행복한
    기억들- 왜냐하면 엄마랑 단 둘이서 그렇게 멀리 시장보러
    간 적이 없었거든요.

45. 피곤에 지친 모습이지만 철야예배랑 새벽기도회에 앉아 있는
    그 모습 때문입니다.

46. 옛날 동부산 어린이 암송대회에 갔을 때 기억나세요?
    교복입고 빨간색 실크 스카프를 매어 주신 당신의 손길
    때문입니다.

47. 언제나 말씀 드리면 수용하시려는 태도로 이야기를 들어
    주시기 때문입니다.

48. 저의 의견을 객관적인 상태에서 받아주시기 때문입니다.

49. 건강을 위해 애쓰시기 때문입니다.

50. 다이어트를 위해 아침 금식에서 저녁 금식으로
    change하신다는 여자로서의 매력을 가꾸시기 때문입니다.

51. 언제나 저보다 앞서 나가시는 그 멋진 당참 때문입니다.

52. 경제적으로 힘들어도 금방 웃을 수 있으시는 그 넉넉함
    때문입니다.

53. 죄의 문제에 있어서는 결단하시기 때문입니다.

54. 어려운 상황에서도 동혁(제 동생이라시던 보육원 그 애)
    이를 위해 도우시는 손길 때문입니다.

엄마, 정말 100가지 넘도록도 다 셀 수 있지만 제가 54세 되시는 이 어버이 날을 맞이하여 엄마에게 해 드리고 싶은 말씀은 "하나님! 이렇게 멋진 분이 저의 엄마라는 사실이 너무나 감사합니다."입니다.

생화 꽃관 쓰신 시어머님

- 어머니는 평소에 꽃을 좋아 하시더니 생화 꽃관을 쓰시고 좋은 나라에 가셨다. -

나의 시어머님은 종가집 종부로서 층층 시하에서 엄한 시아버지 시하에서 힘들게 평생을 사셨다. 자랄 때는 경상북도 청송군 이반면에서 천석꾼 가문에서 자라오셨건만 미신 때문에 가산이 탕진되고 종래에는 어렵게 되었다고 말씀하셨다. 그 연세이시지만 미신은 전혀 인정하지 않는 분이셨다. 게다가 층층시하에 모진 시집살이로 힘이 드셔도 며느리에게만큼은 시집살이를 안 시킬 것이라고 장담을 하셨던 탓인지, 나에게 살아 생전에 친정어머님보다도 자상하셨다. 키는 작으셨지만 마음만큼은 도량이 크신 한없는 사랑을 가지신 분이셨다. 항상 맑은 피부에 둥근 눈은 연세가 드셔도 깨끗하셨고 품위가 있고 아름다우신 분이셨다.

나는 예수를 믿기 전에는 항상 몸이 약한 편이었다. 그래서 나의 시어머님은 나에게 남다른 관심과 사랑으로 손수 약을 만들어 주셨다. 당시 우리 집에는 늘상 우리 가족을 위해 봉사해 주는 언니가 있었지만, 자녀들을 보살피는 일이며 특히 가족의 건강에 대하여 남다른 신경을 쓰시는 분은 어머님이셨다. 가까이에 시누이 가정이 살았지만 여행을 다녀오시거나 멀리 다녀오실 때는 손주들의 간식보다도 건강에 관계되는 약은 잊지 않고 구입하여 나에게 가지고 오셨다.

그런 어머님이셨지만 아들이 일찍 소천을 하고는 식음을 전패하셨다. 그리고는 얼굴을 들고 다니시기를 부끄러워 하셨다. 자신이 죄인이 되는 심정으로 말이다. 나는 그런 어머님으로 해서 더더욱 의기소침할 수가 없었다. 어려운 형편이긴 하였지만 어머님께 더욱 더 잘해 드리려 해도 어떠한 위로도 위로가 안되었다.

그후 어머님은 작은 아들 집으로 가셨다가 석 달쯤 지나서 다시 오셨다. 미운 정 고운 정이 들어서 우리 집이 만만하셨는지 모른다.

그 후에 어머님은 한없이 쇠약해 지셨다. 그리고는 거동하기조차 불편해지셨다. 나는 그 이듬해 교육청에서 보내준 동남아 연수를 다녀왔는데 큰돈도 없었지만 시어머님의 건강에 관계되는 약만을 구입해 왔다. 어머님은 그 약으로 해서 건강이 회복되셨다. 그리고는 거동하시면서 이웃 어른들께 나에 대한 칭찬을 자자하게 하셨다. 별 것 아닌 것인데도 우리 며느리가 먼 나라에 가서 구해온 그 약을 먹고 이렇게 거동하게 되었노라고 나의 어머님은 그렇게 며느리를 자랑하기를 좋아하셨다.

그러나 어머님의 건강은 그 후에 더 쇠약해 지셨고 자리에 눕는 날이 많으셨다. 노환도 겹쳐서이다. 우리 교회에서도 어머님을 위해 합심기도도 하시고 심방을 오셔서 위로도 해 주셨지만 점점 더 노환은 깊어 졌다. 그래도 하나님은 살아 계심을 여러 모양으로 알게 하셨다 성도들이 기도하고 돌아가신 후에 온통 방안이 사람 내음, 발 내음이 아니라, 향기로운 냄새로 채워 주셨던 일은 잊을 수가 없다. 낮에는 봉사하는 언니가 돌보고 시누이가 종종 음식을 장만도 해오고 하였다. 그러나 밤에는 나의 차지였다. 나는 어머님 곁에 앉아서 잠을 잘 때가 대부분이었다. 왜냐하면 대소변을 보게 될 때를 생각해서이다. 소변을 카테타를 끼워서 누워서 보게 하지만 이것이 빠질 때도 있었다. 그때는 밤늦게라도 당시 정정봉 전도사 사모님이 간호사 출신이고 하니 뛰어가서 이것을 끼워 달라고 부탁을 했다. 그러면 아무리 춥고 밤이 늦어도 그리스도의 사랑으로 달려오시곤 했다.

당시에는 어른용 기저귀도 거의 없었고 전화로도 할 수가 없는 형편이었다. 나는 우리 어머니 병환을 위해 기도하다가 일일이 어려움을 당할 때마다 타인의 힘을 빌려 도움을 청하기보다도 나 스스로 이 일을 배워서 하리라고 생각하고 배웠더니 크게 힘든 일은 아니었다. 쾌변을 볼 수 없는 어머님의 변을 보게 해드리기 위해서 나는 의료기판매를 하는 국제시장을 다니면서 변기통과 고무장갑을 구입하여 그때부터는 대소변을 손수 보아드렸다. 고무장갑을 끼고 항문에서 손을 넣어 변을 빼 내는 일은 매우 힘이 들었지만 매일 하는 일이 아니라서 해낼 수가 있었다. 어머님은 딸인 시누이가 있을 때는 안시키다가 가고 나면 변을 보자고 하셨다. 이것이 처음에는 이해가 안되었는데 시누이가 무어라고 생각해도 나는 나의 시어머님은 내가 더욱더 만만한 것이 아니었나 싶다.

어머님은 누워서 아들을 매우 보고 싶어하셨다. 나는 어머님 아들이 간 천국에 가서 아들을 만나고자 하면 예수를 영접해야 한다고 권면하면서 아들이 보고 싶으니 아들을 만나게 해 달라고 하나님께 기도를 드리라고 하였다. 어머님은 아들을 보고 싶은 일념으로 하나님께 기도를 드렸든지 그 후 아들을 세 번이나 만나게 되었다. 첫 번째는 아들이 흰말을 타고 대군을 몰고 나타났는데 흰옷에 흰모자에 빨간 태가 달린 모자와 소매 끝에도 빨간 태를 단 옷을 입었다고 했다. 아들을 만나서 기뻐하셨지만 그것이 꿈이라고 안타까와 하셨다. 나는 어머님 아들이 천국 백성이 되어 후손들도 이 아들로 인하여 예수 믿는 대군이 될 것이라고 말해 주었더니 묵묵히 들으셨다. 그 후에도 기도를 하여 두 번 더 아들을 보시더니 집안 어른들이 찾아왔을 때 내가 죽으면 우리 며느리가 요구하는 대로 장례를 치르라고 하시고 돌아가셨다. 아주 평화스럽게 어머니의 두 딸과 내 앞에서 고요하면서도 평화스런 얼굴을 그득히 안고 천국으로 소천하신 것이다. 어머님은 살아계신 것처럼 그렇게 부드럽게 염을 하였다.

교회에서 오셔서 생화로 꽃관을 하고 비단 천을 덮고 성가대의 찬양 속에 서면교회 원종록 목사님의 고별 설교로 장례식은 성대히 치러졌다. 그 당시에 우리 교회에는 목사님께서 안 계실 때였나 보다. 집안 어른이 하시는 말씀에 고인이 평소에 꽃을 좋아하시더니 생화 꽃관을 쓰시고 좋은 나라 가셨다고 부러워 하셨다.

예수를 몰랐던 집안 어른 중에 영해중고등학교를 세우시고 돌아가신 할아버님이 계셨다. 학생들이 만든 종이 꽃관의 상여를 차려 입음이 없어서가 아니고 몰라서였던 것이었다고 아쉬워 하셨다. 나는 지금도 감사하게 생각하는 것은 시어머님께서 구원도 없이 천국에 보내드리지 않았다면 항상 후회할 텐데 그곳 아름다운 곳 눈물도 없고, 눈물도 없고 고통과 아픔이 없는 곳, 햇빛이 필요치 않은 밝고 환한 아름다운 곳에 보내드림이 하나님의 크신 은혜와 사랑이라고 생각할진대 큰 다행과 평화라고 느끼며 살아가고 있다.

3

도전과 성취의 이야기

서공이라 부른다

구원받고 천국가신 아버지

- 부친은 나에게 통장과 도장을 손에 쥐어 주면서 뜨거운 눈물을 흘리셨다.

그것이 최초이자 최후로 바라본 부친의 눈물이셨다. -

99년 1월 14일 오후 1시는 아버님의 소천일이다. 주민등록번호가 160207-1093611이신 아버님은 더 오래도록 사실 수 있을실 텐데 서구 서대신동 3가 704-122에서 세상과의 줄을 끊으셨다.

아버님은 키가 작으신 편으로 보통 체구에 코가 오뚝하시고 피부가 맑으시고 연세에 비하여 젊으셨던 분이시다. 선비 가정에 4남 2녀 중 3째로 태어나셨지만 배움이 그리워서 엿장수를 하시면서 일본에 건너가 아르바이트와 독학을 하시면서 근실하고 착하게 사셔서 키가 크고 미인이시고 공부도 많이 하신 테니스 선수이던 어머님을 아내로 맞이하셨다.

외할머니께서는 아버지가 할머니와 동향이시고 착실하고

정직하시고 선비 가문의 자제 분이라는 것만으로 맘에 드셨다고 한다. 그래서 우리 어머니가 시집 안가겠다고 머리까지 자르셨다는데 기어이 결혼을 시키셨다. 무엇보다도 인텔리 가정에서 자란 나는 오빠와 일본에서 나서 한국에 나와서도 부속 초등학교에 입학할 수 있었다. 어릴 때 기억으로 우리 집에서는 학용품 일체를 사두고 풍족하게 학업에 임했다는 기억이 새롭다. 고학년이 되어 갈때 항상 외할머니는 따뜻한 밥을 식기에 담아 솜으로 만든 주머니에 넣어 우리들에게 가져왔었다.

키가 큰 어머니는 자랑스러웠지만 키가 작은 아버지는 나의 자랑이 못되었다. 어질기만 해서 친구에게 보증을 서주어 2층에도 화장실이 있는 멋지고 넓은 좋은 집을 빼앗기고 했던 어렴풋한 기억이 있다. 어머니가 주로 적극적이시고 활동적이어서 과수원을 할 때 어머니가 청과조합에 자주 오셔서 과일을 경매한 돈으로 부산에서 우리 할머니에게 우리들 교육을 시키셨다. 진영에서 과수사업을 할 때는 동생들에게는 육성회 부회장을 하셔서 선생님들께 대접도 잘해 드리셨다. 그래서 나는 어질기만 하고 무능한 아버지가 싫었다. 그래도 부부가 화기애애하고 단란하고 교육적이어서 우리는 모두가 모남이 없이 반듯하게 자랐다.

어머니가 돌아가시고 아버지께서는 오랫동안 혼자 사셨다. 어머니가 워낙 수준이 높으신 분이라 그리 넉넉하신 편도 아니신 아버지의 재혼상대가 될 만한 사람이 흔치 않았다. 잠깐 동안 함께 사신 분은 계셨지만 탐탁치 않으셨는지 늦도록 혼자 사시면서 아들들이 돌아가면서 모셨다. 최후로 사신 곳은 둘째 아들 집이었는데 나이가 드셔도 운동 삼아 아들이 하는 일 중에 고등학교 매점에서 자판기 관리는 직접 맡으셨다.

　나는 평소 많은 돈은 아니지만 매달 봉급에서 자동입금을 시켜서 용돈을 보내드렸는데 아버지는 그것을 매우 고마워 하셨다. 교회에 헌금으로도 쓰시고 동료들에게 부조금으로 도 큰 불편 없이 쓸 수 있었다고... 아버지의 병은 권투선수 알리가 앓았던 병으로 손이 떨리는 파킨슨 병이었다. 편찮으 신 후부터 나는 일주일에 한번 정도는 아버지를 찾아뵈었다. 서울에 있는 올케도 오빠 혼자 식사하시게 두고 작은 오빠 집에 계셨는데 이 집도 부부가 맞벌이를 하시기 때문에 유순 언니가 집안 봉사도 하고 아버지 간병을 맡았다. 얼마 간은 간병인을 두어 형제들이 조금씩 내어서 간병 일체를 도왔고, 돌아가시기 1년 가까이는 간병을 돕자고 하였지만 각기 살 기에 힘이 들어 마음뿐이지 노년에 아버지에게 풍족한 마음 을 전달하지 못했다.

　돌아가시기 전전날 나는 아버지 옆에서 한 밤을 새우면서 간병을 해드렸다. 그때 아버지은 나에게 통장과 도장을 손에 쥐어 주시면서 뜨거운 눈물을 흘리셨다. 100여 만원의 돈이 었고 그것이 최초이면서 최후로 바라본 아버지의 눈물이었 다. 그 돈은 세상의 어떤 돈보다 값지고 부자가 가진 수천

억보다 더 큰 돈이었다. 얼마나 아버지께서 이 돈을 아끼셨을까? 물론 나는 이 돈을 개척하는 동생 전경출 목사에게 주었지만 너무나 의미 있고 깊이 있고 설명할 수 없는 진지한 돈이었다. 개척교회의 영혼 구원에 쓰여진 이 돈은 너무나 의미 있는 표현할 수 없는 큰 돈이었다.

아버지는 극동방송에서 흘러나오는 다윗이 솔로몬에게 주는 유언을 듣고 운명을 하셨다. 다윗의 유언이란 99년 11월 14일 극동 방송을 타고 흘러 나온 김철봉 목사님의 설교를 말한다. 아버지는 성경지식이 유창하신 분도 아니시기에 다윗이 주는 유언, 이 방송설교를 통하여 우리에게 하고 싶은 말씀을 대신하신 것이다. 그래서 우리들은 이 말씀을 기억하며 살아 가려고 다짐을 늘 새롭게 한다. 그것은 결코 우연이 아니라고 생각하고 싶어진다. 지금까지의 하나님이 우리들에게 경험하게 하시고 찾아와 주셨던 것은 결코 우연이 아니셨기에 그렇게 믿고 싶다.

"내가 이제 세상 모든 사람의 길로 가게 되었노니 너는 힘써 대장부가 되고 네 하나님 여호와의 명을 지켜 그 길로 행하여 그 법률과 율례와 증거를 모세의 율법에 기록된 대로 지키라. 그리하면 네가 무릇 무엇을 하든지 어디로 가든지 형통할찌라."

이 말씀을 요약하면 다음과 같다.

첫째, "너는 힘써 대장부가 되고"이다. 힘써 대장부가 되라는 말은 너는 사람다운 사람이 되라는 것이다. '身言書判'

이라는 말이 있다. 이 말은 몸가짐을 단정히 하고, 말을 바르게 하고, 자기의 의사를 글로써 잘 나타내고, 모든 사리를 공명 정당하게 판단할 줄 아는 자이다. 이 세상에는 사람다운 사람이 없어져 가고 있기에 애초 하나님께서 인생을 창조하신 형상을 인간은 죄로 말미암아 파괴되어가고 있음으로 하나님의 거룩과 자비, 선하심과 전지하심과 긍휼, 무죄함과 깨끗하심 등으로 회복되어 가야 할 것이다. 베드로 사도 역시 "추구할 인간은 너희가 어떠한 사람이 되어야 마땅하뇨?"라고 반문하고 계신다. 우리 인간들은 원래의 창조 목적대로 모습을 회복하라고 그리하여 참된 사람의 인격의 삶을 갖추도록 강조하셨다.

두 번째, "하나님의 말씀을 따라서 살아라!"이다. 파란만장한 인생의 성공자인 다윗은 하나님의 말씀이 무엇인지를 그의 경험으로 깨달았을 것이다. 살아계신 하나님 그의 신비함과 일점일획이라도 틀림이 없는 말씀만을 좇아 살아간다면, 네가 무엇을 하든지, 어디로 가든지, 형통하리라고는 것이다. 노력도 아니하고 형통하게 되려 말고 힘써 사람이 되고 말씀을 따라 살면 너희 인생을 책임져 주신다는 유언이다.

실로 우리 아버지만큼 굴곡의 세월을 사신 분이 또 있을까? 전 세대의 우리 부모들이 다 그러했겠지만 우리 아버지는 더욱 그러했다. 일제 시대에는 청운의 꿈을 안고 일본으로 건너갔고, 고물장사며 목욕탕에서의 기사로 안해본 일이 없는 젊어서의 고생, 해방이 되어 한국에 왔으나 일본과는 전혀 다른 사업 풍토 속에서 온갖 부정과 싸워야만 했던 시절, 그리고 그 어려운 여건 속에서도 진영에서 일구어낸 작은 승리, 과수원 품평대회마다 일등상을 받던 보람 있던 시절, 하지만 1960년 불어닥친 사라호 태풍으로 한 순간에 빚더미에 올라앉아 몰락하고만 슬픈 현실.

이러한 질곡의 세월 속에서도 우리를 묵묵히 길러 오신 그 아버지였기에 우리의 감회는 더욱 새롭다.

어머니가 일찍 돌아가셔서 없는 가운데에서도 용기를 잃지 않으시고 항상 부지런함으로 모범을 보여오신 아버지.

80이 다 되신 연세에 더 이상 자신의 고집을 꺾지 않으셔도 되는 나이이시건만 "자식이 다 믿는 예수, 나도 믿어야지"하시며 교회를 따라나오시던 그 아버지, 그 아버지께서 깊지는 않은 신앙이지만 우리에게 다윗의 유언을 선물로 주고 떠나신 것이다.

평소에 아버지는 얼마나 깔끔하셨는지 모른다. 일본에서부터 든 습관이셨는지 매일같이 목욕을 하시는 것이었다. 아버지의 일과는 새벽기도와 함께 시작되었다. 서대신동 달동네, 그 높은 곳에 사시면서 서대신동 로터리 근처에 있는 서대신 제일교회를 다니셨는데, 새벽기도를 드리시기 위해서 매일처럼 그 언덕길을 오르내리는 분이셨다. 그리고 새벽기도가 끝나면 인근의 남일탕에 들러 꼭 목욕을 하시고는 다시 집으로 가는 것이었다. 아버지의 그러한 부지런함과 깔끔함은 동네에 소문이 날 지경이었다.

이제 자그만한 체구에 언제나 잔잔한 미소를 띠고 그윽한 눈빛을 띠는 아버지는 이 세상에 계시지 않는다. 일본에 계실 때의 습관 그대로 낯선 손님이 오시면 항상 무릎을 꿇고 손님을 맞으시는 아버지, 당신보다 나이가 어려도 항상 어려워하시며 말을 높이시며 대하시는 아버지, 사람들에게 언제나 존경을 받으셨던 그 아버지는 하나님의 나라에 가셨지만 우리에겐 유언을 주심으로 항상 우리와 함께 하시는 것이다.

다윗이 솔로몬에게 준 유언

첫째, 믿음에 대장부가 되어라.
둘째, 하나님의 율례외 법도를 따라 살아라.

교사 전박자

1990년 11월 29일 목요일

오늘은 박순애 선생님의 장례식이다. 부랴부랴 준비해서 성모병원에 나가니 선생님들 몇 분과 하영숙 장학사가 도착해 있었고 교장은 늦게 왔었다. 하 장학사는 남의 길흉사에 빠짐없이 참석해 주시는 마음뿐 아니라 외모도 아름다우신 분이다. 나라도 참석하여서 하 장학사에게 좀 덜 민망하였다. 불교 가정에 박순애만 기독교를 믿은 것 같았다. 흑인 선교사가 장례를 집례하였다. 모든 것을 주관하시는 하나님의 섭리를 감사하여 기도를 드렸고 지금쯤 천국에서 하나님의 품안에서 편히 있을 딸아이의 영혼은 감사해 하였다. 나는 이분의 기도에 공감을 가지며 유족들에게 평강 주시기와

주 예수님을 알게 해 달라는 기도를 마쳤다. 나도 함께 찬양을 드리며 울었다. 하영숙 장학사도 울면서 순애야 하고 불렀다. 차는 학교 근처 건널목에 잠시 대었다가 또 집으로 갔다가 마산 화장지로 갔다. 가족이 믿지 않으니 박 선생의 화장한 뼈는 절에 안치되었다.(중략)

나는 일생을 교사 전박자로 살아왔다. 그래서 나의 일기의 많은 부분은 학교에서 일어난 일로 장식되어 있다. 그 기록 중에는 기쁜 기록도 많이 있지만 슬픈 기록도 많이 있다. 그 중의 하나가 1990년 11월 말에 있었던 박순애 선생님의 소천이었다.

박순애 선생님은 참으로 총명하고 촉망받는 교사였다. 당시 우리 학교는 개금쪽 철로변에 있었기 때문에 철길사고가 잦았다. 그런데 박순애 선생님이 그만 참변을 당한 것이다. 교사의 꿈을 안고 교육대를 나와 이제 막 그 꿈을 펼치려는 순간에 출근하는 길에 그만 기차를 보지 못하여 사고를 당한 것이었다. 참으로 인생은 하나님이 없다면 허무하기 짝이 없는 것이라고 여겨진다.

나의 초임발령은 성동초등학교였다. 성동초등학교로 발령을 받고 나의 남편을 만나게 되었다. 그곳에서 미술과 연구 발표를 갖게 되었을 때에 애송이 교사였지만 연구 보조도 맡아서 선생님들과 관리자들로부터 사랑을 많이 받아왔다. 그 후 2년 후에 성남초등학교 시절 역시 미술과 연구학교에서 연구 보조 역할을 맡았다. 그때 아들 우용이를 낳았다. 남편이 다니시던 극장과도 가까웠지만 부산에서 유명한 부산진 시장이 있는 곳이다.

첫딸을 낳고 오랜 세월 몸이 불편한 후유증이 있어 아들을 낳고도 매우 몸이 허약해서 학교를 그만둘까 하는 생각도 하였다. 그때는 계속 학부형들의 요청도 있고 하여 일학년을 주 학년을 가르쳐 왔고, 마지막 해에는 학부모들이 교장 선생님께 요청하여 그 반을 고스란히 데리고 2학년을 맡았다. 그때 어떤 학부모님은 내가 몸이 안좋다는 것을 알고 1년 동안 꾸준히 보약을 제공해 주시면서 아이들을 가르치도록 배려해 주시기도 했다.

그 후에 남일초등에서 교육부 연구발표회 시기에 잡혀가다시피 그곳에서 연구발표도 갖게 되었다. 그 해는 교육과정이 새로 바뀌어지는 해라서 항상 수업 연구를 갖기도 하고 매일의 수업이 연구수업을 발표하듯이 해야 했다. 가야초등을 와서 중등 검증고시도 합격하였다. 게다가 부산 교육의 편집위원으로 약 10년쯤은 봉사도 하고 부산교육 연구원에 힘을 빌어 "아동화 지도와 이해"라는 책자를 교직 경력 15년 째 해에 만들었다. 전국도서관과 개발원에 보내어서 호응이 좋아서 교육개발원에서 그 책을 더 요청을 해서 내가 가진 한 권 외에 모두 드렸던 기억도 갖고 있다.

그 후에 어린이회관에 최초의 연구사로 초등에서 3명, 중등에서 1명 차출되어 1년 6개월간 고생만 하고 전혀 대가없이 봉사를 하였다. 그래도 나의 작은 힘이나마 부산 교육에 보이지 않은 곳에서의 노력이 교육을 만들어 간다고 생각하며 그것을 보람으로 생각하고 오늘날까지 헌신해 오고 있다.

심지어는 부산 시내에 미술과에 관계되는 선생님들을 모셔놓고 시범 수업도 하고, 어느 해에는 논문 발표도 하고, 어느 해에는 각 학교에서 요청을 하면 요청 강의도 했다. 그리고 연구학교 배심원으로도 참석하기도 하고 1급 정교사 강의도 맡기도 했다. 그 가운데 스카우트의 관계되는 일이라면 강의도 빠짐없이 받아서 보이스카우트에 교수과정도 받았고 봉사활동도 방학이 되면 쉴 틈이 없도록 다녀서 보람 있는 방학 활동을 스스로 연출하기도 한다. 요즈음은 행복한 학교 만들기와 홀리스틱 교육에 홀려서 또한 노력하고 있다

정말 나의 일생은 시험의 연속이라고 해도 과언이 아니다. 부속 초등학교에서 시험으로 시작해서 중학교 입학고시로 해서 합격을 해야 했다. 고등학교 역시 시험을 통과해야 했고, 부산 교육 대학, 그리고 중등검증고시 각종 연수에도 시험 없는 연수 한번 받아 보았으면 하지만 교감도 시험으로 합격을 해야 했고, 교장 시험 역시 시험으로 패스해야 했다. 가장 인상 깊은 것은 교장시험이다. 오픈 테스트라는 것이 가장 부담이 작은 자유로운 시험이었고 심지어 스카우트 자격증까지도 시험을 쳐야만이 받을 수 있었다. 언제 시험 없는 도시에서 살아볼꼬. 게다가 대학원시험, 강도사고시, 졸업고시 앞으로 목사 고시는 또 한번 치러야 할 시험이 남았다. 그보다 하나님 앞에서 인생고시를 치를 날에 정말로 잘

했다고 착하고 충성된 종이라고 칭찬 받을 시험이 가장 주요
한 시험일 것이라고 느끼면서 누가 보건 아니 보건 하나님
앞에서 (코람데오정신)삶이 가장 주요한 과제이고 시험이
다. 그러고 보니 인생은 시험의 연속을 벗어 날 수가 없나
보다.

　교사 경력 26년 6개월 만에 교감이 되었다. 그렇게 교감
을 하려고 기를 쓴 것도 아니고 방학 때면 시골에서 주일학
교를 하지 못하는 곳으로 봉사 활동을 하면서 지냈다. 그 당
시만 하여도 교감 시험을 준비하는 분들은 예상문제집이나
책을 사서 보기도 하고 항상 논문 쓰는 데 골몰하고 있었다.
나는 평소에 교사 첫 발령을 나서부터 관리자들이 논문을 내
라고 하면 순종하기 위해 안 내면 안 되는 줄로 알고 어쩔
수 없어서 내곤 하였는데, 그런 것들이 낼 때마다 최우수나
우수 등을 탔다. 그리고 그런 것들이 모여서 때가 되니 연수
가라고 해서 갔다.

　솔직히 연수를 받고 나서 교감으로 차출될 때가 더 힘이
들기도 하였다. 그때 나는 특수반을 맡아서 전시회도 갖게
되었고 학교 일도 더 성실히 맡아서 잘해 나가지 않으면 학
교 등위에서 1등을 받아야만이 차출되어 나가는 것도 쉽지
않지만 내가 교감 차출되기를 준비하는 성북학교 시절에는
교감 대기자가 두 사람이 있어서 관리자들도 머리가 아프셨
을 것이다. 어째 건 나는 교사시절이 짧았다. 교사의 생명이
학생들을 지도하는 데 있는데 직접 지도하는 기간이 다른 사

람들보다 짧았다. 그리고 조금 젊어서 교감이 되었다.

막상 첫 부임지인 거제초등학교로 발령을 받고 보니 연세가 많으신 분들이 너무 많았다. 그래서 나는 안절부절하였다. 아버지 정도 되시는 분이 결제를 하러 오실 때 그분들이 얼마나 민망하실까 생각하니 항상 선배를 대하듯이 깍듯이 하였다. 그래도 나는 신경이 너무 많이 쓰여서인지 그때 갑상선이 생겼다. 1년 간 약도 먹고 병원을 다니다가 하나님께 기도하기로 하고 믿음으로 약을 끊었다. 그런데 그 뒤에 약간의 재발현의 정상이 있었으나 무식하게 병을 이기겠다는 심령으로 기도하면서 끊었는데 지금까지 갑상선은 굿바이를 하였다.

거제학교에서 잊지 못할 두 가지가 있다. 그 중의 하나는 학교 앞에 철길이 있어 이 길을 통해 통학을 하였는데 아까운 처녀 선생님이 희생이 된 것이다. 너무나 미모도 아름답고 착실한 발령된 지 2년도 채 안 되는 선생님이셨다. 참으로 비참한 말로였다. 인생이란 내일 일을 알 수 없는 존재이다. 부친도 안 계시는데 어머니의 심정이 어떠했겠나를 생각할 때 몇 날이고 잠을 잘 수가 없었다.

또 한 가지는 나의 짝지, 교무담당 교감의 죽음이다. 교장 차출이 여러 번 왔지만 결국 유명을 달리 하셨다. 하루는 잠을 자는데 우 교감이 높은 산에서 벼랑길을 걷고 계셨다. 그러다가 산 아래 절벽 맑은 물이 아닌 흙탕물에 떨어져서 세 번 물 속에서 고개를 내밀다가는 끝내 나오시지 않으셨다.

나는 깜짝 놀라서 눈을 뜨고 시계를 보니 새벽 3시였다. 교감 선생님 댁에 전화를 해 볼 수도 없었다. 너무 새벽인지라 아침에 서둘러 학교에 출근하니 우 교감이 갑자기 새벽에 편찮으셔서 신경과 병원에 입원을 하였다는 것이다. 의식이 불명이라고 하였다. 가족들은 그때가 몇 시인지 분명치 않다고 하는데 새벽 3시경인 것 같았다.

불교에서는 옷깃만 스쳐도 인연이라고 하는데 짝지 교감이 된 것도 예사로운 인연이 아닌가 보다고 생각하며 기도를 해드렸지만 그 뒤 우 교감은 3번쯤 가까이 입원하시고는 이 세상을 하직하셨다. 꿈이란 너무 신기하기도 하였다. 오랫동안 부교감의 역할인 교무담당의 일을 맡아서 고생을 하였지만 달게 받고 하였다. 나는 생활 담당 교감이라서 매일 출근과 동시에 교통 지도를 하러 거의 빠짐없이 다녔다. 그때 나는 교감이 아니라 교통 당번 같다고 생각할 때는 매우 힘이 들었지만 내가 잠시라도 노력할 때 우리 어린이들의 생명을 지킨다고 생각하니 추운 겨울날의 교통지도는 약간의 보람도 동반되었다.

특수학급 이야기

- 우리의 생각이 사랑에 기초를 두고 활동을 해나간다면

반드시 그 일은 어떠한 모습이라도 성공한다는 확신을 갖게 되었다. -

교감 발령을 앞두고 12년 전 성북초등학교 시절 나는 특수반을 맡은 일이 있다. 우리 특수반에는 이강문이라는 문제 아이가 있다. 극도의 애정결핍의 어린이이기에 복도에서나 운동장에서 사건이 생겼다고 가보면 강문이였다. 강문이는 문제환경에서 자란 아이였다. 일찍이 부친이 무슨 연고인지는 모르지만 교도소에 가고 어머니 역시 아이들을 두고 집을 떠난 지가 오래되어 강문이와 동생은 큰집에서 길러지고 있었던 것이다.

큰 집 역시 넉넉하지 못하여 강문이의 준비물을 전혀 챙겨 주지 못하고 있었다. 미술시간이 되어 학생들을 색상으로 심리를 파악하는 프로그램이 있다. 그래서 강문이에게 접근하

여 "강문아 너는 어떤 색깔을 제일 좋아하니?"라고 물었다. 그랬더니 "검은색이요"라고 대답하는 것이었다.

강문이가 가장 좋아하는 색상이 검정이라는 것은 그 아이에게 정서적인 문제가 있다는 것을 알려주는 것이다. 색채 심리학자의 말에 의하면 검정 색은 극도의 불안한 환경을 지닌 사람들이 좋아하는 색상이라고 한다. 강문이는 색종이 역시 검정 색종이를 가장 좋아한다. 그 아이의 심리상태가 불안 초조 불안정하고 가족에 대한 애정의 공백을 나타내주고 있음을 반영하는 것이다. 색채 심리학자들의 말처럼 강문이는 날마다 준비물을 학교에서 제공해 주거나 갖추어주어도 다음날은 반드시 가져오지 않거나 없애버린다.

때로는 용돈이 없으면 2학년 어린이답지 않게 공중 전화통을 털어서 그 돈으로 군것질을 한다. 머리는 항상 형제가 까까머리이다. 동생도 날마다 학교에 따라오기 때문에 누구든지 잘 알고 있다. 어느 날은 얼굴에 온통 피멍이 들고 머리에는 혹투성이가 되어왔다.

"강문아 왜 이렇게 되었니?"

"큰엄마가 우리는 막 때리고 패서 그래요" 하였다.

"큰엄마가 왜 이렇게 되도록까지 너희들을 때리니?"라고 물으니 "냉장고에 있는 김치를 끄집어내어 먹다가 그만 쏟아뜨리고 말았어요, 그래서 그만."

김치 한 통을 몽땅 먹을 수 없도록 만든 것 같았다. 학교에서 하는 모습을 보면 여간 불쌍하질 않지만 큰어머니를 나무랄 수도 없을 것 같았다 속이 많이 상할 것 같았다. 오죽 했으면 저렇게 할까 싶었다.

나는 어려운 문제가 생길 때면 먼저 신앙적인 관점에서 문제를 살펴보았다. 인간적인 생각과 계산으로 하면 짜증밖에 나지 않았기 때문이다. 그렇게 생각하니 강문이는 나에게 찾아 오신 예수님이었다. 그렇게 생각하고 날마다 머리도 감기고 맨발로 사철 다니는 아이의 발을 씻어주며 애정을 갖고 사랑을 해보리라고 생각하기에 이르렀다.

그뿐만 아니라 우리 반 종달새반 8명의 어린이들은 2학년들이지만 모두가 각색의 문제를 안고 있었다. 그리하여 이 어린이를 위해 해줄 수 있는 것이 없을까 생각을 하다가 이들이 장래에 한 가지라도 흥미나 특기가 있는 부분을 찾게 하기로 하였다. 그래서 우선 그림물감을 준비시켜서 매일 그림도 그리고 각종 만들기 꾸미기 등 미술과에 속한 모든 것을 방과후 시간을 이용하여 시행하기로 하였다. 도시락은 서로가 나누어 먹기로 하고 막상 이일을 시작해보니 왜 일을 만들어서 고생을 하는지 후회도 되었다.

아니나 다를까? 우리 교실에는 장판을 깔아 두었는데 강문이가 물이며 물통들을 차고 맨발로 다니면서 물감을 발에 묻여서 방바닥에 찍고 다녔다. 하루도 아니고 꾸지람만 먹고 자란 아이라서 꾸지람은 통하지 않았다. 꾸준히 사랑과 권면과 보살핌으로만이 서서히 녹아 들어가기 시작하였다. 그림도 처음에는 멋대로 칠하기 시작하더니 석 달쯤 지나니까 조금씩 물을 쏟던 것도 나아져 갔다.

그뿐 아니라 그림에 관계되는 책자들을 구입해서 각종 폐품을 이용하기도 하고 나의 아이템도 짜기 시작하여 온갖 것을 매일 매일 프로그램을 다양하게 실시하니 어린이들이 관심을 갖기 시작하였다. 길거리에서 병 뚜껑을 주워와서 씻어서 그 속에 색종이를 넣어 시계를 그려 넣고 부포지를 잘라서 손목 시계를 만들어 차게 하였더니 그 당시에는 손목 시계를 차보는 것이 부러웠던 시절이고 보니 대단히 기뻐하며 즐거워하였다. 풀을 끓여서 색 풀을 만들어 노래를 부르며 마음껏 그들의 신나게 했던 일이며 마요네즈 프라스틱 병을 이용하여 각종 생선을 만들어 바다를 꾸며서 고기를 잡던 일이며 내 생에 가장 보람된 일이었고 가장 후회할 수 없던 시절이었다.

연말에는 교장선생님께 부탁하여 8명 모두에게 최우수상을 시상했을 때 이들이 그렇게 감개무량한 표정으로 좋아했다. 그들은 아마도 상과는 거리가 먼 줄로만 알다가 최우수의 영광을 차지했으니 여간 횡재가 아닐 수 없었다. 드디어 연말이 되어 전시회를 하고자 학교측에 요청을 하였더니 반대하는 선생님들이 계셨다. 학교에서 전시회를 갖게 되면 다른 학교에서 구경을 올 텐데 그러면 학교 정비며 청소에도 특별히 신경을 써야 하는 등 여러 가지가 번거롭다는 것이다.

나는 담당 장학사인 그 당시 이연숙 동부교육청 특수담당 장학사에게 직접 부탁했다. 이 장학사는 학교에서 전시를 못하게 되면 교육청에 자리를 마련해 주시겠다는 것이다. 학교에서는 난처하게 되어졌는지 전시회를 허락하셨다. 이들의 작품을 넣기 위한 액자도 학교에서는 해줄 수가 없다 하기에 나는 어쩔 수 없이 여러 모양을 동원하여 액자에 넣을 수 있는 것은 넣고 했다. 작품전시를 막상 진열을 해보니 1년을 꼬박 만든 작품이라서인지 대단히 많았다. 다양한 종류의 작품도 작품이지만 강문이의 작품은 처음과 1년 후의 작품은 놀라운 변화가 되어 비교가 되었다. 작품의 진열은 책상 위에서 벽면에서 복도전체를 차지할 정도로 대단하였다.

부산 시내 특수 학급의 모든 선생님들의 관람과 아울러 KBS에서 녹화를 오셨다. 관람 오신 분들과 타학교 특수 학급 교사들이 오셔서 극찬을 해주었다. 우리의 생각이 사랑에 기초를 두고 활동을 해 나간다면 반드시 그 일은 어떠한 모습이라도 성공한다는 확신을 갖게 하였다.

당시 우리 학교에서는 교감 연수를 받은 나 외에 다른 분이 또 계셨다. 한 학교에서 두 사람이 교감 발령을 대기하고 있었으니 반대를 할 만도 했겠지만 그 분도 발령 받았고, 나는 그 다음해 교감을 발령을 받았다. 결코 이들을 이용한 계산된 전시회는 아니었다. 교사로서 가장 아름답고 보람된 일이었기에 소개하고 싶어진다.

교감 전박자

성북학교의 특수반을 끝으로 교사생활에서 교감으로 첫 발령지인 거제초등학교로 발령을 받았다. 46세의 그 당시로선 어린 나이에 발령을 받고 보니 60세 이상의 교사가 교장까지 포함해서 6명이나 있었다. 나보다 연배의 교사들이 많아서 나는 처음에는 안절부절하였다. 결재를 하러 올 때는 나는 일어서서 깍듯하게 인사를 하며 대하였지만 교감의 역할이 익숙해질 때까지는 일 년 가량의 시간들이 걸렸다. 그 후에야 겨우 몸에 자연스러워 졌다.

교감이 되기까지는 평소에 학생들을 가르치면서 매일 매일의 기록들을 경영록에 써둔 것들이 있어서 그것을 정리해 내면 거의 상을 받아왔는데 점점 논문 쓰기가 어려웠다. 교

감이 되기 위해 억지로 수업결손을 내며 논문을 쓰지는 않았
어도 평소에 관리자들이 수업연구 하라면 하고 논문 내라면
경영록 정리해서 쓰고, 주임하라면 하고 해서 막상 차례가
되어 시험을 준비할 때가 되었다. 그러나 차출 대상자는 삼
배수에서 차출은 되었지만 시험에서 각 시도에 배정된 숫자
에 들어가기까지가 여간 힘든 것이 아니었다.

　나는 가평초등학교 근무할 시절에 우연히 이송연 교장을
길에서 만났다. 지금은 퇴임을 하셨지만 교사 시절에 나에게
교감 시험 준비하러 가자고 하였다. 어디로 가느냐고 하니
광주에 교감 차출 대상자를 위하여 공부를 시켜 주는 곳이
있다는 것이었다. 그런 곳이 있느냐고 오늘 기도하고 결정하
겠다 말하고 아이들과도 의논해 보겠다고 하였다. 나는 그
밤에 하나님께 기도를 드렸다. 내가 광주에 공부하러 가면
아이들이 스스로 맡은 일을 분담해서 잘하고 그곳까지 공부
하러 가는 보람이 반드시 있어야겠기에 기도할 것들이 많았
다. 다음날 아침 아이들을 모아놓고 엄마가 광주에 공부하러
가니 너희들끼리 엄마가 없어도 잘 꾸려 나가도록 할 것과
자기 맡은 일을 스스로 잘 해 달라고 부탁을 했다. 그때가
마침 방학기간이고 해서 자녀들은 흔쾌히 엄마의 말에 동조
해 주었다.

　광주에 막상 와 보니 우리 하숙집에는 부산팀이 8명이나
있었다. 한 방에 두 명씩 방 세 칸이 부산팀으로 구성되었
다. 나는 지금은 퇴임하신 개원초등 여교장이신 분과 한 방

을 사용하였다. 모두들 평소에 공부를 나름대로 많이 하고 준비를 했는지 가지고 오신 책들이 새까맣게 되어 있었다. 연세가 많으신 분들이었지만 방송통신대학도 나오시고 나름대로 노력을 하셨던 분들이셨다. 나는 세 권의 책을 사갔는데 매일 프린트를 해서 공부를 조직적으로 시키기 때문에 필요가 없었다.

학교 다녔을 때 배운 것도 있지만 새로운 상식들을 가르치는 윤리공부는 배우는 자체만으로도 여간 보람이 되는 것이 아니었다. 매일 배운 공부는 하숙방에 오면 모두가 나름대로 열심히 복습을 하였다. 내 방에서 공부를 하게 된 선생님은 날마다 나에게 다시 가르쳐 달라고 하였다. 나는 시간도 없는데 매일 가르치지 않을 수가 없었다. 처음에는 귀찮았지만 처음 예수 믿은 내가 그리스도의 사랑을 실천하려면 이쯤은 감수해야 한다고 생각하고 꾹꾹 참으면서 가르쳤다. 반 달쯤 될 때에 선생님은 갑자기 당뇨지수가 높아져서 부산으로 내려가 버렸다. 그래서 나는 혼자 공부할 수밖에 없었다. 막상 생각해 보니 그때에 공부를 다시 가르쳐 준 내용만 내가 아직도 기억하고 있는 것이었다. 따지고 보니 내가 공부를 가르쳐 준 것이 아니고 공부를 한 셈이었다.

주일날은 하숙집 앞에 바로 광주 은성교회가 있어서 교회 가기가 수월했다. 나는 매일 아무리 바빠도 그 곳에 있는 동안에는 하루도 빠짐없이 교회에 가서 자녀들과 함께 공부하는 모든 분들과 나 자신을 위해 기도를 드렸다. 하나님은 남을 위해 기도할 때 그 분이 받을 그릇이 안되면 결국 나의 것이 된다고 하는 생각을 하였다. 타인을 위한 기도도 아낌없이 하는 것이다. 중간에 교육부에 갈 일이 있어 그 기간에 배운 공부가 미흡하였지만 그 해에 같이 공부한 사람 중에 3명은 다음 해에 다시 공부하여 모두가 합격하여 교장이 되었다.

시험 날짜가 되었다. 하루 전날 나는 도저히 잠이 오지 않았다. 막상 공부를 하고 보니 나는 모르는 것이 너무 많은 사람임을 깨닫게 되었다. 너무 모르니 머리 속에 공부한 내용이 정리가 되지 않았고 뭐가 뭔지 오리무중이었다. 논술도 어떻게 써야 할지 자신감도 없었다. 그 밤에 겨우 잠을 이루는 중에 문제 하나가 내 머리에 꼭꼭 바늘로 찌르듯이 박혀왔다. 그래서 벌떡 일어나서 한번 더 훑어보았다. 새벽에 일어나서는 교육학 문제 하나를 논술로 다시 써 보았다. 아침에 가족들과 식사를 할 때 아들이 "어머니, 어려운 문제가 나와도 당황하지 마세요. 어머니가 모르시면 다른 사람도 모를 거예요."라고 말해 주었다.

막상 시험장인 교육대학에 가니 추워서도 떨려왔지만 손이 덜덜 떨려서 글을 쓸 수가 없었다. 논술고사는 교육학과 윤리학을 세 문항 중 두 문항을 쓰게 하였는데 어제 밤 꿈에 바늘로 찌르듯이 나에게 한번 더 보게 한 문제는 윤리학이고, 아침에 다시 한번 써 보게 한 문제는 교육학 문제였다. 그래서 두 문제씩은 자신있게 쓰고 다른 한 문제도 그런 대로 써서 냈다. 단답형의 문제는 너무 너무 배배 꼬여 있어 이해가 안되었다. 그래서 나는 기도를 드렸다. "하나님 이 문제가 무슨 문제인지 이해가 안됩니다. 문항을 잘 이해하게 해주셔요." 기도를 마치니 안개가 걷히듯이 문항이 보였다. 그렇게 어려운 문제가 아닌데 사고를 요하는 문항으로 꼬여져 있었던 것이다. 안개가 걷히듯이 이해를 하고부터는, 아는 문제부터 답을 써내려 가다가, 몇 개를 못써서 종이 쳤다. 그때는 대강 체크해둔 것을 정리하여 내었다.

나와서 답을 맞추어 보다 보니 지금까지의 시험 경향과는 다른 문제의 형태라는 것을 알게 되었다. 종래의 교감 시험 예상문제를 달달 외워서 공부한 사람들에게는 타격을 주는 문항이란다. 나는 아예 예상 문제를 접해 볼 시간이 없었기에 그나마 다행이었다. 지금까지는 각 시도로 돌아가면서 문제를 출제를 하였지만, 그때는 개발원에서 각 시도에 1등 한 사람들만 차출하여 지금까지의 시험 경향과는 판이한 문제를 출제했다는 것이었다. 오히려 예전의 경향대로라면 나는 불합격했을지 모른다. 어찌 되었건 우수한 성적으로 합격한 것만은 사실이었다.

그렇게 어려운 과정을 지나서 거제초등학교에서 생활교감으로, 수안에서 단독교감으로, 금강에서 교무담당 교감으로 지내고 8년 6개월 만에 교장이 되었다. 교감때는 학교일을 가지고 집에까지 가지고 와서 고민해본 일이 거의 없었지만 교장은 아무나 하는 것이 아니었다. 교장은 학교의 모든 책

임을 항상 임하는 각도가 달랐다. 교감 시절에는 그처럼 열
심히 교장이 오시기 전에 학교를 미리 순시하여도 보이지 않
던 것이 교장의 눈에는 보이는지 알 수 없었다. 교사의 눈과
교감의 눈과 교장의 눈은 분명히 뭔가 다른 것이 있다.

교장 전박자

교감 경력 8년 6개월 만에 교장 발령을 받게 되었다. 교장 강습은 차출된 교장 후보자들이 월요일 새벽 6시경에 부산역에 모여서 천안에 있는 교원대학으로 향했다. 조치원까지 기차 속에서 희극도 많았지만, 가족과 직장을 떠나서 일주일 간씩 교원대학으로 향할 때는 가정에서의 어려움도 있었다. 그러나 우선 직장을 훨훨 떠나는 시원함도 좋았다.

그리고 우리들의 각오도 비장하였다. 매주 과제와 해결과 평가에 대한 부담은 이루 말할 수가 없었다. 나의 룸메이트는 경남 교육청 장학사이신 김정옥 님이다. 한 방에 두 명씩 낯선 고장에서 떠나온 서먹함도 있었지만 같은 각오로 서로

가 라이벌이라는 부담도 어쩔 수는 없었다. 나와 김 장학사는 공부시간을 거꾸로 하였다. 평소 초저녁 잠을 자고 일어나서 공부를 하는 나와 초저녁부터 열심히 하는 김 장학사는 서로 토론하며 공부는 아예 안되었다.

교원대학 내에는 기독교수들 모임이 있었다. 나는 하루도 거르지 않고 이모임에는 참석하였다. 가정을 위해서 떠나온 직장의 평안을 위해서, 또 함께 공부하러 떠나온 모든 분들을 위한 기도도 빠짐없이 하였다. 5시에 기도회에 가면 나는 6시30분 정도까지는 기도를 마쳐야 내 방으로 왔다. 날마다 함께 기도회에 참석하시는 분들 중에는 한독실업학교 교장과 브니엘 교장선생님과 동주여중 교장은 40일 간 한 번도 빠짐없이 참여하였다

6시30분부터 나는 매일 공부한 내용을 복습하였다. 그 시간이 유일하게 집중되는 가장 좋은 시간이었다. 8시에 아침 식사하고 9시부터 연수가 시작되었다. 나는 졸지 않기 위해서 점심 시간 후에 반드시 10분 정도 눈을 감았다.

그렇게 하여 드디어 시험 날이 다가올 때에 우리 일행들은 기차 속에서 예상문제와 답을 만들어서 서로에게 돌렸다. 과제 해결은 부산에서 교원대학 출신 선생님들이 도와주겠다고 했지만 나는 그렇게 하지 않았다. 함께 공부할 때에 많은 분들이 서로에게 도움이 되었다. 조마조마했지만 오픈 테스트는 그래도 우리에게 부담을 적게 해 주었다. 생각보다 좋은 성적을 받게 되어 교장 발령 받는 데 큰 도움이 되었다.

그리 하여 9월에 곧장 발령을 받게 되었다. 가야에는 "加"라는 이름의 학교들이 많았다. 아무래도 좋았다. "가 이름의 학교에 발령 받게 해주세요"라고 기도를 드렸다. 선생님들은 첫 발령은 강 건너가 김해지역인데 그곳으로 주로 보낸다고 하였지만 하나님께서는 나의 기도를 외면하지 않으시고 가남초등학교로 보내 주셨다. 운동장도 없고 작은 13학급의 학교였다. 그러나 나는 기뻤다. 발령받는 것만도 기쁜데 교회가 가까운 곳이었기 때문이다. 그후에 공무원 임대주택을 얻었다. 역시나 학교에서 가까웠다.

이곳에 발령 받아 얼마 있지 아니 하여 학교 근처에 100m 남직한 학교 벽에 건물이 지어지기 시작하였다. 나는 행정과장을 통해 교육청에 알려서 어찌된 일인지 알아보고 보고를 해라고 하였다. 과장 말에 의하면 구청에서 허락할 만하니 허락했을 것이라고 아무런 반응이 없다고 하였다. 나는 아무래도 아닌 것 같았다.

그래서 그 당시 교육장이신 이현술 교육장에게 전화로 문의 해 보았다. 교육장님은 관리과장과 함께 즉시 와 주셨다. 이것은 환경권 관망권 방해라고, 있을 수 없는 일이라고 갑자기 일이 바빠지기 시작하였다. 그 당시 구청에서 어려운 자들을 위해서 여러 가지 여건을 초월하여 허가를 내어주었기 때문에 생긴 일이었다. 이일로 하여 법원에 소송이 되어 해결도 못 보고 가야초등학교에 발령을 받게 되었지만 어처구니없는 일들이었다. 하마터면 큰일날 뻔한 일이었다. 정말 교장은 아무나 하는 것이 아니었다. 그 당시 감사원에서 내려 와서 이렇게 건물이 올라갈 동안 교장은 무엇 했냐고 하였지만 즉시 대응을 안 했더라면 난처한 일이 생길 뻔하였던 것이다. 건축업자들이 찾아와서 교장 집에 들어 눕겠다고 억지를 부리고 삿대질을 하고 인간 이하의 짓을 하였다. 그들 중에는 학부형들도 있었겠지만 자기의 유익을 위해서는 학생들 전체를 위하는 일을 전혀 생각지 않는 처사들이 참으로 한심하였다.

학교의 교실들은 어두워졌고 학생들에게 불편한 점도 많았지만 조도 개선을 하고 그 대신 학교 내부를 더 더욱 정성스럽게 고치고 다듬었다. 내실 있게 전직원들이 노력한 대가가 있어 그해에 학교 평가 1위를 받아 2천 만원의 상금도 나왔다.

현재의 학교에는 김영재 시위원님이 운영위원장으로 계셨는데 이웃학교에서의 소문을 들어서인지 나를 요청해 주어서 벌써 이곳에서 2년째이다.

가야초등은 내가 3번째 부임하는 학교로서 고향 같은 학교이다. 첫 번째는 첫 애와 둘째가 이곳에서 학교 다닐 시기이고, 두 번째는 중등검증 고시를 치기 위해서 임산부 시험 때이다. 그 후 나는 어린이 회관에 발령을 받았고 이제 교장이 되어 이곳에 온 것이다. 남다른 감회가 있는 곳이다. 아직도 옛날의 학부모님들도 아는 분도 계시고 그때 가르친 제자들의 자녀들이 이곳에 다니기도 한다.

처음에는 학교가 소란해서 어머니회도 없었고 시끄러운 학교 중에 하나였었다. 학급 수는 52학급이나 되었다. 나는 교감시절 금강초등학교에서 66학급으로서 이보다 급식 식구들까지 약 100명 가까운 식구들을 거느려 왔었다. 이곳이 고향땅이라서 애정을 갖고 지도해 보기로 생각하며 날마다 나의 지혜를 얻는 창구로 새벽기도를 했다. 마침 가야 성안교회에서 수정산 터널 공사로 해서 학교 강당을 월 100만원씩 주고 빌려 쓰고 있었다. 그 돈이 교육청으로 들어갔다가 내가 부임할 즈음해서 나왔다.

그래서 계획적으로 학교 환경공사와 53년 간 묵은 환경을 뜯어고치기 시작하였다. 우리들도 윗도리 사 입으면 치마 사 입고 싶고, 한 벌 갖추고 나면 신발, 또 모자 악세사리 등을 전체가 조화 있게 갖추고 싶듯이 옛날 건물은 끝도 없이 할 일이 많았다. 주위의 도움도 많이 받고 구청으로부터도 도움을 구했다. 그리고 이사 가기 전에 건설화학에서 페인트 백 말을 얻을 수 있었다. 연이어 구청에서 쉼터와 나무전정공사 등의 도움을 받았던 것이다. 그 외 교육청에서의 도움도 많이 얻어서 지금은 영재연구학교 2년 차 준비에 박차를 가하고 있어 새로운 학교로 거듭나고 있다.

교회에서도 많은 도움을 얻었다. 어느 것 하나 손을 안 본 곳이 없을 정도로 새롭게 단장이 되었다. 모든 선생님들의 도움 없이는 결코 될 수 없었고 그들의 의견을 100% 존중하면서 시행해온 것이 학부모님들과 지역 사회로부터 신뢰와 학교에 대한 애정을 갖게 되었다. 그래서 인지 올해 7차 교육과정 연수에 우리 학부모님들께서 약 780명 정도가 모였고 오늘은 어머니들이 모여서 스포츠댄스도 하고 컴퓨터 공부를 하고 떠났다. 지금도 폐품을 이용해서 만든 물레방아 근처에서 어린이들의 소리가 시끄러움이 아니라 정겨움으로 들려 오고있다.

교무실과 교장실 근처에는 지금도 힘겨운 여러 분의 노력으로 심은 나무가 숲을 이루어가고 있다. 홀리스틱 교육은 전 연관 교육인 반면 생명의 교육이기에 학교에 숲을 만들고 그 속에 새집도 만들고, 벤치도 만들고 있다.

우리 아이들이 오감(후, 촉, 미…)을 통하여 숲속에서 자연과 더불어 즐기며 행복한 학교 생활을 만들어 가기 위함이리라.

엄마의 자리

- 엄마는 태어난 것이 아니라 만들어지는 것인가 보다 -

　첫딸인 희경이는 나자마자 내가 오랜 하열을 해서 간호사로 있는 이모가 길렀다. 당장 아내가 죽게 되었으니 즉시 엠블런스를 타고 혈액원에 부탁하여 부리딩(blIding)을 진행하면서 부산대학 병원으로 갈 수밖에 없는 처지가 된 것이다.

　자그만치 석 달을 입원하여 그 원인을 찾았으나 우연히도 실습대상이 되어, 시도하던 중 공교롭게도 1앰플의 주사에 하열이 멈추고 우리는 집으로 왔을 때는 초췌해질 대로 초췌해져 있었다. 나는 다른 사람이 알아보기 힘들 정도로 야위었다. 혈액 주사만도 열두 병은 맞았으니 내 몸 속에는 나의 피라고는 거의 없을 정도가 된 셈이다. 그후 나는 혈액순환이 제대로 안 되어 손발에 쥐가 나기도 하고 온몸에 비정상

현상이 날 때면 침을 맞으러 간 적이 한두 번이 아니었다.

온 가족은 산모인 내가 죽을 지경이니 자연적으로 아이에겐 관심 밖이었다. 게다가 딸인지라 평소에 자상한 시어머님일지라도 큰 관심을 두지 아니 하는 것 같았다. 떨어져 있던 아이도 그때 데리고 왔다. 게다가 밤낮을 거꾸로 잠을 자곤 해서 온 가족에게는 고통의 극치였다. 심지어 시골에서 아기만을 보기 위해서 데려온 경분이라는 언니는 아이 보기가 힘이 들어 아무말도 하지 않고 집을 나가 버렸다.

그래도 첫딸은 살림 밑천이라며 남편은 좋아하셨다. 첫애기라서 우린 정성을 다해서 길렀고 어릴 때부터 예쁜 옷만 사 입혔다. 나는 건강을 찾아가면서부터는 친구들 모임이 광복동에 있을 때면 아기를 업고 모임에 참석하곤 했다. 그저 예쁘고 자랑스럽기만 하였다.

그런데 어쩐 일인가? 연년생인 아들을 갖게 되었다. 아직 건강이 말이 아니기에 조심을 많이 하면서도 9개월이 되어서도 48kg 나갈 정도로 몸이 약했지만 집에는 집안 일을 맡아주시는 시어머님과 집안 봉사를 해주는 언니도 있고 해서 다행이었다. 10달을 기다려 아이를 낳게 되었는데 보름달과도 같은 멋진 남자아이가 탄생하였다. 전혀 딸이라도 내색을 안하던 남편이었는데, 막상 아들을 낳고 보니 좋아서 어찌할 바를 모를 정도였다. 시장에 가서 가물치도 직접 사서 들고 들어와서는 기뻐하는 소리로 온 가정이 잔치 분위기였다. 시어머님께서도 장손 장손하며 어찌 할 바를 몰라 하셨다. 아직도 우리 나라에는 아들에 관한 집착이 있다. 왜 딸이 딸 낳기를 꺼려하는지도 알 수 있었다.

적어도 나에게만은 딸이 산고의 고통을 겪어야 하는 아픔 때문에라도 딸을 기피해야 하는 이유에도 들어가고 가문에 장손이 되면 남의 집 가문의 대를 위해서라도 아들을 낳아야만이 안심이 되니 참으로 여자란 숙명적으로 큰 부담을 안고 살아가야 하는 것인가? 나 역시 우리 신 씨 가문에 종손이지만 며느리에게 만큼은 그러한 부담을 안주고 싶었다. 그러나 감사하게도 자녀들에게 모두 1녀 1남을 주셔서 하나님께 감사를 드린다.

그러니 자연 희경이는 다시 관심에서 다소 소홀해 지기도 했다. 그러나 나만은 그래도 첫딸을 예쁘게 기르고 싶기도 하고 하여 일찍이 피아노 학원도 보냈다. 그 당시에 베비 센타는 광복동 한 군데 밖에 없었지만 모자에서부터 신발까지 베비 센터에서 구입해서 입힐 정도로 극성도 부렸다. 4학년이 되고 부터는 시립 합창단에도 넣어 조금은 특별하게도 기르고 싶었다. 6학년때는 어린이날 행사로 시가 퍼레이드를 하면서 지금의 구덕 공설 운동장까지 가게 되는 데에도 희경이는 학교에서 용을 만들어 가장 으뜸의 자리에 이 아이를 태우고 시가 행진을 보내었을 정도이니까 대단한 배려라고 할 수 있다.

그렇게 많은 사람들의 칭찬을 독차지하다시피 자란 희경이가 중 3학년이면서 한창 사춘기가 무르익을 무렵, 가족과

서울 병원에서 떨어져 살았고, 게다가 좋은 결과가 있어 고
침만 받았더라도 회복의 즐거움이 있을 텐데 아빠는 돌아가
시고 나니 아이에게도 충격이었나보다. 아이 스스로 엄마에
게 효도하고 싶다고 여상을 선택하여 갔다. 졸업하고 은행에
취직해서 엄마를 돕겠다는 것이다.

그래도 인문학교에 비하여는 여상의 분위기는 조금은 이
해 못할 부분이 있다는 것을 왜 감지 못했는지 모르겠다. 나
는 남편도 돌아가시니까 여상으로 가서 은행이나 자립방향
으로 진로를 가볍게 생각한 잘못도 시인하지 안할 수 없었
다.

나 역시 미궁에 빠진 상태로 허우적대고 있었고 오직 자식
만큼은 나의 뜻 대로는 안 되었다. 생활고도 말이 아닌 상태
에 결정적인 것은 수학 여행 때부터 생기기 시작하였다.

나는 아이의 요구대로 잡비를 줄 형편이 못되었다. 딸아이
가 요구한 것도 아니지만 나 역시 학비도 부담이 되었기 때
문에, 그보다 먹고 살기조차 어려웠으니까 아이는 그들 나름
대로 스트레스를 안고 살았으리라 생각은 들지만 결정적인
것은 친구들의 꼬임이었다.

친구들은 딸아이에게 접근해 와서 수학여행 가지 말고 우
리들과 좋은 곳에 가자고 하면서 아이를 고고장으로 데리고
간 것이었다. 아이는 처음으로 휘황 찬란한 장소에 광란의
그곳에 왔었기에 처음에는 두근두근한 마음이 들었지만, 차
츰 친구들이 권하는 술이며 담배며 춤을 거부하기보다 받아

들이게 된 것이다. 그러한 곳에서의 유혹에 어찌할 바를 몰라 어리둥절했지만 오히려 흠뻑 빠지고 싶은 충동도 갖게 되었다는 것이다.

담임과 학생 담당교사가 마침 동기들이라서 신경을 많이 써 주었지만 딸 아이의 광란과 같은 방황이 이때부터 시작되었다. 그후 친구들을 가끔은 집으로 데려 오기도 하고 집에서 재우기도 하였다.

내가 보기에도 이들은 비정상적인 아이들이었다. 그래서 꾸중도 하고 타이르기도 하였지만 오히려 딸아이는 나에게 이렇게 얘기하였다. "어머니, 이 아이들은 불쌍하답니다. 생활은 어렵지 않지만 부모가 이혼을 하거나 아버지가 바람이 난 어려운 아이들이에요. 어머님은 교회에 권사님이시니까 이런 아이들에게 따뜻하게 대해 주세요."

말을 들어보면 동정심은 갖지만 오히려 이런 아이들로 한 역기능이 우리 가정에 휘몰아쳐 왔다. 동생들도 반대를 하고 하지만 아이는 꾸중을 하면 친구들 집으로 가버리고 들어오지 않았다.

나는 아이들을 손찌검이나 큰 꾸중으로 키워오지 않았고 고함을 질러본 일도 전혀 없었기에 오직 기도하는 자녀는 망하지 아니한다는 신념과 긍지를 잊지 않고 그때부터 자녀들을 위한 금식 기도와 철야기도 등 기도의 행진이 시작되었다.

온 가족이 매일 가정예배를 드리면서 어린것들이 합심 기도하며 울기도 하며, 모든 가족이 금식기도하면서 참으로 생활의 어려움은 오히려 사치스럽다고 할까!? 난 밤마다 교회 세멘트 바닥에 꿇어 엎드려 참으로 허리를 펴고 잠을 자 본 일이 거의 없었다고 해야 알맞았다. 눈물겨운 나날이었다. 성 어거스틴의 어머니 모니카의 기도로 탕자가 성자가 됐다는 그 말대로 이루어지기를 바랬다. 참으로 처절한 자신과의 싸움의 연속이었다. 낮에는 학교에서 좋은 교사로, 가정에서는 훌륭한 어머니로, 교회에서는 자랑스런 권사로 살아야할 많은 책무성이 있었다. 나는 부끄럽고 창피하고 해서 아무에게도 가정 얘기를 할 수도 없었다. 오직 하나님만이 나의 전후좌우를 아시기에 그분께만 눈물로 하소연 할 수밖에 없었다.

그래도 딸이 인물도 남에게 빠지지도 않고 심성도 곱고 해서인지 나이는 어려도 더러 결혼 얘기가 오고 갔다. 딸아이도 생활도 어렵고 하니 고신대학 음대에서도 오인방이라고 선택한 자만이 부를 수 있는 곳에 뽑혔지만 아예 집에는 얘기도 안했다. 학교 다닐 차비와 용돈도 제대로 못 주니까 포기해 버리고 말도 하지 않았다.

그런데 우연히도 음악발표회 팜플릿이 교회에 돌아다니는 것을 보게 된 것이다. 아마도 발표회에는 드레스도 필요하고 여러 가지 의윗 돈이 들어서인지 스스로 포기한 것 같았다. 나는 친구 편으로 해서 옷을 빌려서 송도로 향했다. 교수님을 만났다. 바브레이션도 좋고 모든 것이 원만한데 연습을 안 한다고 했다.

나는 대충 나의 사정을 말씀 드리고 아이를 일단은 무대 위에 세웠다. 그 후에도 극적인 일들이 수없이 전개되었다. 조금 나은 듯하면 옛날의 친구들이 찾아오고, 계속 좋아하며 만나고 있는 듯 하였다

그리할 즈음 지금의 남편 가정에서 아들이 이 아이가 아니면 결혼을 안 할 것이라고 하여 결혼 얘기가 오갔다. 아이도 일단 이 집을 도피하고픈 생각이 지배적이라서 나는 일단 기도하기로 하였다. 작정 기도인 것이다.

우리가 보기에 좋은 가정에서 결혼하자고 했을 때 하나님께서는 꿈으로 안경 중간이 뚝 끊어져 있는 모습을 보여 주셨기에 이상하기도 하였지만 결혼을 시키지 않았다. 그런데 내가 이 가정을 위해 기도하는 가운데는 계속적으로 이 가문에 선교사로 보내라는 음성과 마음의 움직임이 계속 되어졌다. 그리하여 일단 가족들을 만나 보기로 하고 찾았다.

위로 누나가 넷이 있었는데 다 출가하고 아래로 남동생이 하나 있긴 하였지만 성 씨가문 종손으로 아주 귀한 아들이었다. 그 당시 사돈 되실 분은 사업을 하셨지만 젊을 때는 학교 행정실에도 계셨다고 들었다. 큰누나집도 자형이 고등학교에 영어교사로 재직중이고 해서 나는 다만 교회에서 결혼식도 올렸으면 좋겠고 신앙생활도 열심히 할 수 있도록 배려해 달라는 요청을 하여 서로가 양해가 되어 결혼을 시켰던 것이다. 그런데 그것으로 끝난 것이 아니었다.

희경이는 엄마가 시어머니를 모시는 모습을 보아왔기에
어른들께는 정성을 쏟았고 특히 그의 시어머니께서는 오랜
세월을 누워 지내게 되었고 거의 의식이 없이 몇 년을 지낼
때에도 음식이며 거의 손과 발이 되어 모신다는 소문이 들렸
다. 희경이는 그것 때문은 아닌 것 같았다. 몸으로 수고하는
일에는 헌신적이었지만 성격과 가족 분위기에서 오는 정신
적인 문제로 호소를 해왔다. 나는 FM대로만을 요구하였다.
아무도 자기를 이해해 주는 자가 없다는 것이다. 남편 역시
가족들로부터 항상 귀하게 대우만 받아왔었기에 요구하고
헌신적이 아니라는 것이다. 아니 헌신이 아니라 같이 힘을
합해주지 않는다는 것이다. 나의 잘못도 많았다. 자신의 스
트레스를 풀어주기 보다 더 큰 희생이 승리라고 말해 왔었기
때문이었다. 아이는 그것을 소화할 정도의 여유가 없었던 것
같았다.

나는 신앙으로 기도로 하나님께 맡기지 않고 자신이 해결
하려고 하니 술과 옛날의 친구를 다시 찾게 만들었던 것이
라고 꾸중만 하였다. 그 뒤 그의 가정은 계속적인 악 순환의
연속이었다. 사위와 딸아이가 서로서로 싸움이 잦아 갔고 밤
마다 싸움 만류하러 가는 것이 비일 비재하기 시작하더니 이
젠 깨고 부수고 때리고 밤마다 공포의 나날로 우리 가족은
살아야만 했다. 손주인 우석이와 소리는 잘 생기고 영리하였
지만 날마다 이러한 모습을 보는 고통이 이 어린것들에게도
찾아왔었다. 공포의 나날인 것이다. 그럴 때는 우리들의 가

슴은 터질 것만 같았다. 이들이 탄생할 때에 부부는 40일 간 새벽 기도를 다니면서 기도도 하고 하나님만 의지하고 살아 온 이들이 아니었던가.

나는 날마다 교회에 가서 엎드렸다. 눈물과 기도의 밤이 잦았다. 나는 솔직히 죽고 싶다고 느낄 때가 한두 번이 아니었다. 만일 내가 교회를 안 다니고 천국에 대한 소망이 없었다면 죽어도 골백 번 죽었을 것이다.

이들 때문 양 가정이 모두 힘이 겨웠다. 그들 형제들과도 여러 번 만났다. 아이가 맞아서 얼굴에 피멍이 들거나 호소를 해올 때면 내 자식도 잘못이 많기 때문에 불평도 할 수가 없다. 그들의 시어머니가 돌아가시고, 그후 시아버지도 돌아가시고 그들은 우리 가정에 와서 살기도 하였다. 함께 살면 조금은 나을 것으로 생각하고... 그러나 조금은 나아지더니 또 다시 그들의 버릇이나 습관은 고치기가 매우 힘이 들었다.

다시 그들은 가야 벽산 APT로 이사를 갔다. 한동안 그럭저럭 지내더니 또 다시 악순환은 계속 되었다. 밤마다 이제는 파출소에서 사위를 데리고 가라고 하는 전화가 왔다. 그 동안은 그들 자형이 파출소에 빼주기 선수를 하더니 드디어 손을 든 것 같았다.

그렇게 그들 신랑이 나오면 이젠 희경이 차례였다. 싸움을 안 하면 파출소에 데리러 가는 것이 밤마다 주메뉴였으니까 나는 아이들을 데리고 교회에서 잘 때도 더러 있었다. 그럴 때의 나의 처량함은 이루 말할 수 없는 슬픔이었다.

나는 용기를 잃지 않고 오직 하나님께만 매달렸다. 사위는 아스팔트 공사를 맡거나 건축관계 공사를 딸 때도 있어 그런 대로 그들이 열심히만 살아간다면 남부럽지 않은 가정이었지만 술이 그들 가정에 주범이었다. 그들이 좋아지낼 때는 평범 이상이었다. 그러나 항상 그들을 이해해 주기만을 바라기는 한계점이 온 것 같았다. 벌써 그들은 법원을 세 번이나 다녀올 정도였다. 딸아이의 입에는 이혼이 입에 붙어 다녔다. 나는 둘다 똑같거나 내 딸아이가 더 나쁘다고 말했다. 이해하고 참고 믿고 바라고 견디는 연습이 전혀 안되어 있었기 때문이었다. 이혼서류가 주어지면 그 남편은 찢어버리고 하여 한번도 성사가 안 되었다. 그런데 결정적으로 이혼할 수밖에 없는 일이 드디어 찾아왔다.

그 남편이 인간 이하의 짓을 한 것이다. 이제는 나에게도 한계가 왔다. 그들이 갈라지던 말던 상관하고 싶지 않았다. 모든 것을 다시 운명으로 돌리거나 하나님의 뜻이라면 하고 사실 나에게는 경주를 잃은 아픔도 있고, 하여 이들이 갈라진다는 것은 손자 손녀들을 생각해서라도 원할 수 없었다. 이제 나 역시 될 대로 되라는 심정이고 보니 모든 것을 주님께 맡겼다.

드디어 그들은 이혼을 하게 되었다. 물론 그 동안 그의 남편이 저질러 놓은 돈 때문에 집도 경매에 붙여져야 할 형편이었기에 막상 이혼을 해도 단돈 십원도 받을 수 있는 형편이 못 되었다. 아이들도 엄마를 떠나지 않겠다고 하였지만 막상 딸아이는 직장도 다녀 본 경험이 없었기에 생활이 난감하였다.

나는 딸아이에게 몇달 간의 생활비와 조리사 자격증을 딸 수 있을 때까지는 내가 보살펴 줄터이니 빠른 시간 내에 자립을 하라고 하였다. 막상 입으로는 이혼, 이혼하였지만 자신도 비참함을 느낀 것 같았다. 마음이야 편했을지 몰라도, 나 역시 솔직히 말해서 그 집 일로 해서 다툼으로 인해 부르지 불안하지는 않았다.

그 동안 우물안 개구리같이 살다가 자신의 비참함도 깨달은 것 같았다. 남편과 다투기는 했지만 남편이 주는 돈으로 살아왔었던 생활에 감사가 부족했던 것도 느끼게 되었고, 현실의 혹독함도 조금은 깨닫는 것 같았다 그리고 결혼해서까지 엄마의 도움으로 살아가는 것도 미안하게 생각한 것 같았다.

그 동안 남편도 뼈저리게 다가오는 느낌도 알아가는지 몇번이나 잘못했다고 아이를 찾아온 것도 같았다. 그러나 이대로는 결합할 수 없다는 것을 알았는지 단호하였다.

딸아이는 벅찬 어려움 중에라도 하나님께 매달리면 살길이 있다는 것은 알았는지 100일을 작정하여 살아갈 길에 대한 기도를 드리고 있었다.

드디어 석달 열흘이 되는 날 리리코스 화장품회사 국장으로부터 전화가 왔다고 가더니 그것이라도 해 보겠다고 열심히 뛰기 시작하였다. 날마다 하루가 다르게 딸의 태도와 마음가짐이 나를 감동시키고 있었다.

그간 엄마 속을 썩여 드렸던 잘못도 뉘우치기 시작하면서 좀처럼 표현하지 않던 고백도 엄마에게 스스럼없이 하기 시작하였다. 동생들에게도 그간 미안했노라고 빨리 자신을 찾지 못 했던 과거를 아픔으로 승화시킴이 역력하였다.

그러자 사위도 형제들이 추천하는 직장을 선택하지 않았고 오히려 기도원을 찾아 약 20일 정도인지는 정확히는 알 수 없으나 기도하고 목사님을 찾아가서 재결합시켜 주실 것을 요청한 모양이었다. 목사님께서 여러 번 전화도 오고 나에게 이 가정의 일에 대하여 어찌할 것인가에 대한 타진도 해 오셨다.

나는 처음에는 거부하였다. 조세형도 뉘우치지만 얼마 못 가서 자기 버릇 개 못 주고 창피를 당하지 아니했느냐고 좀 더 두고 보자고 하였다. 어느 날 사위로부터 전화가 왔다. 사과하러 가겠노라고. 그러나 난 단호하게 못 오게 하였다. 그 뒤 목사님께서 찾아 오셨다. 사람이 온해지려면 죽는 날까지 온전해질 수가 없다고 재결합을 시키려면 자신이 다시 결혼 주례하듯이 책임을 지고 기도도 해 주어야 하고 이 가정을 정신적으로 보살펴야 한다고 하셨다.

그때 나는 목사님께 여러 곳에 신경 쓸 일 많으신데 이런 문제로 심려를 끼친 것에 대한 사과도 드렸다. 그리고 어느 부모가 자식 이혼하고 사는 것 보기 좋아할 사람 누가 있겠

느냐고 했다. 그 뒤 얼마 후 부부가 함께 나를 찾아왔다. 나
는 자식에게 부끄럽지 않게 살고 하나님께 부끄럽지 않도록
하라고 해 주었다.

　희경이는 이 길만이 살길임을 느꼈는지 모든 일에 최선을
다 하는 사람으로 바뀌어 갔다. 엄마 보기도 형제들 보기도
성도들 보기도 부끄럽고 겸연쩍다 한 것이었다. 이제는 말씨
도 행동도 매사에 이렇게 착하고 신실할 수가 없도록 바뀌어
갔었다. 물론 자식들 의견에 의하여 그들은 결합도 하였지만
손자 손녀 역시 중 2학년과 초등학교 2학년이다. 그들도 사
춘기가 되어가니 책임감도 더 무거워 지는 것 같았다.

　그 사위도 매일 교회에서 기도하는 날이 잦아졌다. 그 동
안은 교회에서 직분을 주어도 예사로 생각하고 소홀하게 느
끼고　마음대로 살던 그들이었는데 지금은 봉사할 일도 찾아
가면서 하려고 노력하는 것 같았다. 뿐만 아니라 딸도 성가
대를 봉사하면서 교회 안내도 맡아서 일을 찾아가면서 봉사
하려고 노력하였다. 그 뿐만 아니라 사랑의 교회에서 주최해
서 우리 교회에서 가진 아버지교실에도 참여하여 좋은 아버
지가 되고자 노력하고 있다.

　희경이는 날마다 더더욱 맡은 일에 충실했다. 어느 날 국
장에게서 전화가 왔다. 잠재능력을 대단하게 발휘하여 리리
코스 실적을 세 번이나 일 위를 하여 중국에 무료 여행을 가
게 되었다는 것이다. 이것은 어찌 보면 하나님의 승리였다.
그간 이 가정을 무너뜨리려던 마귀의 세력이 힘을 잃어간 것

이었고 기도의 승리이며 하나님의 승리라고 힘주어 말하고 싶다.

난 20년을 이들에 대해 포기하지 않았다. 징그러운 나날이었다. 슬픔과 괴로움의 나날이었고 고통과 고독의 나날이었다. 가난한 자 같으나 부요하였고, 약한 자 같으나 강하였고, 없는 자 같으나 많은 것을 가졌고, 무명한 자 같으나 유명한 자라고 감히 말하고 싶다.

찢어주시나 싸매 주시는 신실함을 고백하지 않을 수 없다.

나는 이러한 모든 것들 때문에 학교 일에 결코 소홀하지 않았다.

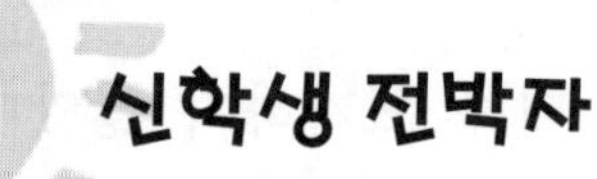

신학생 전박자

평소에 고신대학에서 주교 교사들을 위한 성경 통신대학을 졸업하게 되어 신학대학원에 입학하는 데 도움이 되었다. 막상 대학원에 들어와 보니 현직 교수들도 계셨고 학교에 현직 교사들이 많이 계셨다.

그중에는 교회 장로님들도 계셨다. 연세 많은 분들도 공부하는데 야간이긴 하지만 나라고 못할 것이 무엇이 있겠느냐고 생각하니 담대하여졌다.

공부 하는 중 가장 힘드는 것이 헬라어와 히브리어였다. 매일 매일 리포트를 제출하는 공부는 나를 많이 힘들게 하였다. 브니엘 야간 대학원에는 거의 80%가 고신대학원 교수들이었기에 매우 까다롭게 공부를 시켰다. 그래서 중간에 포기하는 분들도 더러 계셨지만, 쉽게 공부하는 신학교로 빠지는 분들도 계셨다.

3년 간의 공부를 하는 중에 많이 힘이 들어 몸살도 앓고 야위어져 갔다. 본 교회 권사님들 중에는 대학공부는 휴학도 하는데 쉬어 가면서 하라고 권유 하시는 분들도 계셨다.

한번은 모처럼 많이 앓다가 공부를 하러 나갔더니 성경고시가 예고되어 있었다. 공부할 시간도 없고 몸도 불편하고 해서 하나님께 기도를 드렸다. "하나님 휴학을 해야 할 입장이라면 이번 시험에 불합격하여 재시험 해당자가 되게 하시고 힘이 들어도 계속적인 공부를 해야 한다면 건강을 주옵소서." 말도 안되게 이렇게 기도해도 되는 것인지 의문스러웠지만 하나님께서는 나의 머리털까지도 세고 계신다고 성경에 말씀하고 있으니까 그렇게 기도를 드렸는데 놀라운 일이 일어났다. 신학생까지 합하면 천 명이 넘는데 합격자는 불과 23명뿐이었다. 그런데 내 이름이 분명히 발표 성명에 공고되어 있었다. 나는 신기하였다.

그렇게 공부하면서 2학년 말기 때 원우회장 선거가 있었는데 선배 원우회장이신 김정남 회장님께서 나에게 원우회장에 입후보 해보라는 것이었다. 그 동안은 편집국장을 맡아 왔지만 본 신학대학원을 졸업해도, 여자 목사 안수는 아직 허용이 안 되었기에 강단에서 강도권이 여자들에게 허용이 안되었다. 그래서 나는 회장에게 여자가 무슨 회장하고 놀라면서 얘기를 드렸더니, 우리 교단에서 세계적인 설교자 빌리 그래함 같은 분도 나와야 하겠고 에스더와 같은 죽으면 죽으리 라는 기도의 용사가 나와야 겠지 않겠냐는 것이었다. 그래서 기도하고 결정하겠다고 말을 하고는 그날 부터 기도를 하기를 시작하였다.

"하나님 제가 부산 교육자로 학교에서만 사용되어지기를 원하신다면 원우회장에 입후보를 할 때에 낙방이 되게 하시고, 학교 이외의 더 큰 세계로 향하여 보내어 주실 계획이 계시다면 저를 원우회장에 합격하도록 해 주세요." 참으로 우스운 기도였지만 나로서는 절박한 것이었다. 하나님께서 신학교에 보내실 때에도 우연찮게 어느 권사님의 기도로 하나님의 뜻을 발견하여서 강권적인 역사로 오게 되었다. 사실 내가 신학교에 오게 하신 목적이 분명히 있었겠거늘 이 기회에 주님의 뜻도 솔직히 알고 싶었다.

그래서 입후보 양식과 절차에 따라 입후보를 하고 나서부터는 나에게 공격과 야지(?) 등으로 웬 여자가 원우회장을 하겠느냐? 그냥 양보를 하라는 둥 나를 괴롭히기 시작하였다. 3사람이 나왔는데 참으로 괴롭게 하였다. 나는 솔직히 말해서 원우회장에 큰 매력을 갖고 있지 않다. 다만 하나님께서 신학교에 보내신 뜻이 무한정 알고 싶었다. 이 뜻 때문에 나는 결코 그들의 괴롭힘에도 꾹꾹 참아야 하였다.

동료들은 작전도 짜고 함께 식사도 하고 다방에 모여 의논도 하는데 완전히 왕 따를 당하는 기분이었다. 우리 과에는 여자라고는 2명밖에 없었다. 신학생도 별 수 없었다. 이것에 어떤 사활이라도 걸린 양 대단하였다. 그 기간은 매우 지루

하기까지 하였다.

　정견 발표를 할 때에 나는 다만 신경을 썼다. 역시 조금은 다르다는 것과 여자라고 못하란 법이 없기에 신중하고 차분하게 나의 의사를 밝혔는데 선배들의 지지를 많이 받게 되었고 몇 번의 시이소오는 있었지만 귀중한 한 표 차이로 승리하게 되었다. 압도적으로 승리 못한 이유도 있었겠지만, 부끄럽기도 하였다. 그러나 이 모든 일을 하나님께서 주도하심을 다시 한번 깨우쳐 주셨다 .

　모든 일의 계획은 사람에게 있을지라도 그 걸음을 인도하시는 자는 하나님이심을 더 더욱 깨닫게 되었다. 나에게 나오는 장학금은 온전히 가난한 신학생을 위해 쓰여졌다. 회장을 진행하는 중에라도 나를 때때로 괴롭혔지만 나는 무엇보다도 하나님의 계획된 삶을 위한 준비가 필요하다고 느껴가고 있다. 지금 교장으로서도 최선을 다 하지만 이것은 나의 최후의 목표가 아니라고, 이것은 다음을 위한 계획이고 과정이라고 감히 말씀드리고 싶어진다.

　낮에는 직장에서 밤에는 신학교에서 많은 어려움도 있었지만 학문 중의 학문이 신학임을 자부하기도 하였다. 신학생도 별 수 없는 인간 냄새가 나기 마련이다. 다만 하나님만을 바라보지 않는다면 넘어질 때가 많은 것이다.

　원우회장을 하면서 서로 도와 주기 보다도 베풀어야만이, 그것도 묵묵히 도움을 주고 있노라면 언제가 인정을 받는다는 게 우리가 사는 생활 속에 모두가 그런 이치가 숨어있지만 여기에도 그러하였다.

원우회 주관으로 많은 일들을 계획하며 해왔지만 기억 나는 두 가지 행사가 있었다. 선배님들과 교수들을 모시고 브니엘 신학교의 밤을 개최했을 때이다.

어려움도 많았지만 행사를 통해 잡다한 어려움을 극복하는 법도 배웠고 많은 분들과 서로 유대관계를 맺으면서 살아야 함을 익히기도 하였다. 2학년 때 있었던 일 중에 선배님들과 성경통독을 하기 위해 남해 갈릴리 기도원을 찾았다. 신학생 후배 중에 그 기도원을 경영하시는 분이 계셨기 때문이다. 4박 5일간 성경을 마스터하는 기회인데 하루의 시작인 새벽 기도회를 마치고부터 점심과 저녁만 먹고 새벽 5시부터 줄 곧 앉아서 밤 12시까지 돌아가면서 성경을 통독하는 것이었다. 한 사람도 이탈자도 없어야 하지만 졸지도 않아야만이 자기 차례에 바르게 읽게 되는 것이고, 하루에 두 끼 먹는 식사도 성경구절을 암송을 아니하면 주지 않는 것이었다. 암송이 서투러서 통사정을 해보지만 어김없이 퇴짜를 주기 때문에 고통스럽기도 하지만 재미도 있었다.

나는 대학원을 다닐 동안 내내 목이 아팠다. 너무 피곤한 탓도 있었지만 이미 편도선은 오래 전부터 끊어논 상태라서 혀 밑에 설태고 라고 해서 너무 고통스러웠다. 그래서 이빈인후과는 단골일 정도였다.

그때도 마찬가지였다. 나는 목이 쉰 상태로 기도원을 따라갔었고 말을 하기조차 불편한 상태인지라 너무 힘이 들었었는데 4일째 되는 밤이었다. 더 목이 쉬고 고통스러워야 할 목이 깨끗하게 나음을 입은 것이다. 할렐루야!

　나는 그날 이후 지금까지 이비인후과는 한번도 다닌 일이 없다. 온통 의료 보험카드에 찍혀 있던 병원 도장 투성이었다. 지금이라도 혹 병원을 갈 일이 생긴다면 아예 의료보험 카드 조차 쓰지 않고 있어 보험 카드가 어디 있는지 찾아야 하는 것이다.

　하나님께서는 나에게 많은 질병을 고쳐주신 분이다. 여호와 치료하시는 하나님을 찬양합니다.

동남아 기행 일기

- 세계에서 가장 깨끗한 나라가 될 수 있었던 것은 법 앞에 모두 정중히 지킬 수 있는 단합된 힘이랄까? 그것은 공중질서를 준수하고 100년 대계를 건설 하려는 의지의 결과였다.-

　83년 6월 5일 갑자기 교육청에서 전화가 왔는데 급히 교육청에 사진 3장을 가지고 오라는 것이었다. 나는 영문도 모르고 가니 동남아에 가게 되었으니 여권을 만들기 위해 교육부에서 일괄 제출하고 가기 전에 외국에 나가는 교육도 받는다는 것이다. 영문도 모르고 오고 보니 속전 속결이었다.

　그간 통합 교육과정이 바뀌면서 교육청 주관 행사에 교과목마다 수업형태가 바뀌는 1.2학년 통합교육과정 수업에 약 1년 가까이 사회를 맡기도 하고 수고하였다고 차출이 된 모양이었다. 그 때 부산에는 동부, 서부, 남부 세 교육청밖에 없었는데 초등에 9명, 중등에 10명, 유치원에 1명이 뽑혔다. 그런데 류미자 원장님과 나만 여자였고 교육부에서 서세현 사무관이 총 인솔자였다. 중등 이섭 장학사께서는 우리들의 단장으로 초등 고태영 장학사와 도합 23명이었다.

1983년 6월 14일부터 6월 28일까지 14박 15일 간 일정으로 타일랜드, 말레이시야, 싱가폴, 대만, 일본 5개국을 국비로 다녀오게 되었던 것이다. 우리들은 간단한 용돈만 준비하면 되었다.

지명받고 불과 8일 만에 우리 일행은 서로를 전혀 모르는 상태에서 서로 만나 서울 김포공항에서 출발을 하였다. 갑자기 당한 일이었지만 무어라 말할 수 없는 감개 무량함이 있었다. 그 당시만 하여도 국가에서 국비로 여행을 시작한 지 얼마 되지 않았었다. 그런데 그 중에 내가 뽑혀 동남아를 가게 된 것이었다. 말로만 듣던 외국여행 겸 연수를 하게 된 것이었다. 내가 나고 처음으로 비행기를 타고 오랜 여행을 하는 것이었다.

6월 13일
오후 5시까지 우리들은 환전금을 받았고 명찰과 미국 달러 소지에 관한 주의사항과 쇼핑에 관한 사항, 그리고 또한 호텔에서의 주의사항 등을 듣고 6월14일 10시까지 집합할 것을 주의 받고 헤어졌다.

6월 14일
8시에 공항을 출발하기까지 나는 새벽 묵상을 하고 요한 계시록 2장 '이기는 자'에 관한 묵상을 하였다. 드디어 출반 당일 설레이는 마음을 진정시킨 채 공항으로 가서 비행기에 올랐다. 우리가 탄 비행기는 국적기였다. ke-635편으로 9시 30분에 탑승하고 10시 35분에 기체가 움직이기 시작하여 돈무앙 국제 공항에 도착하기까지 타이페이에서 1시간 가량 휴식을 하고 우리 시각으로 16시 55분에 도착하니 5시간 이상 탑승을 한 것이다. 한국의 에어걸들은 발랄하고, 활달, 명랑한 데 비하여 타이페이 에어걸들은 신경질적이고 불친절하였다.

그 날 나의 일기에는 이렇게 씌어 있었다. "고속 버스나 기차에서도 이렇게 친절하였으면"하고, 이곳의 평균 온도가 34도C였다. 온도의 격차가 적어 음식물이 잘 부패되지 않고 바나나 잎은 거의 모든 음식에 부패를 막아 주는 데 사용한다고 적혀 있었다. 고온 다습하였다. 2만8천 개의 사찰이 있고 냉동기가 거의 없는 나라, 쌀이 남아 돌아가는 나라라고 적혀 있다. 물론 이 기행문은 지금은 18년 전의 상황이니까 많이도 바뀌었을 것이다.

이곳의 어린이들에게 예쁘다고 머리를 만져 주면 안된다고 한다. 머리에 그들의 영혼이 있다고 믿기에 금기되어 있는 상황이라고 하였다. 15세가 되면 성년으로 국가 공무원에 채용한단다.

불교 때문에 발전하지를 못 하고 있는 점이 많고 서두르지 않은 나라라고 한다. 국가에서 30년 기한으로 아파트를 지어 주어도 살기를 꺼리고 해서 큰 아파트는 대개 서민 아파트라고 하였다. 다혈적이고 남을 의식하지 아니하고 교통순경이 찾아보기 힘들고, 자만심이 크고 욕심은 없다고 한다.

물이 나쁘기 때문에 코코넛 열매수 등으로 대치하고, 바나나는 엄지손가락 크기 정도로 구워먹거나 튀겨서도 먹는다. 한번 언성을 높이면 꼭 피를 보고 만단다. 평소에는 양순하다고 한다. 그러나 에누리가 심한 나라로서 축구시합이라면 다른 나라와 시합할 때는 비가 오게 해 달라고 빈다고 한다. 한국선수들은 비에 약하다고 한다. 배를 운전하는 자들은 권총을 서너개는 가지고 다닌다고 하였다.

6월 15일

파타야 시내의 아침은 그림같은 남국의 아침이다. 해변이 보이고 풀장과 야자수가 드리워진 이곳의 경치는 한폭의 그림같았다. 인간이 만든 그림 속에도 호흡과 지혜와 예지가 들어 있기에, 자연을 한폭의 그림에 비유해도 좋을 것이다.

방콕의 성년은 누구나 의무적으로 입산하여 수도하여야 한다고 한다. 수도하고 나오지 않으면 국가 공무원이나 국가의 의무를 준수하지 않았다고 생각한단다. 몬티엔 파타야호텔 화장대 서랍 속에는 타일란드판 바이블이 놓여 있었다. 이곳의 나라가 언젠가는 하나님을 잘 아는 나라가 되어 하나님께서 영광 받으실 나라가 되게 해달라고 기도를 드렸다.

산호섬을 출발하여 배속에서 배밑 뚜껑을 열고 바다 속을 구경하였다. 칼라그림처럼 아름답지는 않았지만, 역시나 신기한 바닷속을 볼 수 있어 좋았다. 넉이라는 과일은 성게처럼 생겨서 어렵게 까먹었다. 얼음같이 투명한 음식이었다. 2월에서 5월까지 수업을 하고 여름 학기를 바꾼다고 하였다. 당시만 해도 우리 나라 자동차만 제외하고 600여 가지가 된다고 하였다. 택시 대신에 인력거가 다녔다. 그 당시가 불기 2527년으로 사용하고 있었다.

6월 15일
파레스호텔에서 모처럼 한정식을 먹었다. 남자들은 이상한 쇼를 보러 간다고 갔었다. 그 시간 나는 한국에 있는 자녀들과 여러 곳으로 예쁜 그림 엽서를 보냈다.

6월 16일
이곳 어린이들에게는 3,4세에 이미 조기 교육을 하고 있었다. 대개 스쿨버스가 있다고 한다. 교통법규는 엉망이고 왕과 승려가 절대적이며, 아침 저녁 식사를 비닐에 사서 직장에 가고 출근 길에 사 가지고 가정에서는 대부분 만들지를 않는다고 하였다. 우리가 버스를 타고 가는 관광길에 사람들이 줄을 서 있는 것도 식사할 것을 사기 위함이라고 하였다.
에머랄드사원을 관람하였다. 사원의 중요한 곳은 비취로서 원석에 가까운 것으로 치장을 하였고 이곳에 부처는 왕이었다. 봄, 여름 가을 삼계절 직접 옷을 갈아 입힌다고 하였다. 시간 개념이 별로 없고 30분쯤은 아예 늦게 출근하기가 예사라고 하였다. 한국의 유일한 건물이, 그 당시로서는 파이롯 만년필 회사라고 하였다. 영주권을 가진 자는 땅을 살 수가 없고 국제결혼을 하여 아들을 낳게 되면 얼마든지 가능하다고 하는 이야기도 들었다.

여기가 강남 갔던 제비가 살고 온다는 곳이라고 생각하니 묘한 기분이 들었다. 하늘이 보이지 않을 정도로 전깃줄과 전화줄에 제비들이 앉아 있었다. 때문에 전기나 전화 수리를 할때가 비일 비재 하단다.

점심때 쯤해서 메남강을 타고 운하를 빠져 나갔다. 그들은 흙탕물같은 메남강 물에 목욕도 하고, 빨래도 하고 그릇도 씻는다고 하였다.

왓아른사원에서 승녀들이 나와서 메콩강 물에 빨래를 하는데, 흙탕물이지만 빨래는 유난히 희고 빛이 난다고 하였다. 왜일까? 왓아룬사원을 오르고 사진도 찍고 야자수를 사 먹고 하면서 마음껏 휴가 겸 연수를 즐겼다. 내가 이렇게 여유로웠던 적이 있을까 하고 몇 번이나 되물어 보았다. 하나님이 나에게 주신 인생의 보너스라고 생각하니 순간 울컥하고 울음이 나왔다.

이곳의 각양 각색의 부채들을 40바트에 샀다. 오후에는 제현탑을 가로질러 가게 되었다. 그런데 가는 곳 마다 사원의 도시이다. 오후 식사는 코리아 타운에서 김치 맛을 보았

다. 우리 나라 사람들은 김치맛으로 견디어 내는 힘이 있나
보다. 고온 다습하여 역시나 쌀이 많이 나고 영빈관에 존슨
대통령과 우리 나라 전두환 대통령께서 관저에서 식사를 하
였다고 적혀 있었다. 전세 버스 외에 모든 차들이 운전석이
오른쪽인 것도 새로움을 더해 주었다.

16시 30분에 로즈가든에 도착하였다. 관람장에는 한국인
이 왔다는 것을 알고 아리랑을 연주해 주었다. 알고 보니 우
리 나라에서 온 유럽팀들이 이미 와 있었기 때문이었다. 이
국에서 만난 그들 역시 반가와 어쩔 줄을 몰라 하였다. 실로
폰과 북 등을 동원해서 이곳에 우리 노래를 들을 때, 콧등이
시큰해 왔다.

전국에서 온 팀들을 위한 박수 갈채가 있었고 민속 춤과
더불어 코끼리 등에 승려들이 타고 그 뒤를 따랐고 닭싸움과
민속 무용단의 무용과 춤으로 관광객들의 주머니를 풀고 가
게 하였다. 악어농장 등 더운 날씨였지만 항상 이동은 관광
차 속에 에어콘이 장치되어 있어 더운 줄을 몰랐다.

6월 17일

파레스호텔에서 나오다. 10시에 쿠알라룸푸루으로 출발하
였다. 가는 길에 독사 연구소를 들려서 말레이시야를 거쳐
오후 4시 10분에 츄앙공항에 도착하였다. 그때는 마침 6월
1일에 국왕 생일축하 개장을 하고 있었다. 다행히 정치적으
로는 안정된 나라였다. 인력 부족으로 고무가 썩어 가고 있

다고 하는데 시가지는 고무나무가 가로수로 장식되어 있었
다. 당시만 해도 연 관광 인원이 200만이 넘는다고 하는 이
야기를 들었다. 이곳에서 나는 석유는 양질의 것으로 일본에
수출해서 돈을 벌고 있으며 고무는 많으나 쓸 만한 고무는
없다고 들었다. 라왕이 주산지로 유명하기도 한 곳이라고 가
이드는 말했다.

한국의 현대에서 건설공사를 맡아 7년째 댐이며 다리공사
를 맡고 있으며 우리 나라 업체가 약 30여 곳이 된다고 하는
이야기를 들을 때는 가슴이 뭉클하였다.

인구는 9천만으로 남북의 2배에 달하고 학교교육은 엄격
하고 교복은 통일교복을 전 대학생들이 입는다고 하는 것을
들었다.

6월 18일

말레이시야 한국 대사관을 출발하여 10시 8분에 도착하
였다. 대사관의 주 건축 원자재는 주석이며 울창한 나무 때
문인지 코브라들이 간혹 씽크대 밑에서 출생하기도 한다고
하였다. 나는 한복을 바꾸어 입고 선물 전달을 하였다.

10시 45분에 빅토리야 학교 가는 도로변에 삼익 아파트
가 2천 세대가 즐비해 있었다. 그때만 해도 말레이시야인들
은 화장지가 없고 왼손으로 변을 닦고 오른손으로 식사를 한
다고 하였다.

이곳 학교에서 느낀 점은 교장실에 회초리가 있었다는 것

이다. 문제 아동 지도를 학교장이 직접하면서 죄의 경중에 따라 매질을 직접 한다고 들었다.

비휴동굴 입구에서 인디아 토인계 사람을 만났다. 중류 이상의 가정처럼 보였다. 그들은 가족단위로 동굴관람을 나왔었다. 단란하게 음식을 즐기고 있는 것을 보면서 '세계 어디를 가도 가족은 하나로구나' 하는 것을 느꼈다. 이들과 말도 제대로 통하지 않았으나 그들이 주소를 적어 주었지만 그후 결국 편지를 쓰지를 못했다. 그의 이름은 KEVIN FRANCIS였다.

6월19일

박물관 견학, 거북과 고래뼈, 인디아나 고대왕조 나무와 그릇들에 아름다운 채색 등을 보면서 인간의 감정 속에는 고대시대부터 아름다움을 추구하는 습성이 있구나 하는 깨달음을 갖게 되었다.

회교사원을 향하여 갔다. 회교식 건축방식인 돔식으로 지어져 있으며 하루에 4번 기도를 드린다고 하였다.

한국인 고려 식당에서 식사를 했다. 이곳에는 우리 나라에서 시공하는 공사가 견고하기로 유명하다고 한다. 차이나 타운에서 느낀 점은 중국인은 그들의 전통 행사를, 그대로 고수하고 무엇 보다도 치외법권으로서 깽집단들이 결코 상인들을 괴롭히지 않는다고 하였다. 오히려 상인들을 보호하고 치안을 보호하는 역할을 한다니 한번 친구를 사귀어 놓으면 친구가 어려울 때는 집도 팔아서 가정보다 친구를 위하여 모든것을 준다고 하니 많은 생각이 들었다.

나는 몸이 좋지 않아서 한인교회(손중철 목사님)을 청하여 야고보서 5장 13절 믿음의 기도는 역사 하는 힘이 강하다고 하는 본문을 통해 기도를 받고 새 힘을 얻어 다시금 일행과 함께 무사히 출발할 수가 있었다. 과로와 영양 언발란스 인한 열병의 일종이었다.

6월20일

드디어 싱가폴로 향하였다. 싱가폴하면 이광요 수상을 항상 꼽는것 같다. 중국인이고 하바드를 수석한 인테리로서 그 당시 마약소굴, 해적 소굴을 소탕하여 주를 줄 터이니 중국인들을 데리고 나가라고 하여 마약인들과 자유 무역과 관광업을 하여 경제적으로 우세한 나라가 된 싱가폴은 외국인들에게는 영주권을 주지 않는다고 하였다. 반면 전통문화 가치를 허용하여 인종 유화정책에 성공하여 각종 문화 행사를 허용하여 인도, 인디아, 중국, 말레시야들이 섞여진 그들에게 의해 만장 일치로 이광일 수상이 당선되어 오늘의 싱가폴로 성공한 것 같다.

세계에서 가장 깨끗한 나라가 될 수 있었던 것은 법 앞에 모두 정중히 지킬 수 있는 단합된 힘이랄까, 공중질서를 준수하고 100년 대계를 건설하려는 의지의 결과였다. 정치범 수용소외에는 마약범들을 추방시키고 모든것이 벌금으로 고

지하니 인간들은 벌금에는 약한가 보다. 종신제 대통령을 상징적으로 실천한 이광요 수상이라고 하는데, 아무래도 그 점은 문제가 되는 듯 하였다.

홍콩관을 둘러 주룽버드가든을 거쳐 악어 농장으로 이곳에서 우리나라 청소년 축구소식을 듣다 브라질과 2:1로 졌다고 하였다. 지금쯤이면 우리 나라 축구도 그렇게 만만치 않을 텐데 말이다.

언제가 싱가폴 한인교회를 찾아 보고 싶었다. 나는 그간 1년이 넘도록 아침 금식을 하여 왔었는데 이곳에서도 나 스스로 금식을 고집하여 온것을 깨뜨리기로 하였다. 종일 죽을 먹었는데 기내에서 리시버를 통해 클라식 음악을 들었다. 그랬더니 거짓말처럼 아침까지 우울했던 생각들이 싹 가시었다. 하늘 높이 오르니 비행창으로 내려다 본 숲속에 바둑알을 놓은 것처럼 시가지가 형성되어 있었다. 모차르트의 아이네 크라이네 나하트 뮤직을 들으면서 남편을 닮은 서세현 사무관을 마음속으로 좋아 했던 것이 죄였냐고 반문하고 다시금 새로운 마음으로 출발한 날이었다.

6월25일

오오사카 호오루절 도착. 절기둥이 부석사의 엔타시스 기둥과 동일하였다. 하루 하루 새로운 문물을 보고 즐기면서 한시라도 빨리 돌아가서 아이들에게 보고 온 것을 이야기할 생각을 하였다. 생각만 해도 가슴이 설레었다. 요즈음도 일본에서 역사 왜곡으로 나라 안이 대단한 열기로 뜨거워져 있다. 여기 절의 기둥만 하여도 우리 백제 문화를 판박은것처럼 문화 전수를 한 나라이건만 … 아스카식 건축양식도 역시나 한국의 자연 사랑을 그대로 이어져 오고 있다. 나라현의 이름 역시 우리 나라가 세계에서 제일 큰 나라 성덕 태자가 쓴 말을 따서 '나라'라고 하였단다. 나라현에서도 교원 노조의 세력이 크다고 하는 이야기를 들었다.

남여 혼탕도 흔하다고 하였고 나라와 경도 등에서는 백정 계급을 소학교에서 특혜를 준다고 하였다.

흥복사는 일본 2번째로 큰 절로서 보물4호가 있으며 길 근처에 사슴을 방목하는 것도 이색적이었다. 신간센을 타고 교오토오 타워가 있는 곳으로 갔다. 성주의집(도꾸가와 이이에스)일본 전국시대 명치 천왕이 정권을 받기까지 교오토오 라고 하였다. 우리들은 이곳을 지나서 천수사를 들러 저녁 늦게 아타미에 도착하였다. 이곳은 유일하게 잠옷을 입고 거리를 소요할 수 있는 곳이라고 한다. 그래서인지 잠옷 차림의 남자들이 거닐고 있었다. 우리 일행은 온천에 목욕을 하고 피로를 풀었다.

6월26일

하꼬네로 아타미고개를 넘어가는 길에 오하츠시마섬의 여인의 이름을 딴 하꼬네로 갔다. 이곳에서 가까운 곳에 쌍둥이 산인 후지산은 활화산으로서 그간 3번 폭발을 하였고 아시노꼬호수를 빅토리아호를 타고 가면서 그 아름다움에 취하여 스케네치북을 꺼냈다. 뱃속에서 나는 잠시 스케치를 하게 만들었기 때문이다. 상쾌함이 나를 감쌌다. 그간의 여행으로 얻은 피로가 씻어지듯 하였다. 하꼬네 중심에 남쪽은 색소(관동)이고 서쪽은 관소(오사까)이다.

오후에는 우에노 과학관을 관람하였다. 밤에는 동경 철탑이 있는 호텔에서 여장을 풀고 동경백화점 근처에서 쇼핑을 하도록 되어 있었다.

정말 여행을 마치면서 느낀 것은 내가 얼마나 우물 안 개구리였는가 하는 것이다. 학생들에게도 지리와 사회를 가르칠 때, 한 번도 가보지도 않은 곳을, 보지도 못한 것을 능청스럽게 가르쳤다고 생각하니 부끄럽기도 하였다.

나는 '우리가 믿고 있는 천국도 얼마나 피상적일까'라고 생각했다. 듣기만 하고, 생각하기만 하는 천국을 말하다가 실제로 가서 보고 느끼면 얼마나 다를까 하고 말이다. 아무튼 생각지도 않은 보너스를 즐기면서 그 간의 피곤과 눈물이 많이 씻어진듯 하여 피곤한 중에도 감사의 찬송이 내 입에서 끊어지지 않았다.

일본 속의 걸인

몇 시인지는 기억이 안나지만 쇼핑후에 백화점 입구에서 만나기로 하고 우리들은 각자가 헤어졌다.

나는 혼자서 이것 저것을 관람도 하고 약간의 물건을 쇼핑해서 나오니 아직 이른 시간인지라 아무도 없었다. 그래서 일행을 찾기 위해 백화점 안으로 다시 들어가게 된 것이 화근이었다. 서로가 숨바꼭질을 하다가 이미 차는 떠나 버리고 어쩔 수 없이 나는 철탑이 있는 타워호텔만을 기억하고 걷기를 시작하였다. 내 수중에는 기본 택시요금 정도밖에 없었다. 일본말도 유창하지 않은데 돈이 작다고 돈만큼만 태워 달라고 할 수가 없었기 때문이다.

융통성이 없는 탓이리라. 지금 생각하면 조금은 미안해도 잠시 기다려 달라고 하고 택시값을 호텔에 올라가서 갔다 주면 될 터인데 말이다. 무식하면 용감하다더니 내가 바로 그랬다. 계속 철탑이 있는 곳의 방향만을 물어서 걸어가다 보니 동경의 밤은 빨라졌다. 상점들이 문을 닫기 시작하니 우리 시간으로는 저녁 8시경밖에 안 되어도 어둠은 빨리찾아왔다. 가장 당황하게 된 것은 5거리 정도의 갈림길에서였다. 어느 방향으로 가야할지가 막막했다.

얼마쯤 가니 길에 걸인이 담요를 덮고 서 있었다. 나는 주머니에 있는 나의 돈 전부를 그의 손에 집어 주었다. 그리고 얼마쯤 걸어가는 곳에 퇴근하는 젊은이를 만나게 되었다. 나는 겨우 짧은 어휘를 동원하여 동경 타워호텔을 물었더니 자기를 따라오라고 하였다. 그분의 집은 약 10분쯤 되는 거리에 있었다. 잠시 기다리게 한 후에 그분은 자신의 자가용에 부인과 아이 둘을 태웠다. 아이들은 3세와 5세였다.

나는 아이들에게 목걸이 시계와 향수를 선물로 주었다. 그들은 사양하였지만 나는 그것이라도 보답하고 싶었다.

차를 타고도 20분은 더 간 것 같았다. 나를 호텔 입구에 내려주고 헤어지면서 나는 주소와 이름을 적고 고맙다고 인사를 드린 후에 헤어졌다. 일행들도 나에 대한 걱정을 하고 있었지만 크게 오랜 시간이 걸리지 않은 것 같아 다행이었다.

미안한 마음도 많았지만 나는 그때 이렇게 생각을 하였다. 내가 가진 작은 돈일지라도 일본의 걸인에게 준 것이 하나님

께서는 이 젊은 분들을 만나게 하여 차를 태워 보내어 준것
이 아닐까 하고 말이다. 사실 난,육교 위의 걸인들 중에는
앵벌이가 동원된 걸인도 있을 수 있지만 이들에게 지급한 얼
마 아닌 돈이 예사롭게 보시지 않으신다고.

　내가 부전 초등학교에 있을 당시 내 손에는 차비밖에 없었
는데 가엾은 껌팔이 아이에게 준 차비가 얼마 걷지 아니하여
고모부를 만나게 되어 마실것도 사 주시고 택시도 타고 가게
하였다. 가야에 있는 집까지 다섯 구역 정도이지만 부전동에
서 가야까지 걷겠다고 생각하고 베푼것이다. '지극히 작은
자에게 한 것이 바로 나에게 한 것이라'고 주님께서는 말씀
하셨다.'

　그 후에 나는 나고야에 사는 동생에게 한국인의 의리를 보
여 드리라고 주소를 가르쳐 주고는 인삼도 보내고 아이들의
과자도 사서 보내라고 하여 동생이 동경에 가서 그 빚을 갚
았고 한국인의 이미지도 결코 실추시키지 않았다.

　6월21일

　동경 주재 한국 대사관을 방문하니 그 당시 60세의 최경
록 대사관이 계셨다. 선진대열 속에서의 대한민국은 세계 속
에서 얼마만한 대접을 받고 있는가를 생각해 보며 과연 나는
국가와 사회,그리고 가정에서 무엇을 남기고 있는가를 생각
하였다.

6월 22일

화련을 가기 위해 일찍 기상하다. 10시 20분에 도착하여 대리석 계곡에 가게 되어 있었다. 갑자기 어제밤에 지진의 요동을 우리도 느꼈는데 그때 대리석 계곡이 매몰되어져서 멀리서 산이 무너진 모습만 보고 아쉽게 뒤돌아 왔었다. 휴게실의 탁자나 의자가 대리석으로 되어 있는 것만 보아도 세계 제2의 명소가 될 만하다.

다음으로 고산족이 산다는 아리산은 높은 지역이라 우리가 간 유월도 눈이 쌓여 있었다. 고산족에 얽힌 이야기도 많다고 한다.

6월 23일

대만 총독부 청사 방문 민생, 민권, 민족의 3민정책이 국민통일 지론이란다. 정앙 정부의 국민학교는 사림전문학교로서 대만성 정부 소속으로서 유치원에서 대학까지 총 수업 연한이 22년이고 중학교까지가 의무교육제도이다. 유아교육 역시 사범학교 졸업자가 취원을 할 수 있다. 당시만 하여도 1285개소가 있다고 하였다. 각종 직업학교들이 많이 있었고 희극 학교도 있었다.

반공교육을 철저히 하고 있으며 청년 구국단이 나라를 살리는 단체라고 한다. 슬로건으로 "청년이 시대를 창조한다. 이 시대는 청년을 원한다" 등 청년들이 움직이게 하는 표어들이 눈에 띄었다.

사회보장제도가 잘 되어 있었고 특히 특수반 관리를 국제 교육국 부국장 산하에 둔 것만 보아도 대단한 관심을 쏟고 있는 것 같았다.

우리 나라 파견 교사가 운영하는 소학교를 방문하게 되었는데 8년전에 중화민국 교사단체가 우리나라를 방문하여 더욱 친밀한 느낌을 갖게 하였다. 교육부에 들렀더니 본국의 교육제도와 흡사하다. 입구에는 환영 프랭카드가 있었고 "나의 살던 고향"이라는 동요를 불러 주어서 더욱 감회가 깊었다. 고적대의 퍼레이드와 도라지 무용과 합창들로 우리를 환대하였다.

처음으로 찾아 간 곳이 세계4대 박물관에 속하는 고궁박물관과 남경, 북경박물관이었다.

역시나 세계는 넓고 볼 것은 많았다. 너무나 우리가 살고 있는 곳은 어처구니없을 정도의 공간에서 아웅 다웅 하는 것이 아닌가 싶고 인간의 무한한 가능성이 이처럼 경탄할 수가 없을 정도의 섬세하고 세련된 디자인과 조밀한 솜씨에 놀라웠다.

감동받은 자 전박자

- 이 모든 슬픔이 없을 수는 없지만 맡긴 자녀 데려간 것에 대한
추호의 투정은 말아야겠다고 생각하고 그 대신 하나님께서 지시하는
치료의 나무를 쓴물에 던질 때 단물로 바뀌어짐을 알려야 한다. -

나는 여러 모양으로 힘든 고비 고비를 잘도 참게 하셨고
힘이 되어 주신 여호와를 찬양 할 수밖에 없는 많은 경험들
을 갖고 있다. 그 중의 하나가 찢어 주셨으나 싸매어 주시는
하나님 치료의 하나님께 영광을 돌린다.

그날은 사순절이다. 교회에서는 성찬식이 있다고 하였다.
학교는 동료들이 그간 알리지도 않았지만 어찌 알고 찾아 왔
었다.

동료들 중에 이 아이를 잘 아는 선생님은 침이 마르도록
동료들에게 칭찬을 하며 이 아이를 알리려고 하고 있었지만
부질없는 짓이었다. 더욱 더 안타까울 뿐이다.

나는 교감시절인지라 수하 직원들에게 하나님의 섭리가 있어 갔으니 슬퍼 하지 않는다고 말했다. 잊지 않고 하는 말은 이 세상은 안개와 같은 세상 잠시 잠깐 살다 가는데 그곳에서 더 좋은 세상에서 만날 테니까 걱정 않는다고. 그러면 "교감 선생님 힘을 내세요. 정말 그런 말씀이라도 듣고 가니 안심이에요."라고 하고 떠났다.

오히려 나에게 자녀가 많아 벅찰 것 같아 먼저 데려갔노라고, 결혼시키려면 많은 혼수감도 들텐데 혼수 걱정 안 해도 될 것이 아닌가라고 태연한 체 하지만 정말 정말 그것만큼은 절대 아닐텐데... 모두가 돌아가고 필요한 아픔! 이 아픔이 반드시 필요 했단 말인가.

김중곤 목사님과 우리에게 설교학을 가르치시는 이기영 목사님께서도 자식을 잃고 담담하게 하나님의 섭리에 복종하며 살아가고 있지만 나는 남편도 아니 계신데... "하나님께서 잠시 맡아놓으십시오. 잠시 후에 제가 가면 그곳에서 만나게 될 터이니까요." 몇 번이고 긍정과 부정에서 혼란한 생각들이 오갔다. 다만 나에게 하나님의 자녀를 잠시 맡겨두었다가 찾아가는데 내가 무어라고 달라고 해야 하나 어찌 보면 억지스럽기도 한지 모른다.

희경이는 날마다 말썽을 부려도 하나님 보시기에는 나보다 더욱 깨끗한지 그 딸에게 꿈으로 잘 대변해 주었다. 그 날도 희경이는 이렇게 꾼 꿈 얘기를 하였다. 꿈에 우리 집에 어떤 분이 오셔서 이 집에 진귀한 보석 구슬이 있는데 그것을 가지러 왔다고 하여 깊은 곳에서 보름달 같은 진귀한 보석을 찾아내어 보니 그 구슬이 산산조각이 나 있더라는 것이다. 그분은 언제가 그것보다 더 귀한 것을 주겠다고 하였단다. 그리고는 그분은 사라졌단다. 그 진귀한 구슬이 경주이란 말인가!

언젠가가 언제인가? 슬픈 마음을 위로하기 위해 이런 꿈이라도 주었단 말인가? 어쨌건 그간 교회에도 갈 수가 없었는데 사순절 성찬식 좌석도 평소에 맨 앞자리 근처에 잘 앉았었는데 나는 이층 구석에 앉았다. 얼굴도 숙인 채 하나님 앞에 죄지은 심정으로 말이다.

성찬 예식이 시작 되었다. 어김없이 나에게도 포도주가 따라 와졌다. 나는 준비 기도를 드렸다. "하나님 지금 가슴이 터질 것만 같고 큰 바위가 나를 짓누르고 있습니다." 그러나 말을 하면 한숨을 크게 쉬지 않고는 입도 벙긋할 수가 없었다. 가슴이 무거운 바위의 눌림 같은 것은 희경이 문제로 해서 늘상 화병처럼 눌려왔었는데 지금은 더 더욱 짓눌려 졌었기에

"하나님 세상에 나와 같은 자나 나보다 더 큰 어려움이 있다는 것을 깨닫게 하심도 감사합니다. 이러한 어려움과 동일한 그 보다 더 큰 어려움에서 짓눌려 고생하는 자들을 위해 기도하라고 나에게 이런 어려움과 고통을 주셨다면 이 성찬 포도주가 불과 유리잔에 2-3센티미터도 아니되는 포도주이지만 예수님의 피로 알고 마시겠나이다. 예수의 피는 능력이

있기에 고침을 주십시오.”

이렇게 기도를 드리고 이 잔을 깊게 음미하며 마셨다. 아니 꼴깍 넘긴다고 해야 옳을 것이다. 그런데 어찌된 일일까? 주의 능력은 나의 가슴 속 바위덩이를 녹여 버렸다. 할렐루야!신기한 하나님의 능력이 이 작은 포도주 잔의 포도주를 예수님의 피로 인지하고 마실 때 고침과 나음이 된 것이다.

나는 이 이상 슬픔에 사로 잡혀 있어서는 안된다는 확신이 왔었다. 자식을 데려 갔지만, 아니 데려간 것이 아니라 찾아간 것이다. 나의 자녀도 내 것이 아니다. 나에게 맡긴 청지기 역할만 잘 하면 된다고 여겨졌기에 이제는 세상 속에 방황하는 청소년과 아픔의 마음을 갖고 사는 그 누구들을 위하여 살아야 할 필요를 깨닫게 된 것이다.

나는 이 모든 슬픔이 없을 수는 없지만 맡긴 자녀 데려간 것에 대한 추호의 투정은 말아야겠다고 생각하고 그 대신 하나님께서 지시하는 치료의 나무를 쓴물에 던질 때 단물로 바뀌어짐을 알려야 한다고 생각하며 일어났다.

신대원 졸업식

나는 원우회장이기 때문에 박성기 이사장의 상을 받는다기보다는 그간 공부에도 최선을 다하였다. 아마 첫째가 아니면 둘째 정도는 되었을 것이다.

"누구든지 네 연소함을 업신 여기지 못하게 하고 오직 말과 행실과 사랑과 믿음과 정절에 대하여 믿는 자에게 본이 되어 이 모든 일에 전심 전력하여 너희 진보를 모든 사람에게 나타나게 하라"(디모데전서 4:12-15)하심과 같이 전심 전력을 다하여 왔기에 매우 의미 깊은 날이었다. 본 교회에서 목사님과 여러분들이 축하하러 오셨다. 자녀들도 함께 기뻐 해주었다. 항상 자녀들에게 무엇보다 모범적인 엄마이고 싶었고 노력하는 엄마이며, 그 대가로 승진도 되고 그 기쁨을 누리도록 하고 싶었다.

평소에도 나는 시간을 황금같이 사용하는 편이다. 짜투리 시간으로 많은 것을 만들어 내기를 즐겨 한다. 예를 들면 청소를 하면서 음악을 듣고 음악을 들으면서 생각을 도출하고, 생각한 것이 적절하면 실천에 반드시 옮기는 편이다. 그래서 우리 아이들은 내가 노력하는 엄마로 알고 있다. 매사에 하나님의 말씀의 거울에 비춰보기를 즐겨 한다고 믿고 있다.

동료들은 졸업과 동시에 강도사 인허를 받고 한 해 뒤 목사고시를 보아 목사들이 되어 시무하고 있지만 나는 우리 교단에서는 여 목사고시가 아직 고시되어 있지 않기에 언젠가는 하나님의 뜻이 계시다면 어찌할 수 없을 것이다. 그 날 막내딸 민경이는 고신대학에 있는 어느 분의 소개가 있어 지금의 남편을 만났는데 우리 가야 성안교회 강도사이다. 내년쯤이면 사위도 목사가 될 것이다.

사위도 박사 과정을 밟게 하고 싶고 머잖아 나도 하나님이 허락하시면, 박사 과정을 밟게 될 것이다. 지금 교장은 다음을 위한 과정이기에 이 직분을 통하여 사명감에 합당한 섬김과 헌신을 배울 것이다. 그리고 나에게 맡겨진 많은 어린이들을 위한 교육현장에서 큰 도움이 되도록 최선을 다 할 것이다.

할머니 전박자

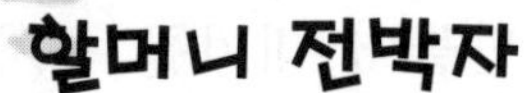

남편이 남겨주신 재산이라고는 이것저것 모두 정리하고 보니 삼십 평짜리 준 맨션 한 칸이 남았다. 물론 그 동안 딸 둘을 출가시키고 잘해서 보내지 못한 것들이 많았지만 각 가정에 모두가 1남 1녀를 주신 하나님께 감사를 드린다. 희경이만 성씨 가문에 종가집이긴 하지만, 모두 교회 목사님의 주례로 결혼식을 올렸다.

그래서 몇 년 전에 아들을 결혼시키면서 이것 역시 모두 아들 명의로 해 주었다. 며느리가 함께 살자고 해도 서울 쪽에 직업을 가졌기 때문만도 아니다. 나 혼자 살아 온 것이 편리해 온 습관도 있지만 밤마다 가끔은 교회에서 잘 때도 있고 새벽에 새벽기도를 나오고 저녁에는 이곳 저곳의 모임

등을 빼고 나면 가정에서 있을 시간이 거의 없고 보니 큰집을 얻을 형편도 못된다. 그런데 이곳 주공 공무원 임대 주택 스물두 평짜리 임대주택이 가장 적절하였다. 간혹 아이들이 모일 때가 불편스럽기도 하지만 그것은 일 년에 크게 많은 기회도 아니고 해서이다. 오히려 별로 쓰지 않는데 관리비를 많이 내는 것이 안타깝다.

이곳 임대주택은 공기도 좋고 학교에나 교회까지의 거리가 10분이면 되는 곳이라서 교통비가 거의 들지 않는다. 이곳은 대부분 공무원들이 결혼해서 자립할 때까지 살다가 좋은 집을 마련해서 떠나는 곳이어서인지 사흘이 멀다하고 이사짐 차들이 자주 보인다. 그래서 이웃들이 하루가 다르게 모르는 사람들이다. 그래서 인사하고 지내는 분들도 크게 없다. 다만 알지 못해도 엘리베이터에서 만나면 고작 목례하고 지내는 정도이다. 출근 때문인지 차는 없는 집이 없어서 주차장이 항상 전쟁을 방불케 한다.

며느리는 사직동 교회에서 봉사를 잘 하던 아가씨로서 그곳 목사님의 추천으로 만나게 되었다. 사돈들은 교회에 권사님이시고 장로님이시다. 무엇보다도 기도를 많이 해주시는 가정이라서 감사하다.

며느리도 착하고 대학에서 디자인을 전공하여 취미나 색깔이 비슷한 점이 많다. 안 사돈께서는 나에게 예단 중에 에메랄드 반지를 해 주셨다. 나 역시 검소하게 치루고 싶은 결혼식이기에 과분하여 사양도 하였지만 막상 반지를 만들어서 끼고 하나님께 감사 기도를 드리는 중에 하나님의 음성처럼 불현듯이 들렸다. "사랑하는 딸아 네가 나에게 바친 일이 있지 않느냐. 네게 돌려주느니라."이상하였다. 하나님께 드린 일이라고요. 아! 남편과 함께 어린이회관에 근무하던 시절 제주도에 여행을 떠났을 때 갑자기 폭우를 만나게 되었다. 나는 다음날 근무를 해야 겠기에 비행기가 결항으로 해서 프로펠라 비행기로 광주 쪽으로 단 한 칸의 좌석의 여유를 얻어 부산으로 오고 다음 날 정상적인 출근이 가능하였다. 남편은 다른 일행들과 배를 타고 오면서 너무 많은 고생을 하게 되면서 다시금 새로운 만남의 느낌으로 살았다고 결혼 기념일에 에멜랄드 반지를 끼워 주셨다. 내가 좋아하는 초록색의 영롱함과 작은 다이아 알갱이가 듬뿍 박힌 아름다운 반지였다.

나는 이 반지가 그렇게 비싼 것이라고 생각도 안 했는데 다이아보다 더 비싼 것이라는 것은 사돈이 반지를 해 주실 때에야 알게 되었다. 나는 우리 교회에 집회가 있을 때 드리고는 싶은데 드릴 것이 제대로 없어서 남편이 주신 이 반지를 강단에 드렸다.

나를 구원해주시고 우리 가정을 구원해 주신 것이 무슨 돈에 비교하겠나 싶었다. 그래서 나는 요즈음도 입을 것, 먹을 것으로 족 한 줄로 알고 주는 자의 삶을 즐겨 하는 편이다.

본 교회가 건축에 들어갈 때에도 퇴직할 때면 받을 퇴직금도 드릴 생각을 갖고 있다. 자식들에게도 엄마가 받을 퇴직금은 하나님께 드리고 싶으니 그런 줄 알라고 말해 두었다.

먹고 사는 것이 힘들겠지만 공중에 나는 새도 먹이시고 들에 백합화도 입히시거늘 나하나 살 길이 없겠나 싶으니 그저 감사하다. 학교장의 일도 리더로 있을 때 최선을 다하고 이 길은 나의 삶에 과정이지 아직도 하실 일이 있을 테니까 연연하지 아니한다.

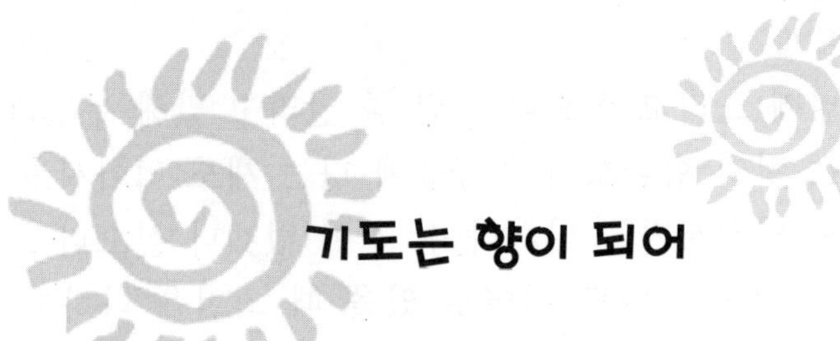

기도는 향이 되어

하나님은 새벽기도회를 통하여 나를 거듭나게 만들어 주셨다. "범사에 감사하라. 쉬지 말고 기도하라. 항상 기뻐하고…"(살전 5:16,17,18).

나는 범사에 감사하기 위한 많은 시련이 따랐다. 감사하기에는 너무나 힘든 일들이 많이 따랐다. 날마다 술을 먹고 싸우는 바람에 이 파출소, 저 파출소에서 밤마다 데리러 오라고 할 때 나의 악순환은 계속 되었다. 사위가 며칠 그러고 나면 희경이가…

한숨과 눈물이 아니면 살아갈 수 없었지만 집에 오면 온통 깨고, 부수고 아이들은 떨고 울며 있고 아이들이 이것도 하나님! 감사해야 되나요. 그래도 순종이 제사보다는 낫다고 했지요. 하나님 감사합니다.

아들이 그러지 않기 때문에 감사하고요. 우리에게 믿음을 주셔서 견딜 수 있는 힘을 주시기 때문입니다… 이렇게 견딜 수 있는 시련만 주신다고 하셨고 피할 길을 주신다고 하셨는데 제가 무슨 믿음이 있다고 이렇게 큰 시련을 주십니까? 험한 시험 물 속에서 나를 건지사 찬송을 부르는 나의 뺨은 온통 눈물 범벅이 되어 주체할 수 없이 흘러내리는 빗물이어라!

하루인들 집에서 편히 잘 수가 없는 것이다. 창피하고 부끄럽다고 생각하는 것은 사치한 감정이다. 이제는 창피하다고 느끼기보다는 아무쪼록 이웃에 피해를 주지 않기 위해서라도 어떤 날은 병원에서 불렀고 어떤 날은 길 가던 사람이, 이곳, 저곳 파출소에서 번갈아 가면서 불렀다. 이들은 우리 가정의 눈물과 한숨 그리고 부르짖는 기도의 대상이었다. 누굴 원망도 할 수가 없다. 이 세상 누구에게도 돌을 던질 수가 없었다. 내 자식이 내 가족에 속한 자가 그러한데 어떤 사람인들 욕을 비난을 할 수 있겠는가. 내가 교육자가 아니었다면 나는 하나님만 안 믿었다면 내 목숨이 골백번 죽음을 택했을 것이다. 손자 손녀가 불쌍하고 견딜 수 없었다. 어떤 날은 손녀인 소리를 데리고 학교에 있는 보육원에 맡기고 교실로 들어간다. 두드리라 그러하면 열릴 것이다. 구하라 주실 것이다. 찾으면 찾을 것이요(마 7:7).

우리 가정 우용이와 민경, 나는 사흘이 멀다하고 금식을 하였다. 금식의 기도는 흉악의 결박을 풀 것이라기에… 그래서 나는 마침 1끼를 10년 간(82-92년) 금식을 하였다. 나의 인내는 한계가 왔었지만 하나님은 다른 방법들로 위로해 주셨던 것이다. 하나님께서 살아계신다는 흔적을 주시기 때문이다. 한동안 본 교회까지 새벽 기도회에 다녔지만 가까운 서면교회로 새벽기도에 갔었다.

어느 날 5분쯤 늦게 왔었는데 새벽에 모인 성도들이 합심기도를 하고 계셨는데 너무나 운동장에서 흙먼지가 폭풍이 회오리 치듯 그렇게 사람들 위로 그득히 채워져 있었다. 나는 순간 내 눈을 의심하였다. 웬 먼지가!? 그러나 합심기도가 마칠 때쯤 되어 흙먼지 같은 뿌연 것들은 사라졌다. 기도하시는 그들이 뛰는 것 도 아니요 조용히 앉아서 기도만 하였었는데 아! 그렇구나 기도가 향이 되어 하나님께 상달되어 가고있는 순간을 나의 눈을 열어서 잠시 보게 한 것이다.

성도의 기도는 하나님께서 귀하게 보신다고 하셨는데 나의 기도도 틀림없이 저렇게 하나님께 올라가나 보다. 기도에 대한 확신이 나를 더 멈출 수 없게 하였다. 나는 여러 가지 문제들도 있었지만 희경이네 가정문제가 해결되지 아니하고는 편히 잠을 잘 수가 없기에 낮에는 학교에서 근무하고 종일 피로하였지만 밤늦게 교회에서 기도하고 교회 의자에 누워 잘 때가 많았다.

어느 추운 겨울날 누웠는데 누군가 나에게 포근한 이불을 덮어 주셨다. 나는 감사한 마음으로 잠을 잤었는데 일어나

이불을 만져 보았는데 웬일인가 내가 누운 곳에는 그 아무것도 없었다. 그렇다면 예수님께서 나에게 당신의 포근한 사랑의 이불로 덮으셨던 것이다. 나는 이러한 새벽기도회 말씀을 통하여 감사를 배웠고 어떤 상황과 처지 속에서도 나보다 더 어려운 자를 더 힘든 자를 생각하는 여유를 갖게 되었다.

"근심하는 자 같으나 항상 기뻐하고 가난한 자 같으나 많은 사람을 부요하게 하고 아무것도 없는 자 같으나 모든 것을 가진 자로다"(고린도후서 6:10).

사실 그러하였다. 항상 내 주머니는 가득 채워져 있었다. 막상 주머니 속에 것을 내어서 남을 주려고 하면 아무것도 없었지만 아! 그러나 나는 항상 부자였다. 이 모든 것으로 근심 어린 삶을 살지 아니 하였으니까 감사만이 늘상 나를 기적의 삶으로 인도하셨다.

간증 집회의 주인공이 되다

- 간증을 할 때는 원고가 필요하기보다는 나에게만큼은 성령께서 이끄시는 대로 내가 만났던
체험적인 하나님을 전할 뿐이고 이렇게 세워주신 하나님께 감사와 영광을 돌릴 뿐이다. -

"미리 정하신 그 들을 또한 부르시고 또한 의롭다 하시고 의롭다하신 그들을 또한 내가 만났던 하나님과 어려움 중에라도 끈기 있게 기다리며 영화롭게 하셨느니라"(로마서 8:30).

기도할 때 들어주시던 신실하신 하나님, 오랫동안 종가집이었지만 하나님의 택하신 자는 때가 되매 불러주셨던 것이다. 간증을 할 때 많은 사람들이 은혜를 받는 것은 내가 처했던 처지가 많은 사람들 특히 여자들이 이땅에서 살아가는 처지와 비슷하기 때문일 것이다.

일평생 며느리로서, 어머니로서 살아가야 하는 삶이기에 많은 한이 맺힌 채 살아가는 것이다.

특히 우리 시집의 가풍은 엄격하였다.

최근 인기리에 방영되고 있는 사극 '대하드라마 왕건'에 보면 우리 집안 내력에 대한 이야기가 나온다. 평산 신 씨의 시조는 왕건의 최측근으로 나오는 능산이다.

능산은 무인으로서 의리가 있고 무예가 뛰어난 장수였다. 그가 태조 왕건과 의형제를 믿고 고려를 건국하였던 것이다. 하지만 그분은 의리 때문에 목숨을 잃어버리게 된다. 대구 근처 팔공산 전투에서 고려군이 견훤의 추격을 받고 도주하게 되는 순간이 있었다. 사방으로 포위되어 왕건과 그의 군사들이 위기에 몰리게 되었던 것이다. 그때 능산은 왕건의 갑옷을 뺏어 입는다. 적을 유인하기 위해서였던 것이다.

왕건과 체구가 비슷하고 닮은 데가 있었던 그는 후백제군을 속여 왕군의 퇴로를 열어준다. 이 일로 해서 능산은 그만 적의 손에 죽임을 당하고 왕건을 목숨을 건진 것이다.

왕건은 이 일에 크게 감격을 하였다. 그리고 슬픔을 이기지 못하였다. 그래서 그를 위해 사당을 지어주고 능산을 평찬 신 씨의 시조로 책봉한 것이다. 그때가 632년이었으니 남편이 평산 신 씨의 판사공파의 36대손이 되는 것이다.

그러한 가문이 이제 예수 그리스도의 가문이 된 것이다.

나의 평생에 가장 사랑받았던 반려자를 하나님께서 데려가시고, 천청벽력같은 아픔과 고통, 쓰라림, 가난, 고독, 어려움의 연속이었다. 그러나 그간 온 가정이 구원을 받게 되었고, 남편이 돌아가시기 전에 천국을 보게 하였던 사실들로 천국에 대한 확신을 갖게 되었다. 오직 하나님만이 나의 구원자이시고 나의 신랑되신 하나님만을 의지하면서 때마다, 일마다 복을 내려 주셨다. 그래서 오늘이 있기까지의 사실들을 성도들 앞에 간증을 함으로써 신앙의 진보와 성숙을 서로 나눌 수 있는 기회를 주셨다.

82년부터 나는 부산 교육자선교회 총회시, 동부 지역회 모임 시, YMCA 서부청년 연합회(청학기도원)모임, 서대신 제일교회 구덕교회 철야예배시, 구덕산 기도원 학생회 집회, 김해 중앙교회 남부지역회 선교회 총회시, 동일교회 개금 제일교회당 전국 교육자 선교회 철야 예배 시, 부전교회, 범천교회 전도회 초청, 제 3영도 교회, 온천교회 등등에서 간증을 갖게 함으로써 나와 만났던 하나님, 우리 가정을 변화시키시던 하나님께 영광을 돌리게 하셨다.

간증을 할 때는 원고가 필요하기보다는 나에게 만큼은 성령께서 이끄시는 대로 내가 만났던 체험적인 하나님을 전할 뿐이고 이렇게 세워주신 하나님께 감사와 영광을 돌릴 뿐이다.

특히 나는 간증을 할 때마다 세 가지를 중점으로 간증하였다.

첫째는 하나님의 주권적인 능력과 사랑에 대한 간증이다.

사람의 이성으로는 인생의 한 치 앞도 내다볼 수 없다. 지나온 삶을 돌이켜 보면, 내일 사라질 것을 사랑하고 애닯아하고, 때론 목숨까지 매달고 살았던 어리석음이 나를 부끄럽게 한다. 반면에 지금은 아무 것도 없는 것 같으나 내일이면 부어주실 것에 대해 두려워하고 고민하였던 못난 모습에 대한 후회이다.

하나님의 주관과 사랑을 믿으면 그래서 얼마나 평화가 찾아오는지 모른다. 나는 그 평화를 잃어버리지 않으려고 새벽마다 말씀을 들었고, 밤이 맞도록 기도를 하였다.

그랬더니 하나님이 내인생과 내 자녀를 책임져 주셨다. 이것 외에 내가 자랑할 것이 무엇이 있겠는가 생각해 본다. 하나님 앞에 구원받은 신자 전박자가 있기에 교장 전박자도 아름다운 것이라고 간증하는 것이다.

둘째는 믿음 안에서 미래를 투자할 필요가 있었음을 간증한다. 비록 내 자신이 홀로 되고, 또 사랑하는 딸 아이를 앞서 보내어야 하는 아픔 속에 살았지만 인생은 산 자의 몫이기에 살아서 숨을 쉬는 동안은 미래에 대한 투자를 계속했던 것이다.

딸 아이를 임신한 임산부의 모습으로 중등교사 검증시험에 응시하였던 일이나 신랑을 먼저 보내고 어려운 살림에 직장일을 하는 와중에서도 포기하지 않았던 교감의 위치에 대한 도전도 그렇다. 그리고 생떼같은 자식을 먼저 보낸 아픔 속에서도 교장의 위치에 대한 도전은 계속했던 것이다.

그뿐인가? 교직에서 은퇴한 후에는 또 성직으로 봉사하리라는 마음으로 신학대학원도 무사히 마칠 수 있었던 것이다.

생존해 있는 동안은 선하고 지혜로운 청지기로서 하나님

의 짐을 맡은 자로서 봉사하지 않으면 안된다.

이것이 두 번째 나의 간증 제목이었다.

세 번째는 고난을 주시는 하나님에 대한 이해이다.

인생은 누구나 별일 없이 슬픔없이 조용히 살고 싶어 한다. 하지만 인간은 생애 동안 죽을 고비도 넘기며 많은 고통의 시간 속에 살게 된다.

하나님을 모르고 당하는 고통은 운명이라고 치부되지만 하나님을 알게 되면 고통은 내 자신을 변화시키는 에너지가 된다는 것을 깨닫게 된다. 고통 속에는 하나님의 뜻이 있는 것이다.

세 가지의 간증제목을 들고 교회에 초청되어 가면 나는 기도를 한다.

"하나님 오늘도 나와 같은 슬프고 고통이 있는 사람을 붙들어 주십시오. 그리고 슬픔과 눈물 속에서라도 예수님을 붙드는 신앙되게 해 주시옵소서."

이런 기도를 드리고 난 뒤 간증에 임하면 듣는 사람들은 말할 것도 없고, 내 자신도 은혜를 얻게 된다.

그들이 간증을 듣고 난 간절히 기도하는 모습을 보면 너무나도 감사하고 은혜가 임하는 것이다.

아직 내가 체험한 은혜가 많은 것은 아니지만 그럼에도 불구하고 간증하게 하시고 나의 아픔과 기쁨을 내어 놓고 이야기할 때 사람들에게 위로가 되게 하심은 너무나도 감사할 일인 것이다.

나는 생각한다. 내 건강이 허락하는 동안 나를 통해 역사
하셨던 하나님을 자랑해야겠다고.

인생은 그렇게 슬프지만은 않다.

60년 가까이 살아오면서 이것저것 묵은 것들이 많아서 스무 평 남짓한 임대주택이 더더욱 지저분해져 정리를 시작했다. 하다보니 볼 박스에 예전의 글들이라고 적혀 있기에 나의 회억이 담긴 내용들이 주마등처럼 지난 세월로 거슬러 올라가며 문득 이러한 글귀를 찾았다.

"나는 지금껏 평범한 한 어머니였었지만 이 순간부터(남편이 돌아가신 직후인 듯함)위대한 어머니로의 변신에 초점을 맞추어야겠다. 세상의 어느 어머니들보다도 훌륭한 어머니, 위대한 어머니가 될 수 있다는 자심감이 생겼습니다. '나에게는 신랑되신 예수님이 계시니까요' 라고. 그래서 먼 후일 나의 자녀들에게 잘도 키운 보람을 얘기할 것입니다."

이제는 이 책들의 기억을 정리해야 생각했습니다. 너무나 쓰라린 기억들이었고 아픔이었고 산고였으니까 행여 나와 동일하거나, 나보다 어려운 자들이 있을지라도 조금은 도움이 되기로 마음을 먹었다. 아기 낳는 어머니들이 너무나 큰 고통과 아픔 때문에 아기를 포기하지 않는다. 왜냐하면 그들에게는 위대한 희망의 탄생이 있기기 때문이다.

그러하듯 나 역시 가정에서의 고통이 결코 교직에서의 다른 어린이들에게만은 연결이 되지 않기 위해 더 큰 아픔을 노력으로 승화시켰다. 그것은 결코 허무하지는 않았다. 내 작은 노력이 서서히 결실로 열매가 맺히기 시작하였다. 연구사가 되고, 교감이 되고, 교장이 되었다. 지금도 중단되지 말아야 하는 또 하나의 기대를 품고 살아간다.

그러한 가운데도 하나님께서 나에게 사남매를 맡겨 주셨다. 그래서 밤마다 나의 힘이 되신 여호와께 도움을 청했다. 그러나, 혼자 힘으로는 벅차다고 생각하는지 자녀 하나를 데려 가셨다. 당신의 자녀를 당신께서 데려가시는 것을 무어라 할까만은 너무나도 나를 비참하게 하였다. 그러나 그때마다 성령으로 용기를 주셨다.

물질적 고통보다 더 큰 아픔은 자녀가 나의 뜻대로 길러지지 않는다는 것이었다. 그래서 내 교육의 실패를 고민했다. 그러나 그것은 기다림의 과정이었다. "한 송이의 국화꽃을 피우기 위해 그처럼 무서리가 그렇게 나렸나 보다"라는 시구를, "인생이 너를 속이더라도 슬퍼 하거나 낙심치 말라"는 푸쉬킨의 시구를 수없이 되뇌여 보기도 했다. 자녀는 나에게 맡긴 하나님의 자녀일진대 하나님께서 길러 주실 것이라는 자신감이 나를 결코 포기할 수 없는 희망이고 소망이었다.

기대는 결코 버림을 받지 않았다. 무명한 자 같으나 유명케 하시고, 없는 자 같으나 많은 것을 가진 자로, 가난한 자 같으나 부유한 자로 만들어 가고 있었다. 지금이 종착지는 아닐지라도 종착지까지 또 다른 생각들도 언젠가는 간추릴 것이다. 그리고 환호를 할 것이다. "그래 잘 하였도다. 착하고 충성한 종아, 네가 작은 일에 충성하였으니 많은 것으로 네게 더 하리라." 누구의 음성이 간간히 들려오는 것 같다. 짧은 글솜씨로 내 마음을 더 잘 전달 못하는 안타까움이 있다. 비슷한 인생길에 용기와 희망과 작은 도움이 되기를 기대한다.

아! 인생은 그렇게 슬프지만은 않다고.

2001.7.

*

교장 **田博子** 권사의 정금같은 이야기

*

초판 1쇄 — 2001년 9월 10일

*

지은이 — 전 박 자
펴낸이 — 이 규 종
펴낸곳 — 엘맨출판사

*

서울시 마포구 합정동 433-62

출판등록 - 제10 - 1562호(1985. 10. 29.)
*

TEL —(02) 323-4060, 322-4477
FAX —(02) 323-6416
E-mail — elman1985@hanmail.net

*

잘못된 책은 바꾸어 드립니다.

*

값 10,000원

응답받고 은혜받는 대표기도

교회의 직분자라면 누구나 경험하는 대표기도

공예배의 대표기도 뿐 아니라 중보 기도, 개인의 묵상 기도에 이르기 까지

대표 기도의 모범을 풍성하게 실었다.

(김재헌 · 박웅순 지음 / 값 7,000원)

유머화술 업그레이드

리더가 되려거든 유머리스트기 먼저 말하는 법을 배우라.

청중을 사로잡는 유머기법 99가지를 통해 당신도 주목 받는 사람이 될 수 있다.

(김진배 지음 / 값 9,500원)

리더십 업그레이드

둘이 모여도 한 명은 지도자가 된다.

이 시대는 가치관의 변조를 막고 인간적 지혜를 뛰어넘어

거룩한 계시를 회복시킬 수 있는 강력한 리더십을 바라고 있다.

(허드슨 T. 아머딩 지음 / 김기제 옮김 / 값 7,000원)

e 비지니스

하나님을 주목하는 사업가는 반드시 성공한다.

미래산업 정문술회장, 일본 MK 택시의 유태식 사장 등 믿음을 자산이요 경쟁력으로

알아 기업을 일군 15명의 사업가들의 e 비지니스를 공개하고 있다.

(김재헌 지음 / 값 9,500원)

기독교인은 왜 병에 걸리는가?

해마다 수백만의 무고한 생명을 빼앗아 가는 심장병, 암, 중풍, 당뇨병 등의

질병을 확실하게 퇴치할 수 있는 방법이 여기에 있다. 40대 초기에 대장암을 극복하고

사람들에게 희망과 건강을 되찾아준 생명의 메신저 조지 맬크머스 목사가 전하는 건강비법

(조지 맬크머스 지음 / 최재경 옮김 / 값 6,500원)

호스피스 병동 24시

죽음의 공포에 시달리는 사람들 곁에서 묵묵히 사랑의 징검다리를 놓아주는 호스피스사역.

이 책에는 눈물과 땀으로 얼룩진 사랑의 흔적과 따뜻한 손길이 담겨 있다.

김승주 지음 / 값 10,000원)

스트레스를 모르는 여자가 아름답다

이 책은 여성들이 받는 스트레스를 광범위하게 다룬다.

책 속에 들어있는 지침들을 통해 자신의 문제를 객관화시켜

적극적으로 대처한다면 스트레스 없는 삶을 이룰 수 있다.

(노라 S. 킨저 지음 / 공보길 옮김 / 값 7,000원)

여성의 홀로서기

하루 24시간 중에서 당신을 위한 시간은 얼마나 되는가?

이 책은 아내요 어머니이기 이전에 한 여성으로서 진정한 아이덴티티를 갖도록 도와준다.

(미나또 아끼꼬 지음 / 김해강 옮김 / 값 6,000원)

성공적인 만남 후회없는 결혼

결혼은 당신의 반평생이 걸린 너무나 중요한 사건이다.

결코 우연을 바라지 마라.

하나님이 당신의 배우자에 대해 더 많은 관심을 가지고 함께 하심을 기억하라.

(정혜숙 지음 / 값 6,000원)

사랑은 표현입니다

사랑에 쉼표를 찍기 원하는가? 아니면 느낌표를 찍기 원하는가?

진정한 사랑을 갈망하는 젊은이들의 진솔한 사랑이야기에 뭉클함이 전해온다.

(최경진 외 여럿이 함께 지음 / 값 6,500원)

세상을 지혜롭게 하는 테마별 묵상집

날마다 말씀으로 시작하고 끝내기 원하는가?

이 책은 주제별로 도움 성구들을 모아 놓아 지혜와 힘을 공급해 주어

더욱 지혜로운 삶을 살도록 터치한다.

(정혜숙 지음 / 값 3,500원, 6,000원)

향기로운 삶

1200만 성도를 위한 에티켓 가이드.

이제는 삶을 통해 신앙을 고백하자.

기독교 상담 전문가인 공보길 목사의 꼼꼼한 지상 강의!

(공보길 지음 / 값 5,500원)

52주 다이나믹 설교 뱅크

파워풀하고 영력있는 30인의 강력 메세지!

52주 낮설교, 헌신예배설교, 예식설교, 저녁설교, 절기설교

(최정성외 함께 지음 / 값 18,000원)

베스트 114 예식 설교

예식 설교, 이 책 한 권이면 OK!

출생 · 백일 · 첫돌 · 약혼 · 결혼 · 회갑 · 입관 · 임종 · 장례 · 추도예식 설교,

장로 · 목사임직 설교

(최정성 지음 / 값 9,000원)

예식 심방 설교

각종 예식과 심방의 말씀 선포를 돕는 책!

약혼식, 결혼식, 회갑예배, 장례식, 생일, 임직식, 입학식, 졸업식 설교와

심방요약 설교가 수록되어 있다.

(최정성 지음 / 값 6,000원)

기도의 사람들

시편 1편부터 70편까지를 요약 설교한 책이다.

새벽강단 설교로 활용하면 좋다.

(김태빈 지음 / 값 9,000원)

찬양의 사람들

시편 71편부터 150편까지를 요약 설교한 책이다.

〈기도의 사람들〉의 후편인 이 책도 역시 새벽 강단 설교로 활용하면 좋다.

(김태빈 지음 / 값 10,000원)

복있는 사람들

이 책은 마태복음 요약 설교집이다. 독자들은 이 책을 통해 복의 근원이신

하나님을 만나고 복있는 사람들로서 그 분을 증거하게 될 것이다.

(김태빈 지음 / 값 10,000원)